D1717695

ÍNDICE

ÍNDICE

ac.	acusativo
CC	complemento circunstancial
CD	complemento direto
CI	complemento indireto
dat.	dativo
f	feminino
m	masculino
n	neutro
nom.	nominativo
p.	página
pp.	páginas
p.ex.	por exemplo
pess.	pessoa
pl.	plural
s.	seguinte
s/sing.	singular
ss.	seguintes

→	veja-se/consulte
ⓓⓓ	comparação entre alemão e português
[A1], [A2], [B1]	exercício recomendado para o nível correspondente

PRÓLOGO

Este livro é uma gramática pensada para falantes de português que queiram aprender alemão. Apresenta os conteúdos gramaticais dos níveis A1, A2 e B1 estabelecidos pelo Quadro Comum Europeu de Referência para as Línguas – QCER (*Gemeinsamer Europäischer Referenzrahmen für Sprachen*).

Ao estar concebida expressamente para falantes de português, quando se considera conveniente para facilitar a compreensão, são feitas comparações específicas entre o alemão e o português. Além disso, é um manual que proporciona exercícios integrados nas explicações. O vocabulário utilizado nestes exercícios pertence exclusivamente aos níveis mencionados. As soluções encontram-se no fim do livro.

O livro pode ser utilizado como material complementar nas aulas diárias de alemão língua estrangeira. Ao focar-se apenas nos conteúdos já referidos, pode ser utilizado para explicar e praticar de forma precisa determinados conteúdos e também para preparar o aluno para o "Zertifikat B1". As explicações são sempre formuladas da forma mais simples possível, pelo que o livro pode também ser muito útil para a autoaprendizagem.

O utilizador dispõe de várias formas de aceder à informação desejada. Pode fazê-lo através do índice geral, que se encontra no início do livro, mas também tem a possibilidade de o fazer consultando o índice alfabético de temas e palavras que aparece no fim do livro. Desta forma, quem procurar, por exemplo, informação sobre o advérbio "nicht", pode encontrá-la em vários sítios: no índice geral, nos capítulos "Os advérbios" e "A negação", mas também no índice alfabético de temas e palavras que se encontra no fim, procurando o termo "negação" ou simplesmente a própria palavra "nicht".

Há muitas formas de aprender a gramática alemã:

Pouco depois da nossa chegada, fomos a uma livraria. Pediu uma gramática de inglês-alemão, pegou no primeiro livro que lhe deram e voltámos rapidamente para casa para começar as suas lições. Como descrever de forma credível a índole destas lições? Sei muito bem como foram - como poderia esquecê-las? - mas às vezes nem eu consigo acreditar.

Estávamos sentados na sala de jantar, na mesa grande. Eu na parte mais estreita, com vista para o lago e para as velas dos barcos. Ela sentava-se do outro lado, à minha esquerda, segurando o livro de tal forma que eu não pudesse lê-lo. Mantinha-o sempre longe de mim. "Não precisas dele", dizia, "não consegues entender nada". Apesar deste argumento, eu sentia que escondia o livro de mim como se fosse algo secreto. Lia-me uma frase em alemão e tinha a de repetir [...]; assim que conseguia pronunciá-la corretamente, traduzia-ma, ficava a olhar para mim imperiosa (a ver se te lembras) e passava para a seguinte [...]. Quando me despedia, dizia: "Repete as vezes que for preciso! Não deves esquecer nenhuma frase. Nem uma. Amanhã continuamos." Ela ficava com o livro e eu ficava perplexo e abandonado a mim próprio.

(De Elias Canetti: *Die gerettete Zunge. Geschichte einer Jugend – A língua absolvida. História de uma infância*)

Elias Canetti teve dificuldade em aprender alemão. Com este manual nas mãos, vai ser mais fácil para si.

1. OS VERBOS

OS VERBOS

O PRESENTE

* A: Was **machst** du?
* B: Ich **schreibe** eine Mail.

* A: O que fazes?
* B: Escrevo um e-mail.

Machst e **schreibe** são formas do presente dos verbos **machen** e **schreiben**. Em alemão, como em português, o presente é usado fundamentalmente para referir algo que tem lugar no momento em que se fala.

O PRESENTE: FORMAS REGULARES

		kommen (1)	arbeiten (2)	heißen (3)
singular	ich	komme	arbeite	heiße
	du	kommst	arbeitest	heißt
	er, sie, es	kommt	arbeitet	heißt
plural	wir	kommen	arbeiten	heißen
	ihr	kommt	arbeitet	heißt
	sie	kommen	arbeiten	heißen
tratamento formal	Sie	kommen	arbeiten	heißen

(1) O presente forma-se acrescentando as correspondentes terminações ao radical do verbo (infinitivo sem a terminação –en).

(2) Se o radical termina em –t ou –d (**arbeiten** = *trabalhar*, **baden** = *dar/tomar banho*) acrescenta-se um –e adicional nas segundas pessoas (**du, ihr**) e na terceira do singular (**er, sie, es**).

Não se acrescenta este –e na segunda e terceira pessoas do singular com alteração da vogal temática: **raten** *(aconselhar)* – **du rätst, er rät**; **einladen** *(convidar)* – **du lädst ein, er lädt ein**.

Por outro lado, acrescenta-se também nos seguintes verbos terminados em –nen: **öffnen** *(abrir)*, **rechnen** *(calcular)*, **regnen** *(chover)*, **trocknen** *(secar)* e **zeichnen** *(desenhar)*.

(3) Se o radical termina em –ß, –s, –ss, –x, –z (**heißen** = *chamar-se*, **reisen** = *viajar*, **küssen** = *beijar*, **boxen** = *boxear*, **tanzen** = *dançar*), à segunda pessoa do singular acrescenta-se apenas um –t. Isto faz que a segunda e a terceira pessoa do singular sejam iguais (**du heißt, du reist, du küsst, du boxt, du tanzt**).

EXERCÍCIOS

1. Qual é a forma correta? Assinale-a. [A1]

a. Anna	❑ schwimmst	❑ schwimmt	❑ schwimme gern.
b. Ich	❑ trinke	❑ trinkt	❑ trinkst ein Bier.
c. Das Kind	❑ spielst	❑ spielt	❑ spiele Fußball.
d. Frau Murkel,	❑ wohnt	❑ wohnst	❑ wohnen Sie in Berlin?
e.	❑ Gehst	❑ Geht	❑ Gehe du oft ins Kino?
f. Herr Schumacher	❑ kochen	❑ kochst	❑ kocht gut.
g. Sie (eles/elas)	❑ kauft	❑ kaufen	❑ kaufst Bücher.
h.	❑ Kommt	❑ Komme	❑ kommen ihr bitte?
i. Sie (ela)	❑ studiere	❑ studierst	❑ studiert Biologie.
j. Wir	❑ verkauft	❑ verkaufe	❑ verkaufen Autos.

2. Uma forma não é correta. Rasure-a. [A1]

a. sie (ella)	ihr	er	~~ich~~	badet
b. er	ihr	Sie (trat. form.)	sie (ela)	arbeitet
c. ihr	es	du	wir	heißt
d. er	Sie (trat. form.)	ihr	du	tanzt
e. du	ihr	sie (ela)	er	wartet
f. sie (ela)	ihr	du	es	trinkt
g. er	ich	sie (ela)	du	reist
h. du	er	sie (ela)	sie (eles, elas)	küsst
i. sie (eles, elas)	ihr	er	sie (ela)	findet

3. Conjugue os seguintes verbos no presente. [A1-A2]

	ich	du	er/sie/es	wir	ihr	sie/Sie
a. wohnen	*wohne*					
b. studieren				*studieren*		
c. arbeiten			*arbeitet*			
d. heißen		*heißt*				
e. fragen						*fragen*
f. tanzen					*tanzt*	

4. Complete os verbos com as terminações do presente. [A1]

a. Jetzt wohn..... wir in São Paulo.

b. Komm..... ihr aus Lissabon?

c. Mein Bruder kauf..... den Wein für das Abendessen.

d. Anna mach..... heute das Essen.

e. Ich lern..... jetzt Französisch.

f. Versteh..... du die Frage?

5. Complete as frases com o presente dos verbos indicados entre parêntesis. [A1]

a. Wie viel .... (kosten) der Computer?

b. Wie .... (heißen) du?

c. Florian .... (finden) keine Arbeit.

d. .... (arbeiten) du oder .... (studieren) du?

e. Was .... (bedeuten) dieses Wort?

f. Marta .... (tanzen) gern.

O PRESENTE: FORMAS COM ALTERAÇÃO DE VOGAL

- A: **Fährst** du mit dem Bus?
- B: Nein, ich **fahre** mit dem Zug.

- A: Vais de autocarro?
- B: Não, vou de comboio.

Há verbos com alteração da vogal temática na segunda e na terceira pessoas do singular. As principais alterações de vogal temática são as seguintes:

		a → ä fahren	au → äu laufen	e → i sprechen	e → ie sehen
singular	ich	fahre	laufe	spreche	sehe
	du	fährst	läufst	sprichst	siehst
	er, sie, es	fährt	läuft	spricht	sieht
plural	wir	fahren	laufen	sprechen	sehen
	ihr	fahrt	lauft	sprecht	seht
	sie	fahren	laufen	sprechen	sehen
tratamento formal	Sie	fahren	laufen	sprechen	sehen

Otros verbos:
a → ä
anfangen *(começar)*, **backen** *(cozer)*, **einladen** *(convidar)*, **fallen** *(cair)*, **gefallen** *(gostar)*, **halten** *(parar/segurar)*, **schlafen** *(dormir)*, **tragen** *(levar, usar, carregar, suportar)*, **waschen** *(lavar)*

e → i / e → ie
essen *(comer)*, **geben** *(dar)*, **helfen** *(ajudar)*, **nehmen** *(apanhar/tomar)*, **sprechen** *(falar)*, **sterben** *(morrer)*, **treffen** *(encontrar(-se) com alguém))*, **treten** *(pisar/dar um pontapé)*, **vergessen** *(esquecer (-se))*, **empfehlen** *(recomendar)*, **lesen** *(ler)*, **sehen** *(ver)*, **stehlen** *(roubar)*

EXERCÍCIOS

6. Complete a tabela com as formas da segunda e terceira pessoas do singular. [A1]

	du	er/sie/es
a. lesen		
b. waschen		
c. sehen		
d. geben		
e. helfen		

7. Complete as frases com o presente dos verbos indicados entre parêntesis. [A1]

a. Wann .... (fahren) der Chef nach Paris?

b. .... (essen) du heute wieder Bratwurst?

c. Peter .... (schlafen) noch.

d. .... (sprechen) du Chinesisch?

e. Dieses Bild .... (gefallen) mir.

8. Assinale a forma correta. [A2]

a. Florian	❏ läufst	❏ läuft	❏ lauft	sehr schnell.
b. Was	❏ nimmst	❏ nimmt	❏ nehmt	du, ein Bier?
c.	❏ Trifft	❏ Trefft	❏ Triffst	ihr heute eure Freunde?
d. Der Bus	❏ hältst	❏ haltet	❏ hält	hier nicht.
e. Der Elefant	❏ vergisst	❏ vergesst	❏ vergesse	nichts.

O PRESENTE: FORMAS IRREGULARES

* A: Wo **sind** Sie jetzt?
* B: Ich **bin** im Büro.

* A: Onde está? (você/o senhor/a)
* B: Estou no escritório.

Alguns verbos têm formas irregulares no presente. São eles **sein** *(ser/estar)*, **haben** *(ter)*, **werden** *(tornar-se, chegar a ser, ...)*, **wissen** *(saber)*, bem como os verbos modais (→ pp. 65 e ss.).

		sein	haben	werden	wissen
singular	ich	bin	habe	werde	weiß
	du	bist	hast	wirst	weißt
	er, sie, es	ist	hat	wird	weiß
plural	wir	sind	haben	werden	wissen
	ihr	seid	habt	werdet	wisst
	sie	sind	haben	werden	wissen
tratamento formal	Sie	sind	haben	werden	wissen

EXERCÍCIOS

9. Complete as frases com o presente dos verbos *haben, sein* e *wissen*. [A1]

a. **A** : .... du am Sonntag Zeit?　**B** : Das .... ich noch nicht.

b. **A** : Giuseppe, ... du aus Italien?　**B** : Nein, ich .... aus der Schweiz.

c. **A** : .... ihr heute keinen Unterricht?　**B** : Nein, heute .... wir frei.

d. **A** : .... du, wie spät es ist?　**B** : Tut mir leid, ich .... keine Uhr.

e. **A** : .... dein Freund aus Frankfurt?　**B** : Nein, aber er .... da Familie.

f. **A** : Herr Kluge .... sehr viel.　**B** : Ja, er .... ein Genie!

g. **A** : Heute .... ich total kaputt.　**B** : Aber das .... du doch immer!

10. Complete as frases conjugando o verbo *werden*. [A2]

a. Das Wetter .... morgen wahrscheinlich schlecht.

b. Mein Sohn .... Feuerwehrmann.

c. Ich .... schnell nervös.

d. Warum .... du nicht Politiker?

e. Zieht eure Mäntel an, sonst .... ihr krank!

O PRESENTE: USO

• A: Was **machst** du? • B: Ich **lese (gerade)** einen sehr interessanten Artikel.

• A: O que fazes?/O que estás a fazer? • B: Leio um artigo muito interessante./ Estou a ler um artigo muito interessante.

Como já foi dito no início do capítulo, o presente é usado fundamentalmente para referir algo que tem lugar no momento em que se fala. Em português, nestes casos, usamos muitas vezes a perífrase verbal "*estar* (conjugado) *a* + infinitivo" *(estou a ler)*. Em alemão não existe essa possibilidade, mas pode-se utilizar o advérbio **gerade** *(neste momento)* para indicar o mesmo. ⓘ

• Hunde **sind** treue Tiere.	• Os cães são animais fiéis.

O presente serve também para indicar generalizações.

• **Morgen gehen** wir einkaufen.	• Amanhã vamos/iremos às compras.

Como em português, o presente também pode ser usado para referir ações futuras. Em alemão, esta opção é utilizada com bastante frequência, sobretudo quando a oração contém um elemento temporal que indica que se trata de uma ação futura, como p. ex. **morgen** *(amanhã)*. ⓘ

EXERCÍCIOS

11. **Traduza as seguintes orações. Lembre-se de que embora indiquem uma ação futura, o tempo utilizado habitualmente em alemão é o presente. [A1]**

    a. Amanhã não venho. (kommen)

    Morgen ....

    b. O que é que vocês vão fazer no domingo? (machen)

    .... ?

    c. No fim de semana vou visitar os meus pais. (besuchen)

    Am Wochenende ....

    d. Hoje vamos almoçar em casa da Laura. (essen)

    Heute .... bei Laura.

    e. Vais ao cinema amanhã? (gehen)

    .... ins Kino?

12. Traduza as seguintes orações, utilizando o presente e o advérbio *gerade*. [B1]

a. O David está a falar ao telefone. (telefonieren)

David ....

b. As crianças estão a tomar o pequeno-almoço. (frühstücken)

Die Kinder ....

c. Estou a escrever um e-mail. (schreiben)

Ich ....

• A: Wo ist Maria?
• B: Sie **ist wohl** krank.
• B: Sie **kommt sicher** zu spät.
• B: Sie **kommt wahrscheinlich** später.
• B: **Hoffentlich ist** sie nicht krank.

• A: Onde está a Maria?
• B: Estará doente./Deve estar doente.
• B: Vai chegar tarde, certamente.
• B: Provavelmente vai chegar mais tarde.
• B: Oxalá não esteja doente.

Em alemão, o presente também é usado em situações que não se verificam em português:

- Com a partícula modal **wohl** ou com os advérbios **sicher** *(certamente)*, **vielleicht** *(talvez)* e **wahrscheinlich** *(provavelmente)*, para indicar uma suposição.

- Com o advérbio **hoffentlich** *(oxalá)*, colocado normalmente no início do enunciado, para indicar um desejo que não se sabe se se vai realizar.

Em portugués, nestes casos recorre-se sobretudo ao futuro (*estará*) ou ao futuro próximo representado por *ir* + *infinitivo* (*vai estar*), à perífrase verbal *deve* + *infinitivo* (*deve estar*) ou ao presente do conjuntivo (*esteja*). ⓪

EXERCÍCIOS

13. Exprima desejos com o presente e o advérbio *hoffentlich*. [A2]

a. Oxalá (ele) vá ao médico! (gehen)

Hoffentlich .... !

b. Oxalá (eles) estejam em casa! (finden)

Hoffentlich .... bald .... !

c. Oxalá (eles) estejam em casa! (sein)

Hoffentlich .... !

14. Exprima suposições com o presente e o advérbio *wahrscheinlich*. [A2]

a. Provavelmente (ele) virá no domingo. (kommen)

Wahrscheinlich ....

b. Provavelmente não vamos fazer o exame. (machen)

Wahrscheinlich ....

c. (Ela) deve ter muito trabalho, provavelmente. (haben)

Wahrscheinlich ....

• Er will, dass ich ihm **helfe**.
• Ich glaube nicht, dass sie **kommt**.
• Ist es nötig, dass ihr so **schreit**?
• Ich mache, was du **willst**.

• Quer que o ajude.
• Duvido que venha.
• É necessário (vocês) gritarem tanto?
• Faço o que quiseres.

O presente também é usado, em alemão, em muitas orações subordinadas que em português se constroem com o modo conjuntivo ou com o infinitivo pessoal. ⑩

EXERCÍCIOS

15. Traduza os seguintes enunciados utilizando o presente na oração subordinada. [A2-B1]

a. Não quero que faças isso. (machen)

Ich will nicht, dass ....

b. Espero que (ele) não esteja doente. (sein)

Ich hoffe, dass ....

c. Não é preciso assinares. (unterschreiben)

Es ist nicht notwendig, dass ....

d. Começamos quando (tu) vieres. (kommen)

Wir fangen an, wenn ....

O *PERFEKT*

• A: Was **hast** du heute Morgen **gemacht**? • B: Ich **habe** für die Prüfung **gelernt**. • A: Was **hast** du gestern **gemacht**? • B: Ich **bin** ins Kino **gegangen**.

• A: O que fizeste esta manhã? • B: Estudei para o exame. • A: O que fizeste ontem? • B: Fui ao cinema.

Hast ... gemacht, habe ... gelernt e bin ... gegangen são formas do **Perfekt** dos verbos **machen, lernen** e **gehen**. O **Perfekt** serve principalmente para referir ações passadas.

O *PERFEKT*: ESTRUTURA

		sagen		kommen	
singular	ich	habe	gesagt	bin	gekommen
	du	hast	gesagt	bist	gekommen
	er, sie, es	hat	gesagt	ist	gekommen
plural	wir	haben	gesagt	sind	gekommen
	ihr	habt	gesagt	seid	gekommen
	sie	haben	gesagt	sind	gekommen
tratamento formal	Sie	haben	gesagt	sind	gekommen

O **Perfekt** constrói-se com o presente dos verbos auxiliares **haben** ou **sein** e o **Partizip II**.

O PERFEKT: AS FORMAS DO *PARTIZIP II*

Formação do *Partizip II* dos verbos regulares

Infinitivo	3ª pess. do sing.	Partizip II	
fragen	fragt	gefragt	*(perguntado)*
wohnen	wohnt	gewohnt	*(vivido)*
arbeiten	arbeitet	gearbeitet	*(trabalhado)*

A forma do **Partizip II** (particípio passado) da grande maioria dos verbos regulares, como **fragen** *(perguntar)*, **wohnen** *(viver)* e **arbeiten** *(trabalhar)* constrói-se antepondo o prefixo **ge-** à forma da terceira pessoa do presente.

EXERCÍCIOS

16. Os seguintes verbos são todos regulares. Complete a tabela com as formas que faltam. [A1]

Infinitivo	3ª pess. sing. do presente	Partizip II
a. glauben		*geglaubt*
b. arbeiten		
c. lernen	*lernt*	
d. fragen		*gefragt*
e. machen		
f. brauchen	*braucht*	
g. öffnen	*öffnet*	

17. Os seguintes verbos são todos regulares. Complete a tabela com as formas que faltam. [A2]

Infinitivo	3ª pess. sing. do presente	Partizip II
a. kochen		*gekocht*
b. baden	*badet*	
c. reisen		
d. spielen		
e. kaufen	*kauft*	*gekauft*
f. warten		
g. tanzen	*tanzt*	
h. suchen		
i. antworten		*geantwortet*

Formação do *Partizip II* dos verbos irregulares

Infinitivo	Partizip II		
essen	gegessen	*comer*	*comido*
schlafen	geschlafen	*dormir*	*dormido*
kommen	gekommen	*vir*	*vindo*
gehen	gegangen	*ir*	*ido*
nehmen	genommen	*apanhar/tomar*	*apanhado/tomado*
schreiben	geschrieben	*escrever*	*escrito*
sprechen	gesprochen	*falar*	*falado*
trinken	getrunken	*beber*	*bebido*
sein	gewesen	*ser/estar*	*sido/estado*

O **Partizip II** dos verbos irregulares deve ser decorado (consulte as páginas 84 e ss.). Tem o prefixo **ge-** e termina em **–en**.

Não termina em **–en** o **Partizip II** de alguns verbos como: **brennen** *(arder)* – **gebrannt**, **bringen** *(levar/trazer)* – **gebracht**, **denken** *(pensar)* – **gedacht**, **kennen** *(conhecer)* – **gekannt** e **wissen** *(saber)* – **gewusst**, bem como o dos verbos deles derivados, como **nachdenken** *(refletir)* – **nachgedacht**.

Formação do *Partizip II* dos verbos separáveis

Infinitivo	Partizip II		
aufräumen	aufgeräumt	*arrumar*	*arrumado*
einkaufen	eingekauft	*comprar*	*comprado*
abschreiben	abgeschrieben	*copiar*	*copiado*
wehtun	wehgetan	*doer*	*doído*

Nos verbos separáveis (regulares e irregulares), o prefixo **ge-** coloca-se entre o prefixo e o radical do verbo.

EXERCÍCIOS

18. Qual é a forma do *Partizip II* dos seguintes verbos separáveis regulares? [A2]

Infinitivo   *Partizip II*

a. abholen   ....

b. aufhören   ....

c. zuhören   ....

d. mitmachen   ....

e. auspacken   ....

19. Qual é a forma do *Partizip II* dos seguintes verbos separáveis irregulares?
(→ pp. 84 e ss.) [A2]

Infinitivo   *Partizip II*

a. fernsehen   ....

b. einladen   ....

c. aufstehen   ....

d. mitnehmen   ....

e. anbieten   ....

f. abschließen   ....

g. aussteigen   ....

Formação do *Partizip II* dos verbos com os prefixos *be-, ent-, er-, ge-, ver-* e dos terminados em *-ieren*

Infinitivo	Partizip II		
bedienen	bedient	*servir/atender*	*servido/atendido*
entscheiden	entschieden	*decidir*	*decidido*
erzählen	erzählt	*contar*	*contado*
gefallen	gefallen	*gostar*	*gostado*
verkaufen	verkauft	*vender*	*vendido*
studieren	studiert	*estudar*	*estudado*

Aos verbos (regulares e irregulares) que começam por estes prefixos não separáveis, bem como aos que terminam em **-ieren** (sempre regulares), não se acrescenta a partícula **ge-**.

EXERCÍCIOS

20. Todos os verbos deste exercício têm prefixo, seja separável ou inseparável. Qual é a forma do *Partizip II*? Pode consultar os irregulares (*) nas páginas 84 e ss. [A2]

Infinitivo   *Partizip II*

a. gehören   ....

b. bezahlen   ....

c. einsteigen*   ....

d. ausmachen   ....

e. erklären ....

f. entschuldigen ....

g. anmachen ....

h. mitbringen* ....

i. versprechen* ....

j. abfahren* ....

O *PERFEKT*: COM *HABEN* OU COM *SEIN*?

Infinitivo	Perfekt (3ª pess. sing.)		
kaufen	er **hat** gekauft	*comprar*	*ele comprou*
schreiben	er **hat** geschrieben	*escrever*	*ele escreveu*

A maioria dos verbos (regulares e irregulares) forma o **Perfekt** com o auxiliar **haben**.

Infinitivo	Perfekt (3ª pess. sing.)		
wachsen	er **ist** gewachsen	*crescer*	*ele cresceu*
sterben	er **ist** gestorben	*morrer*	*ele morreu*
aufstehen	er **ist** aufgestanden	*levantar-se*	*ele levantou-se*

Formam o **Perfekt** com o auxiliar **sein** os verbos intransitivos (que não têm complemento direto) que indicam uma mudança de estado.

O que são verbos que indicam uma mudança de estado? **Wachsen** *(crescer)* pressupõe que depois de produzida a ação expressa pelo verbo já não se mede o mesmo; **sterben** *(morrer)* pressupõe passar de estar vivo a estar morto; e **aufstehen** *(levantar-se)* significa passar de estar sentado ou deitado na cama a estar de pé.

Os verbos pronominais como **sich setzen** *(sentar-se)*, embora impliquem uma mudança de estado, formam o **Perfekt** com o auxiliar **haben**: **Er hat sich gesetzt.** *(Ele sentou-se.)*

Infinitivo	Perfekt (3ª pess. sing.)		
gehen	er **ist** gegangen	*ir(-se)*	*ele foi(-se)*
fallen	er **ist** gefallen	*cair*	*ele caiu*

Também formam o **Perfekt** com **sein** os verbos intransitivos (isto é, que não têm complemento direto) que indicam deslocação e que podem ir acompanhados do complemento que indica o destino. Assim, com **gehen** pode-se indicar o lugar aonde se vai (**Er ist <u>ins Kino</u> gegangen.** = *Foi ao cinema.*) e com **fallen** o lugar no qual cai algo ou alguém (**Deine Jacke ist <u>auf den Boden</u> gefallen.** = *O teu casaco caiu ao chão.*).

Infinitivo	Perfekt (3ª pess. sing.)		
bleiben	er **ist** geblieben	*ficar*	*ele ficou*
sein	sie **ist** gewesen	*ser, estar*	*ela foi/esteve*
passieren	es **ist** passiert	*acontecer*	*aconteceu*
geschehen	es **ist** geschehen	*acontecer*	*aconteceu*

Por último, também formam o **Perfekt** com **sein** os verbos **bleiben, sein, passieren** e **geschehen**.

EXERCÍCIOS

21. Com que auxiliar formam o *Perfekt* os seguintes verbos: *haben* ou *sein*? Rasure a forma incorreta. [A1]

a. Heute   ~~bin~~ / habe   ich zehn Stunden gearbeitet.

b. Martin   ist / hat   heute zu Hause geblieben.

c. Gestern   sind / haben   wir Sushi gegessen.

d. Warum   bist / hast   du ihn nicht gefragt?

e. Laura   ist / hat   die Hausaufgaben gemacht.

f. Am Sonntag   sind / haben   sie nach München gefahren.

g. Wir   sind / haben   am Strand geschlafen.

h. Was   bist / hast   du gelesen?

i. Ich   bin / habe   dich nicht gesehen.

j. Was   ist / hat   passiert?

22. Com que auxiliar formam o *Perfekt* os seguintes verbos: *haben* ou *sein*? Rasure a forma incorreta. [A2]

a. Warum   bist / ~~hast~~   du nicht mitgekommen?

b. Moritz   ist / hat   nur mit Paula getanzt.

c. Wo   seid / habt   ihr das Geld gefunden?

d. Der Zug   ist / hat   pünktlich abgefahren.

e. Um acht Uhr   bin / habe   ich angekommen.

f. Wir   sind / haben   ein tolles Konzert gehört.

g. Ich   bin / habe   in der Kochstraße ausgestiegen.

h. Gestern   ist / hat   er spät nach Hause gekommen.

i. Warum   bist / hast   du das Paket nicht abgeholt?

j. Die Kinder   sind / haben   im Schwimmbad gewesen.

O *PERFEKT*: O *PERFEKT* NA ORAÇÃO

• Ich **habe** heute ein Buch für Marta **gekauft**. (1)	• Hoje comprei um livro para a Marta.
• Was **habt** ihr gestern im Unterricht **gemacht**? (2)	• O que fizeram ontem na aula?
• **Bist** du heute Morgen früh **aufgestanden**? (3)	• Levantaste-te cedo hoje?

A forma verbal que se conjuga é a do auxiliar (**ich habe, du hast, er/sie/es hat, wir haben**, etc., **ich bin, du bist, er/sie/es ist, wir sind**, etc.). Esta aparece em 2.º lugar nas orações declarativas (1) e interrogativas parciais (2) e no início nas interrogativas globais (3). O **Partizip II** coloca-se no final da oração.

Nas orações subordinadas, é o auxiliar conjugado que passa a ocupar o último lugar, imediatamente depois do **Partizip II**: **..., weil ich heute ein Buch für Marta** <u>gekauft habe</u>. *(...porque hoje comprei um livro para a Marta.)* (→ p. 273).

EXERCÍCIOS

23. **Construa orações no *Perfekt*. Lembre-se de que a colocação do verbo auxiliar conjugado depende do tipo de oração. [A1]**

   a. lernen – Deutsch – er – haben

   Er hat Deutsch gelernt.

   b. Lisa – zwei Tassen Kaffee – trinken – haben

   Lisa ....

   c. du – haben – sehen – den Film (?)

   .... ?

   d. um 10 Uhr – wir – nach Hause – wir – sein – fahren

   Um 10 Uhr ....

   e. du – haben – lesen – das Buch (?)

   .... ?

f. haben – essen – gestern eine Pizza – ich

....

g. ihr – haben – schlafen – gut (?)

....?

h. bleiben – Moritz – ein Jahr in Deutschland – sein

....

i. heute – Anna – nicht – arbeiten – haben

Heute ....

j. verstehen – Sie – haben – nicht – was (?)

....?

24. Traduza as seguintes orações. Utilize o verbo adequado no *Perfekt* e coloque o sujeito no início das orações declarativas. [A2]

finden – gehen – kommen – sein – sprechen – trinken

a. Fomos para casa às dez.

....

b. Falei com a Júlia.

....

c. O que é que vocês beberam no restaurante?

....?

d. Nunca estiveste em Berlim?

....?

e. Quando é que a tua namorada veio?

....?

f. O David encontrou as tuas chaves.

....

O *PERFEKT*: USO

• Heute Morgen **bin** ich ins Sportstudio gegangen. • Gestern Abend **bin** ich ins Sportstudio gegangen. • Früher **bin** ich oft ins Sportstudio gegangen.	• Esta manhã fui ao ginásio. • Ontem à noite fui ao ginásio. • Antes ia muitas vezes ao ginásio.

O sistema verbal alemão é mais simples que o português. Assim, num diálogo, as formas portuguesas *fui* e *ia* podem ambas ser expressas através do **Perfekt**, exceto no caso dos verbos modais. Quanto à oposição **Perfekt - Präteritum**, consulte as páginas 31 e ss.

EXERCÍCIOS

25. Traduza as seguintes orações para português. Note que na sua tradução vão aparecer, dependendo do caso, dois tempos diferentes que remetem para ações do passado. [A1]

a. Schau mal. Es hat geregnet. Olha. ....

b. Gestern sind wir zu Hause geblieben. Ontem ....

c. Damals hat er noch Deutsch gelernt. Naquela época ....

d. Früher haben die Leute mehr gelesen. Antes, as pessoas ....

e. Am Montag habe ich bis neun gearbeitet. Na segunda-feira ....

26. Traduza as seguintes orações para alemão, utilizando o *Perfekt*. Lembre-se de que pode consultar a lista de verbos irregulares nas páginas 84 e ss. [A2]

ankommen – anrufen – aufräumen – aufstehen – kaufen – kommen – leben – schreiben – spielen – studieren

a. O Moritz arrumou o seu quarto. Moritz ....

b. Então veio o professor. Dann ....

c. Esta manhã telefonei ao diretor. Heute Morgen ....

d. Ontem comprei um computador. Gestern ....

e. Naquela época estudávamos em Paris. Damals ....

f. Já chegou o comboio? .... der Zug schon .... ?

g. Escreveste a redação?   .... den Aufsatz.............................?

h. Em 1985 vivia em Berlim.   1985 .... er... .

i. Hoje levantei-me às seis.   Heute ....

j. Ontem jogámos futebol.   Gestern ....

EXERCÍCIOS GLOBAIS

27. Transforme as frases no *Perfekt* em frases no presente. [A1]

a. Warum bist du nicht zu Hause geblieben?   *Warum bleibst du nicht zu Hause?*

b. Jonas hat ein Eis gegessen.   ....

c. Hast du die Zeitung gelesen?   ....?

d. Am Sonntag hat sie bis zwölf Uhr geschlafen.   ....

e. Hast du das gesehen?   ....?

f. Michael ist im Urlaub nach Österreich gefahren.   ....

g. Das habe ich nicht verstanden.   ....

h. Habt ihr Alkohol getrunken?   ....?

28. Preencha os espaços em branco com o auxiliar adequado conjugado e o *Partizip II*.
Lembre-se de que pode consultar a tabela de verbos irregulares nas páginas 84 e ss. [A1]

a. .... du schon .... (essen)?

b. Ich .... gestern zu Hause .... (bleiben).

c. Leider .... er keine Zeit .... (haben).

d. .... ihr heute schon die Zeitung .... (lesen)?

e. Mafalda .... mit dem Fahrrad zur Schule .... (fahren).

f. Guten Morgen, ... du gut .... (schlafen)?

g. Gestern .... ich den neuen Film von Woody Allen .... (sehen).

h. Warum bist du so nervös? Was .... (passieren)?

i. Er .... eine ganze Flasche Wein .... (trinken).

j. Was hast du gesagt? Ich .... dich nicht .... (verstehen).

29. Transforme o texto no presente num texto no *Perfekt*. [A2]

Detektiv Dagobert observiert Edu Einstein:

a. Edu geht um 7 Uhr aus dem Haus. b. Er sieht nach links und nach rechts. c. Dann geht er zum Auto und steigt ein. d. Er fährt ins Zentrum und parkt vor der Bank. e. Er steigt nicht aus, er wartet. f. Nichts passiert. g. Er nimmt sein Handy und telefoniert. h. Eine Frau kommt aus der Bank.

Dagobert schreibt in sein Notizbuch:

a. Edu ist um 7 Uhr aus dem Haus gegangen.

b. Er.. .

c. ....

d. ....

e. ....

f. ....

g. ....

h. ....

30. Construa pequenos diálogos como o do exemplo. [A2]

a. die Hausaufgaben machen

A: *Machst* du bitte die Hausaufgaben?   B: Ich *habe* sie schon *gemacht*!

b. die Wohnung aufräumen

A : .... ? **B** : .... sie schon ....!

c. den Mantel in die Reinigung bringen

A : .... ? **B** : .... ihn schon ....!

d. die Konzertkarten kaufen

A : .... ? **B** : .... sie ....!

e. Onkel Feuerstein anrufen

A : .... ? **B** : .... ihn ....!

f. die Heizung anmachen

A : .... ? **B** : .... sie ....!

g. die Zigarette ausmachen

A : .... ? **B** : .... sie ....!

31. Preencha os espaços em branco com o auxiliar pertinente conjugado e o *Partizip II*. Lembre-se de que alguns são separáveis e/ou irregulares. Se necessário, consulte a lista dos verbos irregulares nas páginas 84 e ss. [A2]

abholen – antworten – aufstehen – bezahlen – gehen – mitkommen – putzen – reparieren – sagen

a. Am Samstag .... er nicht in die Disco ....

b. Heute Morgen .... ich wie immer zu spät ....

c. Wer .... die Rechnung ....?

d. Ich .... den kaputten Apparat allein ....

e. Entschuldigung, ich verstehe nicht. Was .... du ....?

f. Ich habe ihn gefragt, aber er .... mir nicht ....

g. Deine Schuhe sind schmutzig, warum .... du sie nicht ....?

h. Meine Freunde .... mich vom Bahnhof ....

i. Warum .... du nicht ....? Der Film war genial!

32. Reescreva o seguinte texto na 1ª pessoa do singular. [A2]

a. Herr Wieland steht heute schon um sechs Uhr auf. b. Er macht das Fenster auf und sieht auf die Straße. c. Er geht in die Küche und holt Butter und Milch aus dem Kühlschrank. d. Er isst drei Brötchen und trinkt zwei Tassen Kaffee. e. Dann holt er die Zeitung aus dem Briefkasten und steckt sie in seine Aktentasche. f. Er sieht auf die Uhr. g. Dann bestellt er ein Taxi. h. Er nimmt den Koffer mit dem Geld und geht aus dem Haus.

Herr Wieland erzählt:

a. *"Heute bin ich schon um sechs Uhr* ....

b. Ich habe ....

c. ....

d. ....

e. ....

f. ....

g. ....

h. ...."

OS VERBOS

O *PRÄTERITUM*

• Als er jung **war, hatte** er viele Pläne.
• Die Kanzlerin **sprach** gestern mit dem neuen Botschafter von Ghana.

• Quando era jovem, tinha muitos planos.
• A chanceler falou ontem com o novo embaixador do Gana.

War, hatte e **sprach** são formas do **Präteritum** dos verbos **sein, haben** e **sprechen**. O **Präteritum** serve para referir ações passadas em narrações, nas notícias faladas e em informações jornalísticas.

O *PRÄTERITUM:* FORMAS - VERBOS REGULARES

		wohnen (1)	fragen (1)	arbeiten (2)	baden (2)
singular	ich	wohnte	fragte	arbeitete	badete
	du	wohntest	fragtest	arbeitetest	badetest
	er, sie, es	wohnte	fragte	arbeitete	badete
plural	wir	wohnten	fragten	arbeiteten	badeten
	ihr	wohntet	fragtet	arbeitetet	badetet
	sie	wohnten	fragten	arbeiteten	badeten
tratamento formal	Sie	wohnten	fragten	arbeiteten	badeten

(1) As formas do **Präteritum** da maioria dos verbos regulares, como **wohnen** *(viver)* e **fragen** *(perguntar)*, constroem-se a partir do radical do verbo (infinitivo sem a terminação –en), ao qual se acrescentam as terminações correspondentes.

(2) Quando o radical do verbo termina em –t (**arbeiten** = *trabalhar*) ou em –d (**baden** = *dar/tomar banho*), acrescenta-se um –e antes do –t da terminação.

A primeira e a terceira pessoa do singular são sempre iguais.

EXERCÍCIOS

33. Complete a tabela com as formas do *Präteritum* que faltam. [B1]

	ich	du	er/sie/es	wir	ihr	sie/Sie
a. kochen	kochte					
b. kaufen				kauften		
c. flirten			flirtete			
d. studieren		studiertest				

e. warten					*warteten*
f. reden				*redetet*	
g. lernen	*lernte*				

34. Reescreva as orações utilizando o *Präteritum* em vez do *Perfekt*. [B1]

Perfekt   *Präteritum*

a. Sie hat nicht jeden Tag gekocht.   Sie *kochte* nicht jeden Tag.

b. Er hat sie oft besucht.   ....

c. Ich habe zwei Stunden gewartet.   ....

d. Die Kinder haben den ganzen
   Tag auf der Straße gespielt.   ....

e. Meine Oma hat mit 18 Jahren geheiratet.   ....

f. Er hat nichts gesagt.   ....

g. Sie haben in Berlin gelebt.   ....

O *PRÄTERITUM*: FORMAS - VERBOS IRREGULARES

		beginnen	fahren	fliegen	schreiben
singular	ich	begann	fuhr	flog	schrieb
	du	begann**st**	fuhr**st**	flog**st**	schrieb**st**
	er, sie, es	begann	fuhr	flog	schrieb
plural	wir	begann**en**	fuhr**en**	flog**en**	schrieb**en**
	ihr	begann**t**	fuhr**t**	flog**t**	schrieb**t**
	sie	begann**en**	fuhr**en**	flog**en**	schrieb**en**
tratamento formal	Sie	begann**en**	fuhr**en**	flog**en**	schrieb**en**

As formas do **Präteritum** dos verbos irregulares como **beginnen** *(começar)*, **fahren** *(ir/levar – num veículo, conduzir – um veículo)*, **fliegen** *(voar – verbo intransitivo/ transitivo – pilotar um avião)* ou **schreiben** *(escrever)* constroem-se a partir da terceira pessoa do singular. Estas devem ser decorada, juntamente com a forma do **Partizip II** (consulte a tabela nas páginas 84 e ss.).

Na tabela anterior podemos ver que:

1) A primeira e a terceira pessoa do singular são iguais.

2) Nas restantes pessoas acrescentam-se as mesmas terminações do presente do indicativo (→ p. 2).

OS VERBOS

		essen (1)	raten (2)
singular	ich	aß	riet
	du	aßest	rietst
	er, sie, es	aß	riet
plural	wir	aßen	rieten
	ihr	aßt	rietet
	sie	aßen	rieten
tratamento formal	Sie	aßen	rieten

(1) Quando a terceira pessoa do singular termina em **–ß** ou **–s**, como em **essen** *(comer)* ou **lesen** *(ler)*, na segunda pessoa do singular acrescenta-se um **–e** adicional entre esta forma e a terminação.

(2) Quando a terceira pessoa do singular termina em **–t** ou **–d**, como em **raten** *(aconselhar)* ou **einladen** *(convidar)*, esse **–e** adicional acrescenta-se na segunda pessoa do plural.

EXERCÍCIOS

35. **Escreva as formas do *Präteritum* que faltam. Pode consultar a terceira pessoa do singular na tabela das páginas 84 e ss. [B1]**

	ich	du	er/sie/es	wir	ihr	sie/Sie
a. kommen	*kam*					
b. lesen				*lasen*		
c. gehen			*ging*			
d. helfen		*halfst*				
e. bleiben						*blieben*
f. sehen					*saht*	
g. einladen				*luden ein*		
h. fallen	*fiel*					
i. schlafen						

36. Reescreva os enunciados utilizando o *Präteritum* em vez do *Perfekt*. A tabela das páginas 84 e ss. pode ser-lhe útil. [B1]

Perfekt   *Präteritum*

a. Sie hat oft ihre Hausaufgaben vergessen.   Sie *vergaß* oft ihre Hausaufgaben.

b. Montags ist er immer früh aufgestanden.   ....

c. Sie hat mit 18 Jahren ein Kind bekommen.   ....

d. Samstags ist er nie zu Hause geblieben.   ....

e. Wir haben den ganzen Abend ferngesehen.   ....

f. Ich bin zu Fuß zur Schule gegangen.   ....

g. Er hat nicht viel gesprochen.   ....

O *PRÄTERITUM*: *HABEN, SEIN, WISSEN,* OS VERBOS MODAIS E *WERDEN*

		haben	sein	wissen
singular	ich	hatte	war	wusste
	du	hattest	warst	wusstest
	er, sie, es	hatte	war	wusste
plural	wir	hatten	waren	wussten
	ihr	hattet	wart	wusstet
	sie	hatten	waren	wussten
tratamento formal	Sie	hatten	waren	wussten

Verbos modais:

		können	dürfen	müssen
singular	ich	konnte	durfte	musste
	du	konntest	durftest	musstest
	er, sie, es	konnte	durfte	musste
plural	wir	konnten	durften	mussten
	ihr	konntet	durftet	musstet
	sie	konnten	durften	mussten
tratamento formal	Sie	konnten	durften	mussten

OS VERBOS

		sollen	wollen	werden
singular	ich	sollte	wollte	wurde
	du	solltest	wolltest	wurdest
	er, sie, es	sollte	wollte	wurde
plural	wir	sollten	wollten	wurden
	ihr	solltet	wolltet	wurdet
	sie	sollten	wollten	wurden
tratamento formal	Sie	sollten	wollten	wurden

Quanto ao significado dos verbos modais, consulte as páginas 65 e ss.

As formas do **Präteritum** do verbo modal **möchten** *(querer/desejar)* não se incluem na tabela anterior, uma vez que se substituem pelas do verbo **wollen**.

Presente:

- Ich **möchte** ein Wörterbuch kaufen.
- Quero comprar um dicionário.

Passado:

- Ich **wollte** ein Wörterbuch kaufen.
- Queria comprar um dicionário.

EXERCÍCIOS

37. Reescreva o e-mail utilizando o *Präteritum* em vez do presente. [A1]

Liebe Emma,
ich *habe* eine Woche Urlaub und ich *bin* in Berlin. Alles *ist* phantastisch! Auch das Hotel *ist* super, und mein Zimmer *hat* einen Balkon und Internet. Und sogar das Wetter *ist* gut!

Bis bald!
Michael

Liebe Emma,

ich *hatte* eine Woche Urlaub und ....

....

....

....

....

....

Bis bald!
Michael

38. Qual é a forma correta? [A2]

a. Er	❑ wart	☒ war	❑ warst	im Kino.
b. Ich	❑ hatte	❑ hattet	❑ hattest	kein Geld.
c. Frau Müller	❑ wart	❑ warst	❑ war	zu Hause.
d. Wann	❑ hattet	❑ hattest	❑ hatte	du Geburtstag?
e. Ihr	❑ hattet	❑ hatte	❑ hattest	früher mehr Zeit.
f. Herr Schuster,	❑ wart	❑ waren	❑ war	Sie gestern im Büro?
g. Die Kinder	❑ wart	❑ warst	❑ waren	im Zoo.

39. Os tempos mudam... Antes e hoje. [A2]

Früher ...

Heute ...

a. *war* er Taxifahrer.

ist er Generaldirektor.

b. .... sie eine kleine Wohnung.

haben sie ein großes Haus.

c. .... ich immer fit.

bin ich oft kaputt.

d. .... sie verheiratet.

sind sie geschieden.

e. .... wir eine Schreibmaschine.

haben wir drei Computer.

f. .... ihr jeden Samstag im Kino.

seid ihr immer zu Hause.

g. .... du immer Zeit für mich.

hast du keine Zeit mehr für mich.

h. .... ich ein billiges Fahrrad.

habe ich einen teuren Wagen.

i. .... er ein Sparschwein.

hat er ein Konto in der Schweiz.

40. Uma forma não é correta. Rasure-a. [A1]

| a. sie (ela) | ~~du~~ | er | ich | wollte |
| b. sie (eles, elas) | wir | Sie (trat. formal) | ihr | konnten |

c. ihr	es	ich	er	musste
d. wir	Sie (trat. formal)	er	sie	durften
e. sie (ela)	ich	er	Sie (trat. formal)	sollte

41. Preencha os espaços em branco conjugando os verbos entre parêntesis no *Präteritum*. [A2]

Als Kind (a) .... (wollen) Karl Dinosaurier-Spezialist werden, aber er (b)

.... (dürfen) nicht. Er (c) .... (sollen) Metzger werden, denn

sein Vater hatte eine Metzgerei. Also (d) .... (müssen) er eine Lehre als

Metzger machen und (e) .... (können) nicht studieren.

42. Reescreva as orações utilizando o *Präteritum* dos verbos modais. [A2]

Presente   *Präteritum*

a. Kann sie es verstehen?   *Konnte* sie es verstehen?

b. Hier darf man nicht rauchen.   ....

c. Du sollst es allein machen.   ....

d. Wollt ihr mitkommen?   .... ?

e. Anna darf nicht ins Kino gehen. ....

f. Könnt ihr das machen?   .... ?

g. Thomas muss früh aufstehen.   ....

h. Ich will keinen Spinat essen.   ....

i. Sie sollen nach Hause kommen.   Sie *sollten* nach Hause kommen.

j. Ich muss noch arbeiten.   ....

43. Complete com a forma adequada do *Präteritum* dos verbos que estão entre parêntesis. [A2]

Ein schrecklicher Urlaub *(Umas férias horríveis)*

Wir (a) .... (sein) im Urlaub in Süd-England, da haben wir einen Sprachkurs

gemacht. Es (b) .... (sein) schrecklich. Man (c) .... (können)

nicht im Meer schwimmen, denn das Wasser (d) .... (sein) zu kalt. Wir (e)

.... (sein) in einem Hotel, und da (f) .... (dürfen) man keine Partys

machen, denn die anderen Gäste (g) .... (wollen) ihre Ruhe haben. Man (h)

.... (müssen) zu Fuß in die Stadt gehen, denn der Bus kam nur sehr selten.

Im Hotel sagte man uns, wir (i) .... (sollen) ein Taxi nehmen, aber das (j) .... (sein) zu teuer für uns, denn wir (k) .... (haben) nicht so viel Geld. Und der Lehrer (l) .... (sein) sehr unsympathisch; er (m) .... (wollen) immer nur Englisch sprechen.

44. Reescreva as orações utilizando o *Präteritum* em vez do presente. [B1]

Presente	Präteritum
a. Das wissen wir nicht.	Das *wussten* wir nicht.
b. Weißt du das?	.... ?
c. Sie wissen nichts.	....
d. Ich weiß es nicht.	....
e. Wisst ihr das wirklich nicht?	.... ?
f. Weiß er es vielleicht?	*Wusste* er es vielleicht?
g. Herr Müller, wissen Sie das?	.... ?

O *PRÄTERITUM*: USO

- Der Präsident **sprach** gestern über die neuen Maßnahmen gegen die Krise.
- Der Präsident **sprach** oft über Maßnahmen gegen die Krise.

- O presidente falou ontem sobre as novas medidas contra a crise.
- O presidente falava frequentemente sobre medidas contra a crise.

O **Präteritum** utiliza-se habitualmente para referir ações passadas nas notícias faladas e em informações jornalísticas escritas (como no primeiro exemplo), bem como nas narrações em geral (como no último exemplo).

Como já foi dito no tema dedicado ao **Perfekt**, o uso dos tempos verbais em alemão é mais simples que em português. Assim, as duas formas do passado, *falou* e *falava*, podem ser expressas, em alemão, também com o **Präteritum**. ⓒⓞ

Com **haben** *(ter)* e **sein** *(ser, estar)* utiliza-se de preferência o **Präteritum** em vez do **Perfekt**. Com os verbos modais utiliza-se quase sempre o **Präteritum**. Quanto à oposição **Perfekt – Präteritum** em geral, consulte as páginas 31 e ss.

EXERCÍCIOS

45. Embora o seguinte texto esteja redigido no presente, podia ser o início de uma narração, talvez de um romance policial. Transforme-o utilizando o *Präteritum* em vez do presente. **[B1]**

Der Mann (a) geht/............................ langsam über die Straße. Er (b) sieht/..............................

nach links und rechts. Aber um ein Uhr morgens (c) ist/............................ kein Verkehr. Er

(d) nimmt/............................ das Handy aus der Tasche, (e) denkt/............................

.. einen Moment nach und (f) steckt/............................ es dann wieder ein. Langsam, aber

entschlossen (g) geht/............................ er auf ein Auto zu. Er (h) macht/............................

die Fensterscheibe kaputt, (i) öffnen/............................ die Tür und (j) setzt/............................

.. sich in den Wagen. Hundert Meter entfernt (k) trinken/............................ junge Leute mitten

auf der Straße Bier. Plötzlich (l) kommt/............................ ein Polizeiwagen. Zwei Polizisten

(m) steigen/............................ aus und (n) sprechen/ .... mit den jungen Leuten.

Er (o) bekommt/............................ Angst ...

Se tentar traduzir o texto anterior para português, verá que se utiliza umas vezes o pretérito perfeito e outras, o imperfeito. Em alemão, pelo contrário, utiliza-se o **Präteritum** em ambos os casos. O mesmo acontece no exercício seguinte.

46. Traduza as seguintes orações utilizando o *Präteritum*. [B1]

a) Manuel Fidalgo não encontrava (**finden**) trabalho em Portugal. b) Em 1963, foi (**gehen**) para a Alemanha. c) Queria trabalhar (**wollen – arbeiten**) lá uns anos e voltar (**zurückfahren**) para Portugal o mais rapidamente possível. d) A sua família ficou (**bleiben**) em Portugal. e) O seu filho tinha (**sein**) dois anos. f) De 1963 a 1966, trabalhou (**arbeiten**) e viveu (**wohnen**) sozinho em Frankfurt. g) Sentia-se bem lá (**sich wohl fühlen**), mas tinha saudades (**vermissen**) da família. h) Em 1966, chegaram (**kommen**) à Alemanha a mulher e o filho. i) Em 1977, voltaram os três (**zurückfahren – alle drei**) para Portugal. j) O seu filho tinha (**sein**) 16 anos.

a. Manuel Fidalgo ....

b. 1963 ....

c. .... und sobald wie möglich nach Spanien ....

d. ....

e. ....

f. Von 1963 bis 1966 ....

g. .... dort wohl, aber ....

h. 1966 .... nach Deutschland.

i. 1977 .... nach Spanien zurück.

j. ....

PERFEKT OU PRÄTERITUM?

• Heute Morgen **bin** ich nicht in die Schule **gegangen**. • 1990 **ging** ich noch nicht in die Schule.	• Hoje de manhã não fui à escola. • Em 1990 ainda não ia à escola.

Tanto o **Perfekt** como o **Präteritum** se utilizam para referir ações passadas.

• A: Was **hast** du heute Morgen/gestern Abend/damals **gemacht**? • B: Heute Morgen **habe** ich einen Freund **besucht**. • B: Gestern Abend **habe** ich einen Freund **besucht**. • B: Damals **habe** ich in Coimbra **studiert**.	• A: O que fizeste hoje de manhã? / O que fizeste ontem à tarde? / O que fazias naquela época? • B: Hoje de manhã visitei um amigo. • B: Ontem à tarde visitei um amigo. • B: Naquela época estudava em Coimbra.

Em geral, a utilização de um tempo ou outro depende de se se trata de um diálogo ou de uma narração. Assim, salvo nos casos referidos mais abaixo, em diálogos utiliza-se sempre o **Perfekt**, independentemente do tempo que se usaria em português.

Como pode observar nos exemplos anteriores, em português usamos as formas *fizeste*, *visitei*, *fazias* e *estudava*, enquanto em alemão se utiliza sistematicamente o **Perfekt**. ①

• Der König **sprach** mit seinen Brüdern, als er plötzlich Schreie **hörte**. Er **stand auf** und **rief** die Wache.	• O rei falava com os seus irmãos quando de repente ouviu gritos. Levantou-se e chamou a guarda.

Pelo contrário, quando se trata de uma narração, utiliza-se normalmente o **Präteritum**. O conto é o exemplo mais evidente de narração.

• Der französische Präsident **besuchte** gestern die deutsche Bundeskanzlerin.	• O presidente francês visitou ontem a chanceler federal alemã.

O **Präteritum** também se utiliza sistematicamente nas notícias faladas e nas informações jornalísticas escritas.

• A: Wo **warst** du gestern? • B: Ich **bin** beim Arzt **gewesen**. Ich **hatte** Fieber. • A: **Wollten** Sie nicht mit mir sprechen? Ich habe auf Sie gewartet. • B: Oh, das **wusste** ich nicht/**habe** ich nicht **gewusst**.

• A: Onde estiveste ontem? • B: Estive no médico. Tinha febre. • A: Não queria falar comigo? Estive à sua espera. • B: Oh, não sabia.

Embora se trate de um diálogo, com os verbos modais quase sempre se utiliza o **Präteritum**. No entanto, no caso dos verbos **haben, sein** e **wissen** podem ser utilizados ambos os tempos verbais, embora seja mais habitual o **Präteritum**.

EXERCÍCIOS

47. Traduza o seguinte diálogo. Lembre-se de que deve utilizar o *Perfekt*, exceto nos casos em que, como acaba de ver, é mais habitual o uso do *Präteritum*. Para este exercício, talvez lhe seja útil consultar o exercício anterior (46). [A2]

a. **A** : Naquela época (eu) vivia em Frankfurt. (**leben**)

   B : E sentias-te bem lá (**gefallen**)?

b. **A** : Sim, mas sem a minha mulher e o meu filho não era feliz. (**sein**)

   B : Querias voltar para Portugal? (**wollen – zurückkommen**)

c. **A** : Sim, mas não podia. Tinha de ganhar dinheiro e em Portugal não encontrava trabalho.

   (**können – müssen – verdienen – finden**)

   B : E o que aconteceu? (**passieren**)

d. **A** : A minha mulher e o meu filho vieram para a Alemanha. A minha mulher encontrou

   logo trabalho e o meu filho pôde ir à escola. (**kommen – finden – können – gehen**)

   B : Eles gostavam da Alemanha? (**gefallen**)

e. **A** : Sim. O meu filho até tinha muitos amigos lá. E a minha mulher também estava

   satisfeita. (**haben – sein**)

a. **A** : Damals ....

   B : .... es dir dort .... ?

b. **A** : .... glücklich.

   B : .... ?

c. **A** : ....

   B : .... ?

d. **A** : Meine Frau und ....

   B : .... ?

e. **A** : .... dort sogar ....

   Und .... zufrieden.

48. **O texto seguinte é o resultado de transformar o diálogo anterior numa narração. Traduza-o utilizando sistematicamente o *Präteritum*. [B1]**

a. Naquela época, Manuel Fidalgo vivia em Frankfurt. b. Sentia-se bem lá mas não era feliz sem a sua mulher e o seu filho. c. Queria voltar para Portugal, mas não podia. d. Precisava de dinheiro para a sua família e em Portugal não encontrava trabalho. e. Então a sua mulher e o seu filho vieram para a Alemanha. f. A sua mulher encontrou logo trabalho e o seu filho pôde ir à escola. g. Eles gostavam da Alemanha. h. O seu filho tinha até muitos amigos lá. i. E a sua mulher também estava satisfeita.

a. Damals ....

b. Es .... ihm dort, ...

   ....

c. ....

d. ....

e. Dann .... nach Deutschland.

f. ....

g. Deutschland ....

h. .... Freunde.

i. .... auch ....

49. **Construa pequenos diálogos como o do exemplo. Lembre-se de que deve utilizar o *Perfekt*, exceto nos casos em que é mais habitual o uso do *Präteritum*. [A2]**

a. du – was – gestern – machen? **A** : Was *hast* du gestern *gemacht*?

   Ich – im Kino – sein **B** : Ich *war* im Kino.

b. ihr – am Wochenende – arbeiten – müssen ?

   A : .... ?

   wir – frei – haben

   B : Nein, wir ....

c. er – mit dem Direktor – sprechen?

A : .... ?

er – ihn – anrufen

B : Ja, ...

d. du – warum – nicht – mitkommen?

A : .... ?

ich – keine Lust – haben

B : ....

e. ihr – gestern – in der Disko – sein?

A : .... ?

wir – zu Hause – bleiben

B : Nein, ...

f. du – warum – mir – nicht – geschrieben?

A : .... nicht .... ?

Ich – es – vergessen

B : .... es ....

50. **Traduza os seguintes diálogos. Lembre-se de que deve utilizar o *Perfekt*, exceto nos casos em que é mais habitual o uso do *Präteritum*. [A2]**

a. **A** : O que é que vocês fizeram ontem? (**machen**) Was *habt* ihr gestern *gemacht*?

B : Fomos ao cinema. (**gehen**) Wir *sind* ins Kino *gegangen*.

b. **A** : Não querias falar com o chefe? (**wollen**)

.... nicht mit dem Chef .... ?

B : Sim, já falei com ele.

Doch, ... schon mit ihm ....

c. **A** : A que horas te levantaste? (**aufstehen**)

Um wie viel Uhr .... ?

B : Às cinco. E às seis partiu o autocarro. (**abfahren**)

.... Und ....

d. **A** : Antes trabalhavas mais, não é? (**arbeiten**)

Früher .... mehr .... , nicht?

B : Sim, porque tinha pouco dinheiro. (**haben**)

Ja, denn .... wenig ....

e. **A** : Vocês já começaram? (**anfangen**)

....?

B : Sim, tínhamos de começar às oito. (**müssen**)

....?

f. **A** : Onde estavas ontem? Telefonei-te imensas vezes. (**sein - anrufen**)

.... ? Ich .... zigmal ....

B : No escritório. Aconteceu alguma coisa? (**passieren**)

....?

51. Traduza as seguintes frases. [A2]

a. Gestern sind wir an den Strand gegangen.

....

b. Heute Morgen bin ich früh aufgestanden.

....

c. Als Kind hat er viel gelesen.

....

d. Wir haben vor zwei Jahren geheiratet.

....

e. Sie ist vor zehn Minuten nach Hause gegangen.

....

O MAIS-QUE-PERFEITO

• Als er endlich kam, **hatte** der Film schon **angefangen**.	• Quando finalmente veio, o filme já tinha começado/começara.
• Als wir ankamen, **war** Maria schon nach Hause **gegangen**.	• Quando chegámos, a Maria já tinha ido para casa.

Hatte ... angefangen e **war ... gegangen** são formas do mais-que-perfeito dos verbos **anfangen** *(começar)* e **gehen** *(ir)*. Tal como em português, o mais-que-perfeito utiliza-se fundamentalmente para exprimir uma ação passada concluída antes de outra ação também passada.

O MAIS-QUE-PERFEITO: FORMAS

		sprechen		gehen	
singular	ich	hatte	gesprochen	war	gegangen
	du	hattest	gesprochen	warst	gegangen
	er, sie, es	hatte	gesprochen	war	gegangen
plural	wir	hatten	gesprochen	waren	gegangen
	ihr	hattet	gesprochen	wart	gegangen
	sie	hatten	gesprochen	waren	gegangen
tratamento formal	Sie	hatten	gesprochen	waren	gegangen

O mais-que-perfeito forma-se combinando o **Präteritum** de **haben** ou **sein** e o **Partizip II** do verbo principal. Sobre o uso de um ou outro verbo auxiliar e a formação do **Partizip II**, consulte as páginas 10-15.

EXERCÍCIOS

52. **Coloque os elementos na ordem correspondente. As orações devem começar pelo elemento que aparece em primeiro lugar. [B1]**

a. *Er – geblieben – zu Hause – war*   *Er war zu Hause geblieben.*

b. Sie – den ganzen Abend – ferngesehen – hatten

....

c. Ihr – aufgestanden – wart – noch nicht

....

d. Sie – mit ihrem Freund – hatte – telefoniert

....

e. Er – hatte – erzählt – den Kindern – ein Märchen

....

53. Complete a tabela com as formas do mais-que-perfeito que faltam. Deverá decidir qual é o auxiliar adequado *(haben* ou *sein)* e conjugá-lo. Quanto à forma do *Partizip II* que o acompanha, pode consultá-la nas páginas 84 e ss. [B1]

a. *kochen*	er	hatte	gekocht
b. sprechen	ich		
c. aussteigen	wir		
d. schreiben	du		
e. warten	ihr		
f. gehen	du	*warst*	
g. baden	sie (sing.)		
h. aufwachen	ich		*aufgewacht*
i. essen	Sie		

54. Complete com as formas adequadas de *sein* ou *haben* como auxiliares do mais-que-perfeito. [B1]

a. Er hatte eine ganze Flasche Wein getrunken.

b. Ich .... fast eine Stunde gewartet.

c. Anna .... sehr spät eingeschlafen.

d. Niemand .... das Thema verstanden.

e. Der Film .... gerade begonnen.

f. .... ihr das so geplant?

g. Der Zug .... noch nicht abgefahren.

h. Ich .... wie immer zu spät aufgestanden.

O MAIS-QUE-PERFEITO: USO

• Wir **hatten** schon **gefrühstückt**, als er endlich **aufstand**. • Als er anrief, **war** ich schon **gegangen**.	• Já tínhamos tomado/tomáramos o pequeno-almoço quando finalmente se levantou. • Quando telefonou, eu já tinha ido embora.

Com o mais-que-perfeito, o falante refere uma ação passada que terminou antes de acontecer outra ação, também ela passada. Esta última é expressa no **Präteritum**.

• Nachdem er den Koffer **gepackt hatte**, schrieb er einen Brief. • Als sie alle Fenster **geschlossen hatte**, bestellte sie ein Taxi.	• Depois de ter feito a mala, escreveu uma carta. • Depois de ter fechado todas as janelas, chamou um táxi.

Nesta aceção, pode também equivaler ao infinitivo impessoal composto (*ter feito, ter fechado*). ⓘ

Quando o mais-que-perfeito se encontra numa oração subordinada, esta começa, habitualmente, pelas conjunções **als** (*quando*) ou **nachdem** (*depois de*). Regra geral, neste caso podem ser utilizadas indistintamente.

• **Als/Nachdem** er die Kinder **geweckt hatte**, bereitete er das Frühstück vor.	• Depois de acordar as crianças, preparou o pequeno-almoço.

A estrutura portuguesa *"depois de + infinitivo"*, utilizada habitualmente para exprimir uma ação anterior a outra ação passada, não existe em alemão, utilizando-se também nesse caso o mais--que-perfeito. ⓘ

• (Immer) **Wenn** er zu viel Kaffee **getrunken hatte**, konnte er nicht schlafen.	• De cada vez que bebera demasiado café, não conseguia dormir.

A conjunção **wenn** (*quando*) só pode ser utilizada quando se quer indicar repetição. Pode ser precedida de **immer**, combinação que corresponde à formulação portuguesa *de cada vez que*.

• Ich **hatte gedacht**, du würdest mir helfen. • Wir **hatten** schon **vermutet**, dass er nicht einverstanden wäre.	• Pensava que me ajudarias. • Já imaginávamos que não estaria de acordo.

Em enunciados como o anterior, com verbos como **denken** *(pensar)*, **vermuten** *(imaginar/supor)* e outros semelhantes, também se utiliza o mais-que-perfeito, quando em português recorremos ao imperfeito (*pensava, imaginávamos*). ⓘ

EXERCÍCIOS

55. Transforme os seguintes enunciados, transformando a primeira oração numa subordinada com *nachdem* e o mais-que-perfeito. [B1]

a. Er packte seinen Koffer. Dann bestellte er ein Taxi.

Nachdem er seinen Koffer gepackt hatte, bestellte er ein Taxi.

b. Ich schrieb eine SMS. Dann machte ich das Handy aus.

....

c. Sie kam nach Hause. Sie rief gleich ihren Freund an.

....

d. Wir kauften viele Souvenirs. Danach hatten wir kein Geld mehr.

....

e. Sie aßen im Hotel zu Abend. Sie gingen in die Disco.

....

f. Er schlief ein. Sie verließ heimlich die Wohnung.

....

56. A lei de Murphy. Complete as frases com as formas adequadas do mais-que-perfeito. [B1]

schließen – essen – anfangen – gehen – ~~abfahren~~ – einschlafen – abwaschen – aufräumen

a. Der letzte Zug *war* schon *abgefahren*.

b. Die Geschäfte hatten schon ....

c. Die anderen .... schon zu Abend ....

d. Der Film .... schon ....

e. Meine Freundin .... schon nach Hause ....

f. Die Kinder .... schon ....

g. Aber noch niemand .... das Geschirr ....

h. Und niemand .... die Wohnung ....

57. Complete a tradução das seguintes frases, utilizando o mais-que-perfeito e o *Präteritum*, conforme necessário. [B1]

a. A namorada dele já tinha ido embora quando ele chegou.

Seine Freundin war schon gegangen, als er ankam.

b. Eu já tinha lido a carta quando (ela) me telefonou.

Ich ...., als .... anrief.

c. Ainda não tínhamos jantado quando ouvimos a notícia.

Wir .... zu Abend ...., als .... die Nachricht ....

d. Depois de (ele) lavar os pratos, foi para a cama.

Als .... abgewaschen ...., ... ins Bett.

e. Depois de falar com a amiga, a Marta telefonou ao namorado.

Nachdem ....

O FUTURO

> • Wir **werden** euch zu Weihnachten **besuchen**.
> • Er **wird** zu Hause **sein**.

> • Visitar-vos-emos/Vamos visitar-vos no Natal.
> • Estará em casa./Deve estar em casa.

Tal como em português, o futuro serve fundamentalmente para exprimir ações futuras ou suposições.

O FUTURO: FORMAS

kommen

singular	ich	werde	kommen
	du	wirst	kommen
	er, sie, es	wird	kommen
plural	wir	werden	kommen
	ihr	werdet	kommen
	sie	werden	kommen
tratamento formal	Sie	werden	kommen

O futuro forma-se com o verbo **werden** conjugado no presente e o infinitivo do verbo principal (o verbo que em português se conjuga no futuro) (**Er wird morgen kommen.** = *Virá amanhã.*). O infinitivo coloca-se no final da oração.

O FUTURO: USO

• Ich **werde** morgen mit dem Chef **sprechen**. • Amanhã falarei/vou falar com o chefe.

O futuro alemão corresponde em grande medida ao futuro do indicativo português ou à perífrase verbal composta pelo verbo *ir* no presente + *infinitivo* do verbo principal, utilizada com mais frequência. Tal como em português, o futuro alemão é utilizado em diversas situações. No exemplo anterior, usa-se para exprimir uma intenção. Nestes casos, em alemão há uma maior tendência para utilizar o presente em vez do futuro (**Ich spreche morgen mit dem Chef.**) (→ p. 7). ①

• Morgen **wird** es **regnen**. • Der Präsident **wird** nächste Woche nach China **fliegen**.	• Amanhã vai chover/choverá. • O presidente viajará à China na próxima semana.

Nestes exemplos, o futuro é utilizado para indicar uma previsão ou um anúncio.

• A: Warum ist Max nicht gekommen? • B: Er **wird** (**wohl**) krank **sein**.	• A: Porque é que o Max não veio? • B: Estará doente/Deve estar doente.

Neste último exemplo, pelo contrário, o futuro é utilizado para expressar uma suposição. Nestes casos, pode aparecer a partícula modal **wohl**.

EXERCÍCIOS

58. Bons propósitos. A partir de amanhã... [B1]

a. *Ich rauche nicht mehr.*   *Ich werde nicht mehr rauchen.*

b. Ich mache Sport.   ....

c. Ich stehe immer früh auf.   ....

d. Ich esse jeden Tag Obst und Gemüse.   ....

e. Ich telefoniere weniger.   ....

f. Ich gehe früher schlafen.   ....

g. Ich räume jeden Abend meinen Schreibtisch auf.   ....

59. Traduza as seguintes orações. [B1]

a. *A Paula estudará em Londres.*   *Paula wird in London studieren.*

b. Venderemos o carro.   ....

c. Amanhã irei nadar. ....

d. Ligar-me-ás? ....

e. Levar-te-ei à estação ....

f. Vocês comprarão a casa? ....

g. Quando farás isso? ....?

h. Você ajudar-nos-á? ....?

60. Traduza as seguintes suposições utilizando a partícula modal *wohl*. Coloque-a depois do verbo conjugado. [B1]

a. *A Anna já estará no escritório.*   *Anna wird wohl schon im Büro sein.*

b. Vocês estarão cansados. ....

c. O computador ainda estará avariado. ....

d. A Marta e o Tom não virão. ....

e. Não teremos muito tempo. ....

f. Ficarás em casa, não é? ....?

g. O comboio chegará tarde. ....

O IMPERATIVO

- **Kommen** Sie um neun!
- **Sag** das bitte nicht!

- Venha/Venham às nove!
- Não digas isso, por favor!

Kommen e **sag** são formas do imperativo dos verbos **kommen** e **sagen**. O imperativo utiliza-se sobretudo para induzir o interlocutor a fazer ou não fazer alguma coisa.

O IMPERATIVO: USO

- **Kommen** Sie in mein Büro!   (1)
- **Drehen** Sie den Knopf nach rechts.   (2)
- **Kommen** Sie bitte herein.   (3)
- **Helfen** Sie mir!   (4)
- **Schenk** ihm doch ein Smartphone. Sein Handy funktioniert nicht mehr richtig.   (5)

- Venha/Venham ao meu escritório!
- Rode o botão para a direita.
- Entre/Entrem, por favor.
- Ajude-me!
- Vá lá, oferece-lhe um smartphone. O telemóvel dele já não funciona bem.

O imperativo não serve apenas para dar ordens (1), mas também para dar instruções (2), fazer convites (3), pedidos (4) ou dar conselhos (5).

Consulte as páginas 260 e ss. sobre o uso de partículas modais como **doch** em orações com o imperativo, como no exemplo (5).

• **Komm!** • **Komm nicht** zu spät!	• Vem! • Não venhas tarde!

Na negação, é utilizada a mesma forma verbal, em alemão.

• **Bringen** Sie bitte einen Stuhl. • **Räum** bitte dein Zimmer **auf**.	• Traga uma cadeira, por favor. • Arruma o teu quarto, por favor.

Nas orações com imperativo, o verbo aparece sempre em primeiro lugar. No caso dos verbos separáveis, o prefixo ocupa o último lugar.

O IMPERATIVO: FORMAS

Em alemão, existem quatro pessoas do imperativo: a forma de cortesia (**Sie** = você(s)), a primeira pessoa do plural (**wir** = nós), a segunda pessoa do plural (**ihr** = *vós (vocês)*) e a segunda pessoa do singular (**du** = *tu*).

O imperativo de *Sie* e *wir*

infinitivo	presente	imperativo	
kommen	Sie kommen	kommen Sie	*(venha/venham)*
gehen	wir gehen	gehen wir	*(vamos)*

• **Kommen Sie** gegen zehn Uhr! • **Kommen Sie** nicht zu spät! • **Gehen wir**. Es ist sehr spät!	• Venha/Venham por volta das dez! • Não venha/venham tarde! • Vamos! É muito tarde.

A forma do verbo é idêntica à do presente. O pronome pessoal com função de sujeito é posposto.

O imperativo de *ihr*

infinitivo	presente	imperativo	
kommen	ihr kommt	kommt	*(vinde/venham)*
arbeiten	ihr arbeitet	arbeitet	*(trabalhai/trabalhem)*

• **Kommt!** • **Arbeitet** nicht so viel!	• Vinde (vós)/Venham (vocês)! • Não trabalheis (vós)/trabalhem (vocês) tanto!

A forma do verbo coincide também com a do presente. Normalmente, deve prescindir-se do pronome pessoal que atuaria como sujeito (**ihr**).

EXERCÍCIOS

61. Traduza. [A1]

aufstehen – essen – kaufen – kommen – machen – rauchen – warten

a. Venha já! .... sofort!

b. Façam (vocês) os deveres. .... doch ....

c. Não o compre! .... nicht!

d. Esperem (vocês) aqui! ....!

e. Levante-se! ....!

f. Comam, por favor! ....!

g. Não fumem (vocês). .... doch ....

62. Traduza. [A2]

aufmachen – gehen – sagen – schließen – sprechen – trinken – vergessen

a. Não vá embora ainda, por favor. .... bitte noch nicht.

b. Falem (vocês) mais alto! .... lauter!

c. Não diga nada! ....!

d. Não bebam (vocês) demasiado! .... zu viel!

e. Não se esqueçam (vocês) disso! .... nicht!

f. Abram (vocês) a janela, por favor. .... doch bitte ....

g. Fechem a porta! ....!

O imperativo de *du*

infinitivo		imperativo	
kommen	(1)	komm	*(vem)*
entschuldigen	(2)	entschuldige	*(desculpa)*
arbeiten	(3)	arbeite	*(trabalha)*
baden	(3)	bade	*(banha-te/toma banho)*
öffnen	(4)	öffne	*(abre)*

(1) Na maior parte dos verbos, forma-se eliminando simplesmente a terminação –**en** do infinitivo, pelo que coincide com o radical.

Em alguns verbos acrescenta-se um –**e** final:

(2) Sempre, nos verbos cujo radical termina em –**ig**;

(3) Na maioria dos verbos cujo radical termina em –**t** ou –**d**;

(4) Nos seguintes verbos terminados em –**nen**: **öffnen** *(abrir)*, **rechnen** *(contar)*, **regnen** *(chover)*, **trocknen** *(secar)* e **zeichnen** *(desenhar)*.

infinitivo	presente	imperativo	
sprechen	du sprichst	sprich	*(fala)*
empfehlen	du empfiehlst	empfiehl	*(recomenda)*

Nos verbos com alteração da vogal temática **e-i/ie**, a forma do imperativo resulta diretamente da segunda pessoa do singular do presente, eliminando simplesmente a terminação –**st**.

infinitivo	presente	imperativo	
lesen	du liest	lies	*(lê)*
essen	du isst	iss	*(come)*

Quando o radical destes verbos termina em –**s** ou –**ss**, apenas se elimina o –**t** da terminação da segunda pessoa do singular do presente.

• **Bleib** hier!	• Fica aqui!
• **Sprich** bitte leiser!	• Fala mais baixo, por favor!
• **Iss** nicht so viel Schokolade!	• Não comas tanto chocolate!

Normalmente, deve prescindir-se do pronome pessoal (**du**).

EXERCÍCIOS

63. Traduza. [A1]

> antworten – heiraten – kaufen – machen – mitnehmen – rauchen – schreiben

a. Não compres isto! .... nicht!

b. Casa-te comigo! .... mich!

c. Faz os deveres! ....!

d. Responde-me! .... mir!

e. Escreve-me! .... mir!

f. Não fumes! ....!

g. Leva as chaves! ....!

64. Traduza as seguintes orações. Talvez lhe possa ser útil consultar a secção "O presente: formas com alteração de vogal" (→ pp. 4 e ss.). [A1]

> anfangen – fahren – geben – helfen – laufen – nehmen – sprechen

a. Apanha um táxi! ....!

b. Conduz devagar! .... langsam!

c. Não corras! ....!

d. Ajuda-me! .... mir!

e. Começa! ....!

f. Dá-me o livro! .... mir ....!

g. Fala com a Maria! ....!

65. Traduza as seguintes orações. [A2]

> aufmachen – lügen – sagen – sich setzen – streiten – weinen – zuhören

a. Abre a porta! ....!

b. Diz-me! .... mir!

c. Não discutas com o teu irmão! ....!

d. Não mintas! ....!

e. Senta-te! .... dich!

f. Ouve-me! .... mir .... !

g. Não chores! .... !

66. Traduza as seguintes orações. Talvez lhe possa ser útil consultar a secção "O presente: formas com alteração de vogal" nas páginas 4 e ss. [A2]

| ausgeben – lassen – lesen – mitnehmen – vergessen – versprechen – wegwerfen |

a. Lê o livro! .... !

b. Deita-o fora! .... es .... !

c. Não gastes tanto dinheiro! .... nicht so viel .... !

d. Leva-o! .... es .... !

e. Deixa-me em paz! .... mich in Ruhe!

f. Promete-me! .... es mir!

g. No te esqueças! .... nicht!

O imperativo do verbo *sein*

- **Sei** ruhig!
- **Seien** Sie pünktlich!

- Está quieto!
- Seja pontual/Sejam pontuais!

du	sei
wir	seien wir
ihr	seid
Sie	seien Sie

EXERCÍCIOS GLOBAIS

67. Preencha a tabela com as formas do imperativo. Decida, em cada caso, se o pronome pessoal deve estar expresso ou não. [A1]

	du	ihr	Sie
a. sprechen			
b. sehen			

c. gehen			
d. sein			
e. fahren			
f. hören			
g. warten			
h. bleiben			
i. lesen			

68. Escreva orações com o imperativo como a do exemplo, tendo em conta a quem vão dirigidas. [A2]

a. bitte die Rechnung bringen: Sie *Bringen Sie bitte die Rechnung!*

b. den Keller aufräumen: ihr ....!

c. bitte die Tür abschließen: Sie ....!

d. bitte den Brief übersetzen: du ....!

e. bitte beginnen: ihr ....!

f. einen Tisch reservieren: du ....!

g. das Fenster zumachen: ihr ....!

h. nicht warten: Sie ....!

i. bitte einsteigen: Sie ....!

j. nichts versprechen: du ....!

69. A Anna vai de férias. O Moritz fica em casa. O que é que a Anna pede ao Moritz? [A1/A2]

a. das Auto waschen *Wasch das Auto!*

b. die E-Mails lesen ....!

c. nicht nur Pizza essen ....!

d. mit dem Hund spazieren gehen ....!

e. Oma vom Bahnhof abholen ....!

f. nicht rauchen ....!

g. nicht zu viel fernsehen ....!

h. das Fahrrad reparieren ....!

i. abends das Licht ausmachen ....!

j. nicht die Schlüssel verlieren .... nicht!

O *KONJUNKTIV II*

• Wenn ich Zeit **hätte, könnte** ich dir helfen. • Ich **würde** in Deutschland arbeiten, wenn ich **könnte.**	• Si tivesse tempo, poderia/podia ajudar-te. • Eu trabalharia na Alemanha, se pudesse.

Hätte, könnte e **würde** são formas do **Konjunktiv II**. Este é frequentemente utilizado em orações condicionais com **wenn** *(se)* para indicar uma possibilidade (um facto de que não se tem a certeza) ou algo irreal.

O *KONJUNKTIV II*: AS FORMAS DE *HABEN, SEIN, WISSEN* E *WERDEN*

		haben	sein	wissen	werden
singular	ich du er, sie, es	hätte hättest hätte	wäre wär(e)st wäre	wüsste wüsstest wüsste	würde würdest würde
plural	wir ihr sie	hätten hättet hätten	wären wär(e)t wären	wüssten wüsstet wüssten	würden würdet würden
tratamento formal	Sie	hätten	wären	wüssten	würden

As formas do **Konjunktiv II** de **haben, wissen** e **werden** são praticamente iguais às do **Präteritum** (→ pp. 25 e s.). Só há uma diferença: todas as formas têm um trema na vogal temática (ä) e (ü). No caso de **sein**, além do trema, acrescenta-se obrigatoriamente um –e na primeira e terceira pessoas e, opcionalmente, na segunda pessoa, tanto do singular como do plural.
Nos quatro verbos, a primeira e a terceira pessoa do singular têm a mesma forma, como acontece também no **Präteritum**.

O *KONJUNKTIV II*: AS FORMAS DOS VERBOS MODAIS

		können	dürfen	müssen	sollen	wollen
singular	ich du er, sie, es	könnte könntest könnte	dürfte dürftest dürfte	müsste müsstest müsste	sollte solltest sollte	wollte wolltest wollte
plural	wir ihr sie	könnten könntet könnten	dürften dürftet dürften	müssten müsstet müssten	sollten solltet sollten	wollten wolltet wollten

OS VERBOS

tratam. formal	Sie	könnten	dürften	müssten	sollten	wollten

As formas do **Konjunktiv II** dos verbos modais **können**, **dürfen** e **müssen** são praticamente iguais às do **Präteritum**. Só há uma diferença: todas as formas têm um trema na vogal temática (**ö**) e (**ü**). No caso de **sollen** e **wollen**, as formas do **Konjunktiv II** são exatamente iguais às do **Präteritum** (→ pp. 25 e s.).
Em todos eles, a primeira e a terceira pessoa do singular têm a mesma forma.

O *KONJUNKTIV II:* USO

• Wenn ich Geld **hätte**, **könnte** ich das Bild kaufen. • Wenn Paul hier **wäre**, **könnte** er das machen. • Ich **wäre** froh, wenn mir jemand helfen **könnte**. • Wenn ich Französisch **könnte**, **könnte** ich diese Anweisungen lesen.	• Se tivesse dinheiro, poderia/podia comprar o quadro. • Se o Paulo estivesse aqui, poderia/podia fazê-lo ele. • Ficaria contente, se alguém me pudesse ajudar. • Se soubesse francês, poderia/podia ler estas instruções.

Utiliza-se frequentemente em expressões com valor condicional. A condição vem expressa através de uma oração subordinada introduzida por **wenn** *(se)*. Se a oração subordinada precede a oração subordinante, o verbo conjugado é colocado nesta última em posição inicial.

Em português, utiliza-se na oração subordinada o imperfeito do conjuntivo (*tivesse, estivesse, pudesse, soubesse*) e na subordinante, o condicional (*poderia*) ou o imperfeito (*podia*) com valor condicional. Em alemão, utiliza-se o **Konjunktiv II** em ambas as orações. ⓒⒹ

• Wenn ich Zeit **hätte**, **würde** ich einen Malkurs **machen**. (1) • Sie **würden** uns bestimmt **helfen**, wenn sie hier **wären**. (2) • Wenn du es mir **erklären würdest**, **könnte** ich es **verstehen**. (3)	• Se tivesse tempo, tiraria/tirava um curso de pintura. • De certeza que nos ajudariam, se estivessem aqui. • Se mo explicasses, poderia entendê-lo.

Com a maior parte dos verbos, em vez de se utilizar o **Konjunktiv II**, usa-se a perífrase verbal **würde** + infinitivo. Assim, nos exemplos anteriores, **haben**, **sein** e **können** aparecem no **Konjunktiv II**, enquanto nas frases com **gehen**, **helfen** e **erklären** se usa a perífrase verbal com **würde**.

Quanto à posição dos elementos na oração: a) o infinitivo que acompanha a forma de **würde** ocupa o último lugar nas orações principais (1) (2); b) nas orações subordinadas (3), ocupa o lugar imediatamente anterior à forma conjugada de **würde**.

• Ich **hätte** gern ein Kilo Tomaten.	• Queria um quilo de tomates.

O **Konjunktiv II** de **haben** combinado com o advérbio **gern(e)** utiliza-se para exprimir o desejo de obter algo, p. ex. em compras ou pedidos em restaurantes. Nestes casos, em português, utiliza-se habitualmente o imperfeito do verbo *querer* (*eu queria, tu querias, etc.*). ⓪

• Ich **wäre** gern ein berühmter Schauspieler.	• Gostava de ser um ator famoso.
• Ich **wäre** jetzt gern in Berlin.	• Agora gostava/gostaria de estar em Berlim.
• Ich **hätte** gern ein neues Auto.	• Gostava de ter um carro novo.

O **Konjunktiv II** de **sein** e **haben** combinado com o advérbio **gern(e)**, utiliza-se para exprimir o desejo de ser alguma coisa, de estar em algum sítio ou de ter alguma coisa. Em português, utiliza-se o imperfeito ou o condicional do verbo *gostar de + ser/estar/ter* (*eu gostaria/gostava de ser/estar/ter, tu gostarias/gostavas de ser/estar/ter, etc.*). ⓪

• Ich **würde** gern **kommen**, aber ich kann nicht.	• Gostava de ir, mas não posso.

A perífrase **würde** + infinitivo também se combina com o advérbio **gern(e)** para indicar o desejo de fazer algo, enquanto em português se utiliza o imperfeito ou o condicional do verbo *gostar de* (*eu gostava/gostaria de, tu gostavas/gostarias de, etc.*) + infinitivo. ⓪

• **Könntest** du das Auto in die Werkstatt bringen?	• Poderias levar o carro à oficina?
• **Würden** Sie bitte das Fenster **zumachen**?	• Não fechava a janela, por favor?

Utilizado em orações interrogativas globais, o Konjunktiv II ou a perífrase com **würde** também podem servir para expressar um pedido de forma delicada.

• Wir **könnten** uns nächste Woche treffen.	• Podíamos encontrar-nos na próxima semana.
• Du **solltest** mehr Sport treiben.	• Deverias praticar mais desporto.

O **Konjunktiv II** de **können** pode ser utilizado para fazer propostas, enquanto o de **sollen** se utiliza fundamentalmente para dar conselhos.

EXERCÍCIOS

70. Qual é a forma do *Konjunktiv II* dos seguintes verbos? [A2]

	ich	du	er/sie/es	wir	ihr	sie/Sie
a. sein				*wären*		
b. werden	*würde*					
c. können						*könnten*
d. wissen		*wüsstest*				
e. haben						*hätten*
f. sollen			*sollte*			

71. Complete as orações com o verbo correspondente. [A2]

> ~~hätte~~ – hätte – hättest – könnte – könnte – könnten – wäre – wärst – würde – würde –
> würdest – würdet

a. Ich *hätte* gern einen Kaffee mit Milch.

b. .... Sie mir bitte einen Moment helfen?

c. Wohin .... du fahren, wenn du Urlaub ....?

d. .... du jetzt gern allein?

e. Martin .... gern ein Motorrad.

f. Wenn ich ...., ... ich zu Hause bleiben.

g. Paula .... gern Stewardess.

h. Was .... ihr in dieser Situation machen?

i. Er .... sicher kommen, wenn er ....

72. Desejos. Cada um gostaria de ter uma coisa diferente. Traduza. [A2]

a. Eu queria um café. *Ich hätte gern einen Kaffee.*

b. Gostavas de ter um gato? ....?

c. A Maria gostaria de viver em Berlim. ....

d. Gostava de estar contigo. .... bei dir.

e. Gostavam (vocês, sem ser tratamento formal) de fazer uma pausa? ....?

f. O Martin gostaria de ser o chefe. .... der Chef.

g. O meu filho gostava de ter uma tartaruga. .... eine Schildkröte.

h. Gostarias de estudar alemão? .... lernen?

i. E você? O que é que queria? .... ?

73. Todos estão insatisfeitos. Complete as frases com o que gostariam de fazer, utilizando o Konjunktiv II ou würde + infinitivo com gern. [A2]

a. Der Vater sieht oft und lange fern. *Er würde gern noch öfter und länger fernsehen.*

b. Die Tochter geht noch zur Schule. Sie .... schon an der Universität studieren.

c. Der Opa arbeitet den ganzen Tag im Garten. .... in Ruhe die Zeitung lesen.

d. Die Katze sitzt immer hinter dem Ofen. .... draußen Mäuse fangen.

e. Die Schwiegereltern wohnen bei den Kindern. .... allein wohnen.

f. Der Sohn hat ein altes Fahrrad. .... ein neues Motorrad.

g. Die Mutter hat einen langweiligen Beruf. .... einen interessanteren Beruf.

74. Transforme os imperativos em pedidos corteses. [A2]

a. Helfen Sie mir! *Könnten/Würden Sie mir bitte helfen?*

b. Gib mir die Butter! .... du mir bitte .... ?

c. Kommt pünktlich! .... ihr bitte .... ?

d. Rufen Sie mich an! .... Sie mich bitte .... ?

e. Mach das Fenster zu! .... du bitte .... ?

f. Geben Sie mir Ihre Adresse! .... Sie mir bitte .... ?

g. Mach die Zigarette aus! .... du bitte .... ?

h. Hört mir zu! .... ihr mir bitte .... ?

i. Fahr langsamer! .... du bitte .... ?

75. Traduza os seguintes pedidos. Utilize o Konjunktiv II de können. [A2]

a. Poderias ajudar-me? .... du mir bitte .... ?

b. Poderia (você) mostrar-me este computador? .... Sie mir bitte diesen Computer .... ?

c. Poderiam (vocês/os senhores) levar-me ao aeroporto? .... Sie mich bitte zum Flughafen .... ?

d. Poderiam (vocês, sem ser tratamento formal) fechar a porta? .... ihr bitte die Tür ....?

e. Poderia (você) explicar-me o dativo? .... Sie mir bitte ....?

f. Poderias ligar-me amanhã? .... du mich bitte ....?

76. O pessimista. Transforme uma das duas orações numa oração subordinada com *wenn*, para exprimir o contrário. Coloque a subordinada no início da frase. [A2]

a. *Ich habe kein Geld. Ich kann mir kein Auto kaufen.*

*Wenn ich Geld **hätte**, **könnte** ich mir ein Auto **kaufen**.*

b. Ich spreche nicht gut Deutsch. Ich kann nicht in Deutschland arbeiten.

....

c. Ich kann nicht kochen. Ich kann meine Freunde nicht zum Abendessen einladen.

....

d. Ich esse zu viel. Ich bin zu dick.

....

e. Ich sehe nicht gut aus. Ich finde keine Freundin.

....

f. Ich stehe immer zu spät auf. Ich komme jeden Tag zu spät zur Arbeit.

....

g. Ich habe kein Talent. Ich kann nicht zeichnen.

....

77. Traduza as seguintes frases de duas maneiras: uma, começando pela subordinada e a outra, pela subordinante. [A2]

a. *Se (eu) tivesse férias, podia viajar.*

*Wenn ich Urlaub **hätte**, **könnte** ich eine Reise **machen**.*

*Ich **könnte** eine Reise **machen**, wenn ich Urlaub **hätte**.*

b. Se não fosses rico, (ela) não se casaria contigo. (heiraten)

....

....

c. Se (eu) soubesse alemão, podia trabalhar na Alemanha.

....

....

d. Se me saísse a lotaria (im Lotto gewinnen), nunca mais voltaria a trabalhar.

....

....

e. Se me ouvissem (vocês, sem ser tratamento formal), entender-me-iam. (zuhören – verstehen)

....

....

f. Se pudesses vir, ficaria muito contente. (froh)

....

....

g. Se (eu) tivesse mais dinheiro, convidava-te. (einladen)

....

....

78. A Sra. Meier está no escritório a ler um postal da colega de trabalho Monika Müller. Leia o postal e complete as frases de modo a expressar o que a Sra. Meier vai pensando. [A2]

„Liebe Frau Meier,
(a) Das Leben an der Costa Brava ist sehr angenehm. (b) Ich schlafe jeden Morgen bis 10 Uhr. (c) Dann frühstücke ich in Ruhe und gehe schwimmen. (d) Danach habe ich Tenniskurs, und mittags esse ich im Hotel. (e) Nachmittags bin ich immer am Strand, denn das Wetter ist fantastisch.
(f) Ich bin sehr zufrieden! Viele Grüße, Ihre Monika Müller."

Frau Meier denkt: „Wenn ich Urlaub hätte,

a. ... *wäre* mein Leben auch sehr angenehm.

b. *Ich würde auch jeden Morgen bis 10 Uhr schlafen.*

c. Dann .... ich auch in Ruhe .... und ....

d. Danach .... , ...

e. Nachmittags .... , ...

f. Ich ....

OS VERBOS SEPARÁVEIS

• **Mach** bitte das Licht **aus.**	• Apaga a luz, por favor.

Mach e **aus** fazem parte do mesmo verbo: **ausmachen** *(apagar)*.

ankommen	(an + kommen)	*(chegar)*
aufstehen	(auf + stehen)	*(levantar-se)*
wehtun	(weh + tun)	*(doer/magoar)*

Em alemão, há uma série de verbos que, ao serem conjugados numa oração principal, se separam em duas partes. Estes verbos são derivados de outros, pelo que são compostos pelo verbo principal ao qual se antepõe um prefixo. O prefixo constitui a sílaba tónica do verbo derivado.

• Ich **stehe** immer um acht **auf.**	• Levanto-me sempre às oito.
• Um wie viel Uhr **stehst** du sonntags **auf?**	• A que horas te levantas ao domingo?
• **Stehst** du früh **auf?**	• Levantas-te cedo?
• **Steh** bitte **auf.**	• Levanta-te, por favor.

A forma verbal (que se conjuga) ocupa o lugar que lhe corresponde, dependendo do tipo de oração. (→ pp. 272 e s.). O prefixo é colocado no final.

• Ich muss morgen um acht Uhr **aufstehen.**	• Amanhã tenho de me levantar às oito.
• Ich bin gestern um acht Uhr **aufgestanden.**	• Ontem levantei-me às oito.

Os verbos separáveis não se separam numa oração principal quando não se conjugam, isto é, quando aparecem no infinitivo ou no **Partizip II**. Neste último caso, a partícula **ge-** coloca-se entre o prefixo e o verbo (**aufgestanden**).

• Ich habe versucht, die Tür **aufzumachen.**	• Tentei abrir a porta.
• Max ist zum Bahnhof gefahren, um Marta **abzuholen.**	• O Max foi à estação para ir buscar a Marta.

Numa construção de infinitivo com **zu** (→ pp. 287 e s.) ou com conjunções como **um ... zu** *(para)*, esta partícula deve ser colocada entre o prefixo e o verbo.

• Glaubst du, dass der Zug pünktlich **ankommt?**	• Achas que o comboio vai chegar a horas?

Nas orações subordinadas, também não se separam, mesmo que estejam conjugados.

Mais verbos separáveis frequentemente utilizados:

abfahren *(sair/partir - num veículo))*, **abbiegen** *(virar)*, **abgeben** *(entregar)*, **abholen** *(recolher/ir buscar)*, **abschließen** *(fechar (com chave))*, **anbieten** *(oferecer)*, **anfangen** *(começar)*, **ankommen** *(chegar)*, **anmachen** *(ligar/acender)*, **anrufen** *(telefonar)*, **(sich) anziehen** *(vestir(-se))*, **aufhören** *(terminar, acabar)*, **aufmachen** *(abrir)*, **aufpassen** *(ter cuidado, vigiar)*, **aufräumen** *(arrumar)*, **aufstehen** *(levantar-se)*, **ausgeben** *(gastar (dinheiro))*, **ausmachen** *(apagar)*, **auspacken** *(desfazer, desenvolver)*, **(sich) ausruhen** *(descansar)*, **aussehen** *(parecer)*, **aussteigen** *(sair/descer (de um veículo))*, **(sich) ausziehen** *(despir(-se))*, **einkaufen** *(comprar)*, **einladen** *(convidar)*, **einsteigen** *(entrar (num veículo))*, **fernsehen** *(ver televisão)*, **sich hinsetzen** *(sentar-se)*, **leidtun** *(sentir)*, **mitbringen** *(levar, trazer)*, **mitkommen** *(ir/vir com alguém)*, **mitnehmen** *(levar consigo)*, **nachdenken** *(refletir)*, **stattfinden** *(ocorrer/ ter lugar)*, **teilnehmen** *(participar)*, **umsteigen** *(fazer transbordo)*, **umziehen** *(mudar-se – mudar de casa)*, **(sich) umziehen** *(mudar(-se)/mudar de roupa)*, **vorschlagen** *(propor)*, **(sich) vorstellen** *(apresentar(-se))*, **weggehen** *(ir(-se) embora)*, **wehtun** *(doer/magoar)*, **weiterfahren** *(continuar a viagem)*, **weitermachen** *(continuar)*, **zuhören** *(ouvir/escutar)*, **zumachen** *(fechar)*, **zurückgeben** *(devolver)*, **zurückkommen** *(voltar)*, **zusammenfassen** *(resumir)*

Tenha em conta que há prefixos que não são separáveis. Os mais importantes são **be-, ent-, er-, ge-** e **ver-**: **bekommen** *(receber)*, **entscheiden** *(decidir)*, **erzählen** *(contar)*, **gefallen** *(gostar/agradar)*, **verstehen** *(compreender/entender)*

Estes verbos com prefixos não separáveis apresentam as seguintes particularidades: 1) o prefixo é átono; 2) não se acrescenta a partícula **ge-** no **Partizip II**, sejam regulares ou irregulares: **Er hat mir eine Geschichte erzählt, aber ich habe sie nicht verstanden.** *(Contou-me uma história, mas não a entendi.)*

EXERCÍCIOS

79. Classifique os verbos: separáveis ou inseparáveis. [A1]

	separável	inseparável
a. einladen		
b. mitbringen	X	
c. verdienen		
d. aussteigen		
e. bedeuten		
f. abholen		
g. erklären		
h. gehören		X
i. anmachen		
j. umsteigen		

OS VERBOS

k. weitermachen		
l. aufhören		
m. zurückkommen	**X**	
n. entschuldigen		

80. **Construa frases no presente com os seguintes elementos, tendo em conta que os verbos são separáveis. Comece pelo primeiro dos elementos indicados, salvo nos casos em que se trata de uma pergunta. [A1]**

a. heute – wer – einkaufen (?)   *Wer kauft heute ein?*

b. der Film – um 20 Uhr – anfangen   ....

c. du – den Chef – anrufen (?)   .... ?

d. Martin – im Sommer – umziehen   ....

e. ich – aufstehen – um 7 Uhr   ....

f. das – aussehen – interessant   ....

g. abfahren – der Zug – wo (?)   .... ?

h. wir – fernsehen – heute Abend   ....

i. er – ihr Blumen – mitbringen   ....

j. du – mitnehmen – einen Mantel (?)   .... ?

81. **Indique as formas do *Partizip II* dos seguintes verbos. [A2]**

	Partizip II
a. beginnen	
b. einkaufen	
c. aufstehen	*aufgestanden*
d. gewinnen	
e. abfahren	
f. fernsehen	
g. anfangen	
h. erzählen	
i. ausmachen	
j. weiterfahren	
k. mitkommen	

l. vergessen	*vergessen*
m. zuhören	
n. entschuldigen	

82. Construa diálogos como o do exemplo. [A2]

a. die Getränke einkaufen

A : *Kaufst du die Getränke ein?*   **B** : *Aber ich habe sie schon eingekauft!*

b. die Tür abschließen

A : ....?   **B** : ....

c. die Küche aufräumen

A : ....?   **B** : ....

d. die Rechnung bezahlen

A : ....?   **B** : ....

e. die Kinder ausziehen

A : ....?   **B** : ....

f. das Fenster zumachen

A : ....?   **B** : ....

g. das Buch zurückgeben

A : ....?   **B** : ....

h. das Auto verkaufen

A : ....?   **B** : ....

83. Complete o texto com os seguintes verbos. [A2]

Mein Arbeitstag

> ankommen – anmachen – anrufen – aufräumen – aufstehen – ausmachen – beeilen –
> beginnen – bestellen – bezahlen – einsteigen – erklären – mitnehmen – teilnehmen –
> vergessen – verpassen – zurückgehen

Wie mein Arbeitstag ist? Also ich (a) .... fast immer zu spät .... Ich

(b) .... mich, denn sonst (c) .... ich den Zug. Ich (d)

.... fast immer, das Handy oder den Büroschlüssel (e) ....,

also muss ich noch einmal (f) .... Ich (g) .... am Alexander-

platz .... und (h)........................... normalerweise eine Viertelstunde zu spät im Büro

.... Der Tag (i) .... Ich (j) .... den Computer ....,

(k) .... die Kunden ...., (l) .... ihnen die Produkte und (m)

.... manchmal an einem Meeting .... In der Mittagspause gehe ich oft zu

McDonalds, (n) .... einen Hamburger, esse, (o) .... und gehe

wieder ins Büro. Um 17 Uhr ist Feierabend. Ich (p) .... den Computer ....,

(q) .... meinen Schreibtisch ...... und gehe nach Hause. Und so ist es jeden Tag.

84. Formule a pergunta e complete a resposta. Lembre-se de que com o infinitivo deve utilizar *zu*. [B1]

a. er: zurückkommen

   A : *Kommt er zurück?*   B: *Ich glaube nicht, dass er zurückkommt.*

b. ihr: bald umziehen

   A : ....?   **B** : Ja, wir haben vor, bald ....

c. du: den Text verstehen

   A : ....?   **B** : Ich brauche ein Wörterbuch, um den Text

                           ....

d. der Zug: wann ankommen

   A : ....?   **B** : Ich habe keine Ahnung, wann der Zug

                           ....

e. die Konferenz: heute stattfinden

A : ....? **B** : Ich bin nicht sicher, ob die Konferenz

heute ....

f. du: ihn anrufen

A : ....? **B** : Ich kann versuchen, ihn ....

g. Paul: wie viel verdienen

A : ....? **B** : Ich weiß nicht, wie viel Paul ....

OS VERBOS PRONOMINAIS, REFLEXIVOS E RECÍPROCOS

OS VERBOS PRONOMINAIS

• Er **irrt sich**. • **Konzentrier dich** bitte.	• (Ele) Engana-se. • Concentra-te, por favor.

Sich irren *(enganar-se)* e **sich konzentrieren** *(concentrar-se)* são verbos pronominais. Chamam-se assim porque não podem aparecer sem o pronome reflexivo correspondente ao sujeito. Na verdade, esse pronome faz parte do verbo (→ p. 128).

O pronome reflexivo não pode ser substituído por um pronome pessoal (nem em português, nem em alemão). Com o sentido utilizado nestas frases, não podemos *enganar (cair em erro)* nem *concentrar (atingir concentração)* ninguém. Só podemos *enganar-nos* ou *concentrar-nos* a nós próprios.

Acusativo ou dativo?

• Ich **fühle mich** nicht wohl.	(1)	• (Eu) Não me sinto bem.
• Ich kann es **mir** nicht **vorstellen**.	(2)	• Não me passa tal coisa pela cabeça.

Salvo nos casos em que as formas do acusativo e do dativo são idênticas (**sich** *(-se)*, **uns** *(-nos)* e **euch** *(-vos)*), é necessário saber se o pronome reflexivo deve aparecer no acusativo (1) ou no dativo (2). Com a maior parte dos verbos, usa-se o acusativo. O dativo é utilizado quando o verbo tem um complemento direto (acusativo), como no exemplo (2) (**es**).

Com os seguintes verbos, o pronome reflexo aparece no acusativo: **sich freuen** *(alegrar-se)*, **sich informieren** *(informar-se)*, **sich interessieren** *(interessar-se)*, **sich setzen** *(sentar-se)*, **sich anschnallen** *(pôr o cinto de segurança)*, **sich ärgern** *(aborrecer-se)*, **sich beeilen** *(apressar-se)*, **sich beschweren** *(queixar-se)*, **sich entscheiden** *(decidir-se)*, **sich erinnern** *(lembrar-se)*, **sich irren** *(enganar-se)*, **sich verlieben** *(apaixonar-se)*, **sich wohl fühlen** *(sentir-se bem)*.

OS VERBOS

Com estes, o pronome reflexo aparece no dativo: **sich etwas anschauen** *(olhar para alguma coisa)*, **sich etwas überlegen** *(pensar alguma coisa, refletir sobre ela)*, **sich etwas vorstellen** *(imaginar alguma coisa)*.

Verbos pronominais em português que não o são em alemão

Há vários verbos que em português são ou podem ser usados como pronominais, enquanto em alemão essa opção não é possível. Exemplos:

aufstehen *(levantar-se)*, **gehen** *(ir(-se))*, **heiraten** *(casar(-se))*, **heißen** *(chamar-se)*, **lachen** *(rir(-se))*, **werden** *(tornar-se)*.

EXERCÍCIOS

85. Traduza as seguintes orações. Lembre-se de que em alemão alguns verbos são pronominais e outros não. [A2]

a. Caí. .... gefallen.

b. O menino já acordou? .... aufgewacht?

c. Deves apressar-te. Du musst ....

d. Quando se casaram? Wann haben .... ?

e. Pôs-se nervoso. Er .... geworden.

f. Nós queixámo-nos. .... beschwert.

g. Enganas-te. ....

h. Não te rias! Lach .... !

OS VERBOS REFLEXIVOS

- Marta **kämmt sich**.
- Ich **wasche mir** die Hände.

- A Marta penteia-se.
- Eu lavo as mãos.

Verbos como **kämmen** *(pentear)* e **waschen** *(lavar)* podem ser utilizados como reflexivos.

Ao contrário do que acontece com os verbos pronominais (tema anterior), neste caso, os pronomes reflexivos não têm necessariamente de estar expressos nem fazem parte do verbo. Uma pessoa pode pentear-se a si própria (**Ich kämme mich.** = *Penteio-me.*), mas também pode pentear alguém (**Ich kämme meinen Sohn.** = *Penteio o meu filho.*), pode lavar-se mas também pode lavar outra pessoa.

Um verbo reflexivo é um verbo em que a ação do sujeito recai sobre si próprio.

Acusativo ou dativo?

• Ich rasiere **mich**.	(1)	• Barbeio-me.	
• Ich rasiere **mir** den Bart.	(2)	• Faço a barba.	
• Zieh **dich** an.	(3)	• Veste-te.	
• Zieh **dir** dieses Hemd an.	(4)	• Veste esta camisa.	

Salvo nos casos em que as formas do acusativo e do dativo são idênticas (**sich** *(-se)*, **uns** *(-nos)* e **euch** *(-vos)*), é necessário saber se o pronome reflexivo deve aparecer no acusativo ou no dativo.

Se não houver outro complemento direto, como nos exemplos (1) e (3), o pronome reflexivo referido ao sujeito deve estar no acusativo.

Se, pelo contrário, o complemento direto está expresso, como em (2) (**den Bart** = *a barba*) e (4) (**dieses Hemd** = *esta camisa*), o pronome reflexivo deve estar no dativo.

EXERCÍCIOS

86. Acusativo ou dativo? Sublinhe a forma correta. [A1]

a. Ich habe   mich   mir   gerade die Haare gewaschen.

b. Hast du   dich   dir   die Haare geschnitten?

c. Ich rasiere   <u>mich</u>   mir   nicht jeden Tag.

d. Zieh   dich   dir   an, wir müssen gehen!

e. Aua, ich habe   mich   mir   geschnitten!

f. Wasch   dich   dir   bitte!

g. Zieh   dich   <u>dir</u>   warme Socken an!

h. Warum kämmst du   dich   dir   nicht?

87. Coloque as seguintes frases na primeira pessoa do singular *(ich)*. [A2]

a. *Er rasiert sich noch nicht.*   *Ich rasiere mich noch nicht.*

b. Sie kauft sich morgen ein Fahrrad. ....

c. Er erinnert sich gern an den letzten Urlaub. ....

d. Sie hat sich schon gewaschen. ....

e. Sie zieht sich den blauen Pullover an. ....

f. Er hat sich über den Kellner beschwert. ....

g. Sie wäscht sich jeden Tag die Haare. ....

h. Er kämmt sich nicht gern die Haare. ....

i. Wir haben uns beeilt. ....

j. Er interessiert sich nicht für Sport. ....

k. Wir haben uns über das Thema informiert. ....

l. Er kann sich das nicht vorstellen. ....

88. Complete com o pronome no acusativo ou no dativo. [A2]

a. Freust du .... nicht?   Doch, natürlich freue ich ....

b. Setz .... doch!   Nein danke, ich möchte .... nicht setzen.

c. Willst du .... nicht einen Mantel   Nein, ich ziehe .... lieber einen Pullover an.

anziehen?

d. Ärger .... nicht!   Doch, ich ärgere .... sehr.

e. Erinnerst du ....?   Nein, ich erinnere .... nicht.

f. Hast du es .... schon überlegt?   Nein, ich habe es .... noch nicht überlegt.

g. Du irrst ....!   Nein, ich irre .... nicht.

h. Hast du .... die Hände gewaschen?   Ja, natürlich habe ich .... die Hände gewaschen.

89. Acusativo ou dativo? [A2]

a. Wenn er *sich* freut, freut sie *sich* auch.

b. Wenn du .... etwas wünscht, wünsche ich .... auch etwas.

c. Wenn ich .... einen neuen Hut kaufe, kaufst du .... auch einen neuen Hut.

d. Wenn sie .... ärgern, ärgert ihr .... auch.

e. Wenn ihr .... freut, freuen wir .... auch.

f. Wenn ich .... wohl fühle, fühlst du .... auch wohl.

g. Wenn du .... elegant anziehst, ziehe ich .... auch elegant an.

OS VERBOS RECÍPROCOS

• Mario und Claudia **küssen sich**.	(1)	• O Mário e a Cláudia beijam-se.	
• Sie **küssen sich**.	(2)	• (Eles) Beijam-se.	

No exemplo anterior, o verbo **küssen** é usado como verbo recíproco. Os verbos recíprocos são verbos cujos sujeitos, representados por nomes (1) ou por pronomes pessoais no plural (2), recebem cada um a ação realizada pelo outro: se o Mário e a Cláudia se beijam, significa que o Mário beija a Cláudia e que esta beija o Mário. A reciprocidade é representada através dos pronomes reflexos **sich** *(-se)*, **uns** *(-nos)* e **euch** *(-vos)*.

Podem ser utilizados como recíprocos verbos como: **sich küssen** *(beijar-se)*, **sich lieben** *(amar-se)*, **sich treffen** *(encontrar-se)*, **sich einigen** *(chegar a um acordo)*, **sich anschauen** *(olhar-se)*, **sich trennen** *(separar-se)*, **sich verabreden** *(combinar algo com alguém)*.

EXERCÍCIOS

90. Complete o terceiro enunciado. [A2]

a. *Er küsst sie. Sie küsst ihn. Sie küssen **sich**.*

b. Sie gratuliert dir. Du gratulierst ihr. Ihr gratuliert ....

c. Ich rufe dich an. Du rufst mich an. Wir rufen .... an.

d. Du lädst ihn ein. Er lädt dich ein. Ihr ladet .... ein.

e. Die Kinder schreiben den Eltern. Die Eltern schreiben den Kindern.

Sie schreiben ....

f. Ich helfe dir. Du hilfst mir. Wir helfen ....

g. Anna liebt Erik. Erik liebt Anna. Anna und Erik lieben ....

OS VERBOS MODAIS

• A: **Möchtest** du heute den Film **sehen**?	• A: Queres ver o filme hoje?
• B: Ich **kann** nicht, ich **muss arbeiten**.	• B: Não posso, tenho de trabalhar.

Möchtest, **kann** e **muss** indicam, respetivamente, vontade, possibilidade ou obrigação de fazer a ação indicada pelo infinitivo que os acompanha (**sehen** e **arbeiten**). No exemplo em português, *queres*, *posso* e *tenho de* são verbos modais.

OS VERBOS MODAIS: O PRESENTE

		können	dürfen	müssen
singular	ich	kann	darf	muss
	du	kannst	darfst	musst
	er, sie, es	kann	darf	muss
plural	wir	können	dürfen	müssen
	ihr	könnt	dürft	müsst
	sie	können	dürfen	müssen
tratamento formal	Sie	können	dürfen	müssen

		sollen	wollen	möchten
singular	ich	soll	will	möchte
	du	sollst	willst	möchtest
	er, sie, es	soll	will	möchte
plural	wir	sollen	wollen	möchten
	ihr	sollt	wollt	möchtet
	sie	sollen	wollen	möchten
tratamento formal	Sie	sollen	wollen	möchten

Chamam a atenção duas particularidades:

1) Comportam-se como se fossem verbos regulares nas pessoas do plural, bem como na 3ª pessoa formal, mas são maioritariamente irregulares nas do singular;

2) A primeira e a terceira pessoas do singular são sempre iguais.

Quanto às formas do **Präteritum** e do **Konjunktiv II** consulte as pp. 25 e 49, respetivamente.

EXERCÍCIOS

91. Conjugue os seguintes verbos modais no presente. [A1]

	ich	du	er/sie/es	wir	ihr	sie/Sie
a. können				*können*		
b. dürfen	*darf*					

c. müssen					
d. sollen	*sollst*				
e. wollen					*wollen*
f. möchten		*möchte*			

92. Assinale a forma correta. [A1]

a. Was ❑ möchtest ❑ möchtet ❑ möchte ihr?

b. Anna ❑ will ❑ wollt ❑ willst tanzen gehen.

c. Er ❑ sollt ❑ soll ❑ sollst zu Hause bleiben.

d. Tom ❑ müsst ❑ musst ❑ muss heute arbeiten.

e. Hier ❑ darf ❑ darfst ❑ dürft man nicht parken.

93. Complete as frases com a forma correta de *möchten*. [A1]

a. **A** : Was .... du?

b. **B** : Ich .... nur einen Kaffee.

c. **A** : Ich auch.

d. **C** : Bitte schön, was .... Sie?

e. **A** : Wir .... bitte zwei Tassen Kaffee.

94. Assinale com um "x" a(s) forma(s) correta(s). [A1]

	ich	du	er/sie/es	wir	ihr	sie/Sie
a. kann						
b. dürfen						
c. musst		X				
d. sollst						
e. willst						
f. möchte	X		X			
g. darf						
h. muss						
i. sollen						
j. müsst						
k. könnt						

95. Complete com as formas de *sollen*. [A1-A2]

a. Dein Vater hat gesagt, du .... nicht so spät nach Hause kommen.

b. Herr Lämpel hat gesagt, wir .... diese Verben lernen.

c. Der Doktor hat gesagt, Klaus .... Urlaub machen.

d. Mein Chef hat gesagt, ich .... am Samstag arbeiten.

e. Mamma hat gesagt, ihr .... euer Zimmer aufräumen.

OS VERBOS MODAIS NA ORAÇÃO

• Wir **können** das nicht **kaufen**. • Wann **musst** du die Rechnung **bezahlen**? • **Möchtest** du jetzt eine Pause **machen**?	• Não podemos comprar isto. • Quando tens de pagar a fatura? • Queres fazer uma pausa agora?

É importante ter em conta o seguinte:

1) O verbo modal conjugado ocupa a posição que lhe corresponde de acordo com o tipo de oração: declarativa (segundo lugar), interrogativa parcial (segundo lugar) ou interrogativa global (primeiro lugar).

2) Ao contrário do que acontece em português, o infinitivo do verbo principal é colocado no final da oração. ⓘ

• Ich **muss** am Dienstag **zum Arzt** (gehen). • Ich **möchte** morgen **nach São Paulo** (fahren).	• Na terça-feira tenho de ir ao médico. • Amanhã quero ir a São Paulo.

Pode-se prescindir do infinitivo **gehen** *(ir)* ou do de outro verbo com um significado semelhante (p. ex. **fahren**), quando a oração contém um elemento direcional que indica o objetivo da deslocação do sujeito (**zum Arzt, nach São Paulo**.

• Wir **möchten/wollen** viele Kinder (haben). (1) • Ich **möchte** ein Kilo Tomaten (kaufen). (2) • Ich **möchte** Reis (essen). (3) • **Möchtest/Willst** du ein Bier (trinken)? (4)	• Queremos (ter) muitos filhos. • Quero (comprar) um quilo de tomates. • Quero (comer) arroz. • Queres (beber) uma cerveja?

(1) (2) Com **möchten/wollen** *(desejar/querer)* pode-se prescindir quase sempre do infinitivo ao indicar o desejo de ter, obter ou possuir algo.

(3) (4) Com **möchten/wollen** *(desejar/querer)* pode-se prescindir do infinitivo **essen** e **trinken**.

EXERCÍCIOS

96. Construa orações, colocando o sujeito em primeiro lugar, nas declarativas. [A1-A2]

a. ich – warum – darf – parken – hier nicht (?)   ....?

b. heute Abend – möchte – ich – gehen – ins Kino   ....

c. helfen – Sie – können – mir (?)   ....?

d. rauchen – man – im Flugzeug – nicht – darf   ....

e. heute – du – wie lange – arbeiten – musst (?)   ....?

f. du – die Kinder – abholen – kannst (?)   ....?

97. Construa orações, conjugando os verbos e colocando o sujeito em primeiro lugar, nas declarativas. [A1-A2]

a. müssen – aufstehen – heute – wann - du (?)   ....?

b. möchten – er – machen – eine Pause   ....

c. du – den Chef – anrufen – können (?)   ....?

d. dürfen – im Museum – Sie – fotografieren – nicht   ....

e. am Samstag – ich – ins Konzert – gehen – wollen   ....

f. noch etwas – möchten – essen – ihr (?)   ....?

OS VERBOS MODAIS: O USO DE *MÖCHTEN* E *WOLLEN*

möchten *querer/desejar* (indica desejo ou intenção)
wollen *querer/desejar* (indica desejo ou intenção)

• Was **willst/möchtest** du heute machen?	• O que queres fazer hoje?
• **Möchten** Sie Bier oder Wein (trinken)?	• Deseja/Desejam (beber) cerveja ou vinho?

Usar **möchten** ou **wollen** é fundamentalmente uma questão de cortesia. Se ao falar com um amigo é quase indiferente usar um ou outro, em determinadas situações, como num restaurante ou numa loja, é praticamente obrigatório o uso de **möchten**.

EXERCÍCIOS

98. Planos para as férias. Complete as frases com as formas corretas de *möchten* e *wollen*. [A1]

a. Mein Bruder *möchte/will* im Urlaub nach Italien fahren.

b. Meine Eltern .... lieber in die Berge.

c. Wohin .... du fahren?

d. Und ihr? Wohin .... ihr?

e. Wir .... ans Meer.

f. Ich .... am liebsten zu Hause bleiben.

OS VERBOS MODAIS: O USO DE *DÜRFEN, KÖNNEN* E *MÜSSEN*

dürfen   *poder* (indica autorização), *não poder/dever* (indica proibição)

• **Darf** man hier rauchen? Ist es erlaubt?
• Hier **darf** man nicht parken. Es ist verboten.
• Sie **dürfen** nicht so viel Kaffee trinken.

• Pode-se fumar aqui? É permitido?
• Aqui não se pode estacionar. É proibido.
• Não deve (você) tomar tanto café.

können   *poder* (indica possibilidade ou capacidade)

• Hier **kann** man gut parken.
• **Kannst** du mein Bier bezahlen?
• **Kannst** du über die Mauer springen?

• Aqui pode-se estacionar bem.
• Podes pagar a minha cerveja?
• Podes saltar por cima do muro?

können   *saber* (indica capacidade de realizar algo que se aprendeu a fazer)

• **Kannst** du schwimmen?
• Mein Sohn **kann** schon lesen.
• **Kannst** du Englisch (sprechen)?

• Sabes nadar?
• O meu filho já sabe ler.
• Sabes (falar) inglês?

Na primeira aceção, **können** *(poder)* indica simplesmente a possibilidade de fazer algo (p. ex. de estacionar porque há sítio). Na segunda aceção *(saber)*, indica a capacidade de fazer algo que se aprendeu previamente (a capacidade de nadar, de ler, de falar uma língua, etc.). No caso das línguas, é habitual elidir o infinitivo, como também acontece em português.

• **Darf** man hier essen? • **Kann** man hier essen?	• Pode-se comer aqui? • Pode-se comer aqui?

O verbo **dürfen** implica sempre a existência de autorização para fazer alguma coisa ou, se está negado, a proibição de a fazer. O verbo **können** pode indicar o mesmo, mas também pode significar simplesmente a possibilidade ou capacidade de fazer alguma coisa.

Assim, ambas as perguntas poderiam ser formuladas num local onde talvez fosse proibido comer (p. ex. numa biblioteca). A pergunta seria, portanto, se se tem autorização para comer.

Por outro lado, no segundo exemplo, a pergunta pode significar também se no lugar em questão se servem refeições.

müssen   *ter de/dever* (indica obrigação)

• Ich **muss** morgen früh aufstehen. • **Musst** du morgen arbeiten?	• Amanhã devo levantar-me cedo. • Tens de trabalhar amanhã?

O verbo **müssen**, tanto em expressões afirmativas como negativas, indica sempre obrigação ou, no caso da negação, negação da obrigação, nunca proibição. É diferente, portanto, de *dever*, que em expressões negativas pode indicar uma proibição. Nesse caso, em alemão apenas se pode utilizar **dürfen: Sie dürfen nicht so viel Wein trinken.** = *Não deve (você) beber tanto vinho.* ⓪

• Du **musst** das Buch **nicht** lesen.	• Não tens de ler o livro./Não precisas de ler o livro./Não faz falta que leias o livro./ Não faz falta leres o livro.

Uma oração negativa com **müssen** indica a ausência de obrigação ou de necessidade de fazer algo. Em português, nestes casos, podemos recorrer a *não ter de* + infinitivo, a *não precisar de* + infinitivo, a *não faz falta que* + conjuntivo ou a *não faz falta* + infinitivo pessoal. Em vez da negação com **müssen**, também se pode utilizar uma negação com **brauchen ... zu:**

• Du **brauchst** das Buch **nicht zu** lesen.	• Não tens de ler o livro./Não precisas de ler o livro./Não faz falta que leias o livro./ Não faz falta leres o livro.

Note que com **brauchen**, o infinitivo vem precedido por **zu**.

• Du **musst nur** zwei Aufsätze **schreiben**. • Du **brauchst nur** zwei Aufsätze **zu** schreiben.	• Só tens/precisas de escrever duas redações. • Só tens/precisas de escrever duas redações.

Esta opção também é possível quando a oração contém o advérbio **nur** *(só)* ou outros elementos negativos/excludentes como **kein-, nie** *(nunca)*, **kaum** *(apenas)*, etc.

• Ich **brauche kein** Wörterbuch für diese Arbeit. • Ich **brauche kein** Wörterbuch **zu kaufen.**

• Não preciso de dicionário para este trabalho. • Não preciso de comprar nenhum dicionário./Não é necessário que compre nenhum dicionário./Não faz falta que...

Não se deve confundir o verbo pleno **brauchen** *(necessitar/precisar de)* + complemento direto com o verbo **brauchen** utilizado com um infinitivo com **zu** (que só pode ser utilizado em orações negativas (→ p. 78)).

EXERCÍCIOS

99. *können*: capacidade (1) ou possibilidade (2)? [A1]

a. Heute können wir leider nicht kommen.

b. Kannst du gut Klavier spielen?

c. Hier kann man nicht schwimmen.

d. Mein Freund kann nicht so gut kochen.

e. Kannst du Deutsch?

f. Kann ich hier telefonieren?

g. Jonas kann nicht schwimmen, aber er hat keine Angst vor dem Wasser.

100. *dürfen* ou *müssen*? [A1]

Lieber Lukas,

hier im Internat ist es nicht so toll: Man (a) .... früh aufstehen, denn Frühstück

gibt es nur bis 9 Uhr. Dann (b) .... wir unsere Betten machen und die

Zimmer aufräumen. Und natürlich (c) .... wir hier nicht rauchen. Abends

(d) .... man nur bis 22 Uhr fernsehen, und danach (e) ....

man ruhig sein. Aber am Sonntag (f) .... wir länger schlafen, und wir (g)

.... nicht aufräumen, zum Glück!

Bis bald und viele Grüße,
Tom

101. Aulas de condução: *dürfen* ou *müssen*? "Obrigatório" (=o) ou "(não) permitido" (=p). [A2]

a. Hier .... Sie links abbiegen. (o)

b. Man .... hier parken. (p)

c. Hier .... keine Autos fahren. (p)

d. Sie .... hier kurz halten. (p)

e. Sie .... nicht schneller als 50 km/h fahren. (p)

f. Man .... hier halten. (o)

g. Hier .... Sie überholen (ultrapassar). (p)

h. Hier .... auch Fahrräder fahren. (p)

102. Diga o mesmo, utilizando *brauchen + zu*. [B1]

a. *Du musst mich nur rufen. – Du brauchst mich nur zu rufen.*

b. Heute muss ich nicht früh aufstehen.

....

c. Du musst mir nicht helfen.

....

d. Am Samstag müssen wir keine Hausaufgaben machen.

....

e. Ihr müsst mich nicht so oft anrufen.

....

f. Anna muss nur nachmittags arbeiten.

....

103. Traduza as seguintes orações. Utilize primeiro *müssen* e depois *brauchen*. [B1]

a. Não tens de esperar.

....

....

b. Se não queres, não faz falta que venhas.

....

....

c. Só tens de me dizer.

....

....

d. Não é necessário que mo digas.

....

....

e. A Anna só tem de trabalhar de segunda a quinta-feira.

....

....

104. Quais das seguintes orações com o verbo *brauchen* são corretas? [B1]

a. Ich brauche einen neuen Computer.

b. Martin braucht keinen neuen Computer.

c. Ich brauche einen neuen Computer kaufen.

d. Brauche ich dir helfen?

e. Nein, du brauchst mir nicht zu helfen.

f. Du brauchst mich nur anzurufen.

g. Ich brauche am Wochenende zu lernen.

105. Complete as frases com o verbo modal adequado. Pode haver várias alternativas. [A1-A2]

a. **A** : .... ihr jeden Morgen früh aufstehen?

B : Nein, sonntags .... wir lange schlafen.

b. **A** : .... du noch etwas Salat?

B : Nein danke, ich .... nichts mehr essen.

c. **A** : .... du Klavier spielen?

B : Ja, aber nicht sehr gut.

d. **A** : .... man hier campen?

B : Ja, aber ich .... lieber ins Hotel.

OS VERBOS MODAIS: O USO DE *SOLLEN*

• Ich **muss** mehr Sport treiben. • Sie **müssen** mehr Sport treiben. • Ich **soll** mehr Sport treiben.	• Tenho de praticar mais desporto. (Eu próprio considero que seria conveniente.) • Tem (você) de praticar mais desporto. (Diz-me o médico diretamente.) • Tenho de/Devo praticar mais desporto. (Disse-me o médico e eu conto a alguém.)

1) Quando se relaciona com o verbo **müssen** (em enunciados afirmativos):

müssen indica uma obrigação autoimposta, como no primeiro exemplo, ou imposta diretamente por outra pessoa, como no segundo.

sollen indica, por outro lado, uma "obrigação" ou um conselho "impostos" por uma terceira pessoa, que eu próprio conto a outra pessoa, como no terceiro exemplo.

• Hier **darf** man nicht rauchen. • Ich **darf/soll** nicht rauchen.	• Aqui não se pode fumar. (É proibido.) • Não posso fumar. (Proibiu-me/disse-me o médico.)

2) Quando se relaciona com o verbo **dürfen** (em enunciados negativos):

dürfen indica sempre presença ou ausência de autorização, dada pelas circunstâncias, p. ex. a proibição de fumar devido a uma disposição legal.

sollen indica a intenção de impor uma vontade por parte de uma terceira pessoa.

• Was **soll** ich machen? • **Soll** ich die Tür zumachen?	• O que faço?/O que queres que faça? • Fecho a porta?/Queres que feche a porta?

3) Noutros casos, o presente de **sollen** serve para o falante perguntar ao seu interlocutor o que deve fazer. Em português, prescinde-se, frequentemente, do verbo modal e pode utilizar-se também a formulação *O que queres que ...?* ⊕

• Rauchen Sie weniger! • Der Arzt sagt, ich **soll** weniger rauchen.	• Fume menos! • O médico diz que fume/devo fumar menos.

4) Como já foi dito no ponto (1), também serve para indicar recomendações formuladas por uma terceira pessoa. O médico deu uma ordem no imperativo e o paciente, ao chegar a casa, para transmitir o que lhe disse o médico, vai utilizar **sollen**.

Da mesma forma, também serve para indicar exortações através de uma terceira pessoa.

| • Sagen Sie David, er **soll** sofort kommen. | • Diga ao David que venha imediatamente. |

EXERCÍCIOS

106. O que diz o médico? O que diz a mãe? [A1-A2]

Arzt:

a. „Gehen Sie mehr zu Fuß!" *Der Arzt sagt, ich soll mehr zu Fuß gehen.*

b. „Essen Sie weniger!" ....

c. „Arbeiten Sie nicht so viel." ....

d. „Nehmen Sie dieses Medikament!" ....

e. „Ruhen Sie sich aus!" ....

Mutter:

f. „Mach die Hausaufgaben!" *Meine Mutter sagt, ich soll die Hausaufgaben machen.*

g. „Nimm deine Schwester mit!" ....

h. „Iss nicht so viel Schokolade!" ....

i. „Komm nicht zu spät nach Hause!" ....

j. „Steh endlich auf!" ....

OUTROS VERBOS COM INFINITIVO

• Im Sommer **gehen** wir fast jeden Tag **schwimmen**.	• No verão, vamos nadar quase todos os dias.
• **Lass** die Kinder nicht zu lange **fernsehen**!	• Não deixes as crianças verem televisão demasiado tempo!
• Ich **versuche**, Karten für die Oper **zu bekommen**.	• Tento/Tentarei conseguir bilhetes para a ópera.

Tal como em português, há outros verbos que vão acompanhados com infinitivo, para além dos verbos modais. Nas orações principais, o infinitivo é colocado no final.

OUTROS VERBOS COM INFINITIVO: SEM *ZU*

gehen

• **Gehen** wir zusammen **einkaufen?**	• Vamos junto(a)s fazer compras?

Nestes casos, o infinitivo aparece sem nenhuma preposição. ⊙⊙

lassen (formas)

		lassen
singular	ich	lasse
	du	lässt
	er, sie, es	lässt
plural	wir	lassen
	ihr	lasst
	sie	lassen
tratamento formal	Sie	lassen

As duas particularidades deste verbo são: 1) escreve-se com trema na segunda e na terceira pessoas do singular e 2) estas duas pessoas têm a mesma forma (como em todos os verbos com radical terminado em –**s**).

lassen (uso)

• Ich **lasse** mir morgen die Haare **schneiden.** • Ich bin sicher, die beiden **lassen** sich bald **scheiden.**	• Amanhã irei cortar o cabelo. • Tenho a certeza de que esses dois se vão divorciar em breve.

Quando em português dizemos que duas pessoas *se vão divorciar*, não quer dizer que o façam elas próprias, deve fazê-lo um juiz. Por esse motivo, nesse caso utiliza-se o verbo **lassen**, em alemão, no sentido de "fazer que alguém faça algo que não queremos ou não podemos fazer nós próprios". O mesmo acontece com *cortar o cabelo*, situação em que também recorremos a alguém, neste caso o(a) cabeleireiro(a) para que faça a ação por nós.

• Meine Frau **lässt mich** zu Hause nicht **rauchen.**	• A minha mulher não me deixa fumar em casa.

Aqui, o verbo é utilizado no sentido de "deixar/permitir que alguém faça alguma coisa".

OS VERBOS

• Er lässt **sie** früher nach Hause gehen. • Er lässt **sie** die ganze Arbeit machen.	• Deixa-a ir para casa antes (a ela). • Faz-lhe fazer todo o trabalho (a ela).

Em alemão, em casos como os anteriores, a pessoa a quem se dá autorização ou a quem se faz fazer algo aparece sempre no acusativo. Em português não acontece o mesmo. ⑩

No primeiro exemplo, a pessoa a quem se dá autorização também aparece, em português, como complemento direto (-a). No segundo, pelo contrário, aparece como complemento indireto (-lhe). Isto deve-se ao facto de no segundo exemplo haver já um complemento direto (fazer todo o trabalho), pelo que a pessoa a quem se faz isso é complemento indireto.

OUTROS VERBOS COM INFINITIVO: COM *ZU*

• Hör auf **zu weinen**! • Ich versuche, den Text **zu übersetzen**. • Ich fange an, dich **zu verstehen**.	• Para de chorar! • Tento traduzir o texto. • Começo a entender-te.

Com a maioria dos verbos, a partícula **zu** precede o infinitivo.

• Wir haben vor, früh zurück**zu**kommen.	• Temos a intenção de/A nossa ideia é voltar cedo.

Nos verbos separáveis (→ pp. 56 e s.), a partícula **zu** coloca-se entre o prefixo e o verbo.

• Morgen musst du nicht kommen. • Morgen **brauchst** du **nicht zu kommen**. • Du musst nur morgen kommen. • Du **brauchst nur** morgen **zu kommen**.	• Amanhã não tens/precisas de vir./ Não faz falta que venhas amanhã. • Amanhã não tens/precisas de vir./ Não faz falta que venhas amanhã. • Só tens de vir amanhã. • Só tens de vir amanhã.

O verbo **brauchen** pertence também a este grupo de verbos com infinitivo com **zu**. Este verbo pode ser utilizado em vez de **müssen**, desde que a oração contenha elementos negativos, como **nicht** (*não*), ou restritivos, como **nur** (*só/apenas*). Note que este uso de **brauchen** não tem nada a ver com a aceção de *precisar de algo* ou *de alguém*. **Ich brauche einen Computer/Übersetzer.** (*Preciso de um computador/um tradutor.*).

Não se pode utilizar **brauchen** em vez de **müssen** se na oração não aparecem elementos como **nicht** ou **nur**. Assim, para dizer em alemão *Amanhã tenho de trabalhar*, utiliza-se sempre **müssen**, nunca **brauchen**: **Ich muss morgen arbeiten** (→ pp. 71 e s.).

OUTROS VERBOS COM INFINITIVO: SEM OU COM *ZU*

• Ich **helfe** dir **abwaschen**.	(1)	• Ajudo-te a lavar a loiça.
• Das Kind **lernt schreiben**.	(1)	• O menino aprende a escrever.
• Ich **helfe** dir das Auto **(zu) waschen**.	(2)	• Ajudo-te a lavar o carro.
• Das Kind **lernt** seinen Namen **(zu) schreiben**.	(2)	• O menino aprende a escrever o seu nome.

(1) Com os verbos **helfen** *(ajudar)* e **lernen** *(aprender)*, o infinitivo aparece sempre sem **zu**, quando não tem complementos.

(2) Com estes mesmos verbos, o infinitivo pode aparecer sem ou com **zu**, quando tem complementos. Quantos mais complementos tiver o verbo, maior é a tendência para utilizar **zu**.

EXERCÍCIOS

107. Com *zu* ou sem *zu*? [B1]

   a. Es ist verboten, hier zu parken. (parken)

   b. Ich habe leider vergessen, dich .... (anrufen)

   c. Ich hoffe, die Prüfung .... (bestehen)

   d. Hast du vor, Klaus auch ....? (einladen)

   e. Hört ihr bitte auf ....? (schreien)

   f. Er lässt sich nicht gern die Haare .... (schneiden)

   g. Wir fangen an, ohne ihn .... (essen)

   h. Hast du Lust, diesen Film ....? (sehen)

   i. Gestern hatte ich keine Zeit, die Hausaufgaben .... (machen)

   j. Gehst du allein .... (einkaufen)?

   k. Helfen Sie mir bitte ....? (aufräumen)

108. Decida onde se deve colocar *zu*. [B1]

   a. **(A)** : *Was hast du heute vor?*

     (B) : *Ich habe vor, Anna und Hans ....zu.... besuchen.*

   b. **(A)** : Hast du den Wagen gewaschen?

     (B) : Ich wasche ihn heute nicht selbst, ich lasse ihn ...... waschen.

   c. **(A)** : Hilfst du bitte deinem Vater, den Wagen ...... waschen?

B : Aber ich habe keine Lust, ihm schon wieder ...... helfen!

d. **A** : Hast du versucht, das Fahrrad reparieren ...... lassen?

B : Nein, ich versuche, es selbst ...... machen.

e. **A** : Wie alt ist dein Sohn jetzt?

B : Er ist ein Jahr alt, und er lernt gerade ...... laufen.

f. **A** : Gehen wir morgen zusammen ...... schwimmen?

B : Ich habe keine Lust, schon wieder ...... schwimmen ...... gehen.

109. Traduza as seguintes orações. Utilize primeiro *müssen* e depois *brauchen*. [B1]

a. Só tens de copiar este texto.

Du .... nur ....

Du .... nur ....

b. Não faz falta virem (vocês, sem ser tratamento formal).

Ihr ....

Ihr ....

c. Não tens de esperar.

Du ....

Du ....

d. Só tem de assinar aqui.

Sie .... nur hier .... unterschreiben.

Sie .... nur hier .... unterschreiben.

e. Não precisamos de reservar o quarto.

Wir .... nicht .... reservieren.

Wir .... nicht .... reservieren.

110. Quais das seguintes orações com o verbo *brauchen* são incorretas (x)? [B1]

a. Ich brauche ein neues Handy.	
b. Ich brauche ein neues Handy kaufen.	
c. Ich brauche kein neues Handy.	
d. Ich brauche kein neues Handy zu kaufen.	
e. Braucht er kommen?	

f. Nein, er braucht nicht zu kommen.	
g. Ihr braucht mich nur zu informieren.	
h. Brauchst du zu telefonieren?	
i. Anna braucht für das Examen zu lernen.	X
j. Im August brauche ich nie zu arbeiten.	

A VOZ PASSIVA

- Hier **werden** die Computer **zusammengebaut**.

- Aqui montam-se os computadores./ Aqui são montados os computadores.

Característica comum às duas línguas: a voz passiva utiliza-se, geralmente, quando se quer pôr em relevo a própria ação, mais do que o sujeito que a realiza.

Em alemão, a passiva propriamente dita (**werden** + **Partizip II**/particípio) utiliza-se bastante. Em português, há uma outra alternativa também muito utilizada que é a passiva pronominal, que se constrói com o verbo conjugado e o pronome -se, como no exemplo *Aqui montam-se os computadores*. ◯◯

A VOZ PASSIVA: O PRESENTE

			operieren	einladen
	ich	werde	operiert	eingeladen
singular	du	wirst	operiert	eingeladen
	er, sie, es	wird	operiert	eingeladen
	wir	werden	operiert	eingeladen
plural	ihr	werdet	operiert	eingeladen
	sie	werden	operiert	eingeladen
tratamento formal	Sie	werden	operiert	eingeladen

O presente da voz passiva forma-se com o verbo **werden** conjugado no presente e o **Partizip II** do verbo principal, que em português aparece no particípio passado (**ich werde operiert** = *sou operado*, **ich werde eingeladen** = *sou convidado*).

- Er **wird** erst in drei Monaten **operiert**.

  Er **wird** überall **eingeladen**.

- Só será/vai ser operado daqui a três meses
- É convidado por toda a parte.

O **Partizip II** coloca-se no final da oração.

A VOZ PASSIVA: O *PRÄTERITUM*

ich	wurde	operiert	eingeladen
du	wurdest	operiert	eingeladen
...	...	...	...

O **Präteritum** da voz passiva forma-se com o verbo **werden** conjugado no **Präteritum** (→ p. 25) e o **Partizip II**.

| • Wir **wurden** nicht davon **informiert**. | • Não fomos informados sobre isso. |

O **Partizip II** coloca-se no final da oração.

A VOZ PASSIVA: O *PERFEKT*

bin	operiert worden	eingeladen worden
bist	operiert worden	eingeladen worden
...	...	...

O **Perfekt** da voz passiva forma-se com o verbo **sein** conjugado no presente, o **Partizip II** do verbo principal e a forma **worden**.

| • Wir **sind** nicht davon **informiert worden**. | • Não fomos informados sobre isso. |

O **Partizip II** e **worden** são colocados, por esta ordem, no final da oração.

EXERCÍCIOS

111. Tarefas domésticas: o que se faz? [B1]

a. die Wäsche: waschen   *Die Wäsche wird gewaschen.*

b. die Hemden: bügeln   ....

c. die Fenster: putzen   ....

d. das Geschirr: spülen   ....

e. die Pflanzen: gießen   ....

f. der Tisch: decken   ....

g. die Küche: aufräumen   ....

112. Wie wird deutscher Kartoffelsalat gemacht? (Como se faz o *Kartoffelsalat* alemão?) [B1]

geschnitten – gebraten – geschält – getan – verrührt – gewürzt – gegessen – ~~gekocht~~

Man braucht: 2 kg Kartoffeln, 5 Eier, 1 große Zwiebel, 2 Gurken, 5 Teelöffel Senf, 1 Glas Majonäse, ein bisschen Butter

a. zuerst: die Kartoffeln kochen

Zuerst werden die Kartoffeln *gekocht*.

b. dann: die Kartoffeln schälen und in Scheiben schneiden

....

c. danach: die Eier kochen und klein schneiden

....

d. auch die Gurken und die Zwiebel in kleine Stücke schneiden

Auch ....

e. dann: die Zwiebel in Butter braten

....

f. die Majonäse mit dem Senf verrühren

....

g. zum Schluss alles zusammen in eine Schüssel tun und mit Salz, Pfeffer und ein bisschen Zucker würzen

....

h. den Kartoffelsalat noch warm essen

....

Guten Appetit

OS COMPLEMENTOS DO VERBO

• Morgen fahre ich mit meinem Freund nach Paris. (1)	• Amanhã vou com o meu namorado a Paris.
• Das ist mein neuer Freund. (2)	• Este é o meu novo namorado.
• Kennst du meinen neuen Freund? (3)	• Conheces o meu novo namorado?
• Ich habe meinem Freund einen Hund geschenkt. (4)	• Ofereci/Dei um cão ao meu namorado.
• Ich habe von meinem alten Freund geträumt. (5)	• Sonhei com o meu antigo namorado.

(1) **morgen, mit meinem Freund** e **nach Paris** são complementos circunstanciais.
(2) **mein neuer Freund** atua como predicativo do sujeito.
(3) **meinen neuen Freund** constitui o complemento direto (acusativo).
(4) **meinem neuen Freund** e **einen Hund** atuam, respetivamente, como complemento indireto (dativo) e como complemento direto (acusativo).
(5) **von meinem alten Freund** atua como complemento preposicional.

Consulte, para mais informação, o capítulo "Os casos", nas páginas 92 e ss.

VERBOS IRREGULARES – LISTA

Em seguida vai encontrar os verbos irregulares cujas formas do **Präteritum** e do **Perfekt** deve decorar. Apresentam-se, nesta ordem, as seguintes formas:

– infinitivo;
– 3ª pessoa do singular do presente dos verbos que apresentam mudança de vogal temática na 2ª e na 3ª pessoas do singular;
– 3ª pessoa do singular do **Präteritum**;
– 3ª pessoa do singular do **Perfekt**.

Infinitivo	Presente	Präteritum	Perfekt	
abbiegen		bog ab	ist abgebogen	virar
abfahren	fährt ab	fuhr ab	ist abgefahren	sair, partir
abfliegen		flog ab	ist abgeflogen	sair/partir – de avião
abhängen		hing ab	hat abgehangen	depender
abheben		hob ab	hat abgehoben	atender o telefone/ descolar
abnehmen	nimmt ab	nahm ab	hat abgenommen	atender o telefone
abschließen		schloss ab	hat abgeschlossen	fechar à chave
anbieten		bot an	hat angeboten	oferecer
anfangen	fängt an	fing an	hat angefangen	começar

Infinitivo	Presente	Präteritum	Perfekt	
anhaben		hatte an	hat angehabt	levar vestida/vestir/usar uma peça de roupa
ankommen		kam an	ist angekommen	chegar
anrufen		rief an	hat angerufen	telefonar
ansehen	sieht an	sah an	hat angesehen	olhar
(sich) anziehen		zog (sich) an	hat (sich) angezogen	vestir uma peça de roupa, vestir alguém
aufheben		hob auf	hat aufgehoben	apanhar do chão
aufschreiben		schrieb auf	hat aufgeschrieben	anotar
aufstehen		stand auf	ist aufgestanden	levantar-se
ausgeben	gibt aus	gab aus	hat ausgegeben	gastar – dinheiro
ausgehen		ging aus	ist ausgegangen	sair – p. ex. para comer fora
aussehen	sieht aus	sah aus	hat ausgesehen	ter aspeto de, parecer-se com
aussteigen		stieg aus	ist ausgestiegen	sair/descer – de um veículo
(sich) ausziehen		zog (sich) aus	hat (sich) ausgezogen	despir-se, despir alguém
ausziehen		zog aus	ist ausgezogen	sair – de uma casa
backen	bäckt/ backt	backte	hat gebacken	cozer
beginnen		begann	hat begonnen	começar
behalten	behält	behielt	hat behalten	ficar com alguma coisa
beißen		biss	hat gebissen	morder
bekommen		bekam	hat bekommen	receber
beschreiben		beschrieb	hat beschrieben	descrever
bestehen		bestand	hat bestanden	aprovar – um exame
sich bewerben	bewirbt sich	bewarb sich	hat sich beworben	concorrer
binden		band	hat gebunden	atar
bitten		bat	hat gebeten	pedir
blasen	bläst	blies	hat geblasen	soprar
bleiben		blieb	ist geblieben	ficar
braten	brät	briet	hat gebraten	assar/fritar
brennen		brannte	hat gebrannt	arder
bringen		brachte	hat gebracht	trazer
denken		dachte	hat gedacht	pensar
dürfen (1)	darf	durfte		poder
einfallen	fällt ein	fiel ein	ist eingefallen	vir algo à memória/ lembrar-se

OS VERBOS

Infinitivo	Presente	Präteritum	Perfekt	
einladen	lädt ein	lud ein	hat eingeladen	convidar
einschlafen	schläft ein	schlief ein	ist eingeschlafen	adormecer
einsteigen		stieg ein	ist eingestiegen	entrar – num veículo
einziehen		zog ein	ist eingezogen	entrar – numa casa
empfehlen	empfiehlt	empfahl	hat empfohlen	recomendar
(sich) entscheiden		entschied (sich)	hat (sich) entschieden	decidir(-se)
(sich) erbrechen	erbricht (sich)	erbrach (sich)	hat (sich) erbrochen)	vomitar
essen	isst	aß	hat gegessen	comer
fahren (2)	fährt	fuhr	ist/hat gefahren	ir/conduzir, levar de carro
fallen	fällt	fiel	ist gefallen	cair
fangen	fängt	fing	hat gefangen	apanhar
fernsehen	sieht fern	sah fern	hat ferngesehen	ver televisão
feststehen		stand fest	hat festgestanden	estar assente, ser certo
finden		fand	hat gefunden	encontrar/achar
fliegen (2)		flog	ist/hat geflogen	voar/pilotar, levar/ir de avião
fressen	frisst	fraß	hat gefressen	comer – os animais
frieren		fror	hat gefroren	gelar/ter frio
geben	gibt	gab	hat gegeben	dar
gefallen	gefällt	gefiel	hat gefallen	gostar
gehen		ging	ist gegangen	ir
gelingen		gelang	ist gelungen	sair bem, ter bom resultado
gewinnen		gewann	hat gewonnen	ganhar
gießen		goss	hat gegossen	regar
haben		hatte	hat gehabt	ter
halten	hält	hielt	hat gehalten	parar/segurar
hängen (3)		hing	hat gehangen	estar pendurado
heben		hob	hat gehoben	levantar
heißen		hieß	hat geheißen	chamar-se/ordenar
helfen	hilft	half	hat geholfen	ajudar
kennen		kannte	hat gekannt	conhecer
kommen		kam	ist gekommen	vir
können (1)	kann	konnte		poder, saber
lassen	lässt	ließ	hat gelassen	deixar, fazer
laufen	läuft	lief	ist gelaufen	correr

Infinitivo	Presente	Präteritum	Perfekt	
leihen		lieh	hat geliehen	emprestar
lesen	liest	las	hat gelesen	ler
liegen		lag	hat gelegen	estar deitado/em posição horizontal, situar-se
lügen		log	hat gelogen	mentir
mitbringen		brachte mit	hat mitgebracht	trazer
mitgehen		ging mit	ist mitgegangen	ir com alguém
mitkommen		kam mit	ist mitgekommen	vir com alguém
mitnehmen	nimmt mit	nahm mit	hat mitgenommen	levar consigo
müssen (1)	muss	musste		ter de, dever
nachdenken		dachte nach	hat nachgedacht	refletir
nehmen	nimmt	nahm	hat genommen	tomar
nennen		nannte	hat genannt	nomear, chamar
riechen		roch	hat gerochen	cheirar
rufen		rief	hat gerufen	chamar
scheinen		schien	hat geschienen	parecer, brilhar (o sol)
schieben		schob	hat geschoben	empurrar
schießen		schoss	hat geschossen	disparar
schlafen	schläft	schlief	hat geschlafen	dormir
schließen		schloss	hat geschlossen	fechar
schneiden		schnitt	hat geschnitten	cortar
schreiben		schrieb	hat geschrieben	escrever
schreien		schrie	hat geschrien	gritar
schweigen		schwieg	hat geschwiegen	calar
schwimmen (4)		schwamm	ist/hat geschwommen	nadar
sehen	sieht	sah	hat gesehen	ver
sein	ist	war	ist gewesen	ser/estar
singen		sang	hat gesungen	cantar
sinken		sank	ist gesunken	descer, baixar/naufragar
sitzen		saß	hat gesessen	estar sentado
sollen (1)		sollte		ter de, dever
sprechen	spricht	sprach	hat gesprochen	falar
stattfinden		fand statt	hat stattgefunden	ocorrer, acontecer, ter lugar
stechen	sticht	stach	hat gestochen	picar, aferroar
stecken		steckte	hat gesteckt	estar metido/meter, inserir

Infinitivo	Presente	Präteritum	Perfekt	
stehen		stand	hat gestanden	estar de pé
stehlen	stiehlt	stahl	hat gestohlen	roubar
steigen		stieg	ist gestiegen	subir – a um lugar, subir – p. ex. ações
sterben	stirbt	starb	ist gestorben	morrer
stinken		stank	hat gestunken	cheirar mal
stoßen (5)	stößt	stieß	hat/ist gestoßen	empurrar/chocar
streiten		stritt	hat gestritten	discutir, brigar
teilnehmen	nimmt teil	nahm teil	hat teilgenommen	participar
tragen	trägt	trug	hat getragen	carregar/levar/vestir, usar
treffen	trifft	traf	hat getroffen	encontrar-se com alguém
treten	tritt	trat	hat getreten	pisar, dar um pontapé
trinken		trank	hat getrunken	beber
tun		tat	hat getan	fazer, pôr
überweisen		überwies	hat überwiesen	transferir – dinheiro
umsteigen		stieg um	ist umgestiegen	fazer transbordo
sich umziehen		zog sich um	hat sich umgezogen	mudar de roupa
umziehen		zog um	ist umgezogen	mudar – p. ex. de casa
sich unterhalten	unterhält sich	unterhielt sich	hat sich unterhalten	conversar
(sich) unterscheiden		unterschied (sich)	hat (sich) unterschieden	diferenciar(-se)
unterschreiben		unterschrieb	hat unterschrieben	assinar
verbringen		verbrachte	hat verbracht	passar – p. ex. férias
vergessen	vergisst	vergaß	hat vergessen	esquecer
vergleichen		verglich	hat verglichen	comparar
verlieren		verlor	hat verloren	perder
verschieben		verschob	hat verschoben	deslocar, adiar
versprechen	verspricht	versprach	hat versprochen	prometer
verstehen		verstand	hat verstanden	compreender, entender
vorhaben		hatte vor	hat vorgehabt	ter intenção, propor-se
vorschlagen	schlägt vor	schlug vor	hat vorgeschlagen	propor
wachsen	wächst	wuchs	ist gewachsen	crescer
waschen	wäscht	wusch	hat gewaschen	lavar
weggehen		ging weg	ist weggegangen	ir, ir(-se) embora
wegwerfen	wirft weg	warf weg	hat weggeworfen	deitar fora/deitar

Infinitivo	Presente	Präteritum	Perfekt	
wehtun		tat weh	hat wehgetan	doer
werden	wird	wurde	ist geworden	tornar-se, chegar a ser
werfen	wirft	warf	hat geworfen	lançar
wissen	weiß	wusste	hat gewusst	saber
wollen (1)	will	wollte		querer, desear
ziehen		zog	hat gezogen	puxar
zurückgeben	gibt zurück	gab zurück	hat zurückgegeben	devolver
zurückkommen		kam zurück	ist zurückgekommen	voltar

(1) Com os verbos modais utiliza-se quase sempre o **Präteritum**.

(2) Os verbos **fahren** e **fliegen** formam o **Perfekt** com **sein** ou com **haben** em função do seu significado. Quando se utilizam como verbos intransitivos com o significado geral de *ir*, formam o **Perfekt** com **sein: Wir sind am Wochenende nach Frankreich gefahren/geflogen.** *(No fim de semana fomos a França.).* Quando, por outro lado, se utilizam como transitivos (com complemento direto), com o significado de *conduzir* ou de *levar algo/alguém a algum lugar*, formam o **Perfekt** com **haben: Ich habe meine Eltern zum Bahnhof gefahren.** *(Levei os meus pais à estação.).*

(3) No caso de **hängen**, deve distinguir-se entre o verbo que indica localização (*estar pendurado*) e o que indica destino (pendura*r alguma coisa em algum sítio*). O primeiro é irregular: **Mein Mantel hing im Schrank.** *(O meu casaco estava (pendurado) no armário.).* O segundo é regular: **Er hängte meinen Mantel in den Schrank.** *(Pendurou o meu casaco no armário.)*

(4) Regra geral, **schwimmen** forma o **Perfekt** com **sein**. Só pode formar o **Perfekt** com **haben** se fizer referência à atividade de nadar propriamente dita: **Ich habe heute zwei Stunden lang geschwommen.** *(Hoje nadei duas horas).*

(5) O verbo **stoßen** forma o **Perfekt** com **haben** quando se usa na aceção de *empurrar*. No sentido de *chocar contra algo*, forma o Perfekt com **sein**.

2. OS CASOS

2. OS CASOS

* **Der** neue Direktor heißt Großkopf.
* Kennst du **den** neuen Direktor?
* **Er** heißt Großkopf.
* Kennst du **ihn**?

* O novo diretor chama-se Großkopf.
* Conheces o novo diretor?
* (Ele) Chama-se Großkopf.
* Conhece-lo?

As formas **der** e **den** são, respetivamente, o nominativo e o acusativo do artigo definido masculino singular. **Er** e **ihn** são, igualmente, as formas do nominativo e do acusativo do pronome pessoal masculino de terceira pessoa do singular (*ele*). O nominativo e o acusativo são casos.

A língua alemã tem quatro casos: nominativo, acusativo, dativo e genitivo. Em seguida, exemplifica-se o seu uso, principalmente através das formas do artigo definido masculino **der**.

O NOMINATIVO

* **Der neue Direktor** heißt Großkopf. (sujeito)
* Herr Großkopf ist **der neue Direktor**. (predicativo do sujeito)

* O novo diretor chama-se Großkopf.
* O senhor Großkopf é o novo diretor.

O nominativo é o caso do sujeito e do predicativo do sujeito.

Os dois principais verbos que se constroem com predicativo do sujeito são **sein** (*ser, estar*) e **werden** (*tornar-se, chegar a ser*).

A grande maioria dos verbos tem sujeito. No entanto, tal como acontece em português, há verbos impessoais, que carecem de sujeito, p. ex. **regnen** (*chover*) e **schneien** (*nevar*). Nestes casos, o lugar do sujeito é sempre ocupado pelo pronome **es**: **Es** regnet viel *(Chove muito)*, Hier regnet **es** viel *(Aqui chove muito)*. (→ p. 149)

O ACUSATIVO

* Ich suche **den Direktor**.   (CD)
* Procuro o diretor.

Regra geral, o acusativo é o caso do complemento direto (CD).

São exemplos de verbos que se constroem com acusativo (CD em português): **anrufen** *(telefonar)*, **aufmachen** *(abrir)*, **brauchen** *(necessitar)*, **essen** *(comer)*, **finden** *(encontrar)*, **es gibt** *(há)*, **haben** *(ter)*, **hören** *(ouvir)*, **kennen** *(conhecer)*, **lesen** *(ler)*, **machen** *(fazer)*, **nehmen** *(apanhar, tomar)*, **sehen** *(ver)*, **suchen** *(procurar)*, **trinken** *(beber)*, **verstehen** *(entender)*, **wissen** *(saber)*, etc.

Tenha em conta que há alguns casos em que não se verifica este paralelismo entre ambas as línguas. Assim, enquanto *ajudar* seleciona complemento direto em português, o seu correspondente alemão, **helfen**, rege dativo: **Ich helfe** ihr *(Eu ajudo-a)*. O mesmo acontece com **zuhören** *(ouvir alguém)*: **Ich höre** ihr **zu** *(Ouço-a)*. ①

Consulte nesta mesma página o tema "Acusativo ou dativo?".

O DATIVO

• Ich zeige **dem Direktor** sein Büro. (CI) + (CD) • Das Büro gefällt **ihm**. (CI)	• Mostro ao diretor o seu escritório. • O escritório agrada-lhe.

O dativo costuma ser o caso do complemento indireto (CI).

São exemplos de verbos que se constroem com dativo (CI em português): **gefallen** *(gostar/agradar)*, **gehören** *(pertencer)*, **schmecken** *(saber – de sabor)*, **wehtun** *(doer, magoar)*, etc.

Consulte o que se diz sobre **helfen** *(ajudar)* e **zuhören** *(ouvir alguém/escutar)* no fim da secção anterior.

Consulte nesta mesma página o tema "Acusativo ou dativo?".

ACUSATIVO OU DATIVO?

O uso do dativo em lugar do acusativo é um erro frequente. Em geral, isso acontece porque se trata de uma distinção que só um nativo ou alguém que está há muito tempo em situação de imersão linguística pode fazer de forma automática. E o facto de o complemento acusativo e o complemento dativo corresponderem, geralmente, aos complementos direto e indireto em português, respetivamente, nem sempre ajuda. Em primeiro lugar, porque nem todos os falantes de português são conscientes de se um elemento é um complemento direto ou indireto na sua própria língua. Em segundo lugar, porque talvez não dominem os mecanismos através dos quais é possível reconhecê-los. Ainda é bastante comum a explicação de que o elemento que responde à pergunta *a quem* ou *para quem* é um complemento indireto. Mas esta explicação não é de todo correta.

Admitindo que no enunciado *O Pedro ama a Maria* esta última representa o complemento direto, devemos admitir que podemos confirmar este facto formulando a pergunta *A quem ama o Pedro?*

Como sabemos, então, que *a Maria* constitui realmente um complemento direto se a pergunta não nos ajuda? É muito simples:

1) Pode passar a oração para a voz passiva, o que teria como resultado a oração *A Maria é amada pelo Pedro*. A regra dita que o elemento que é sujeito da passiva é complemento direto na voz ativa. Portanto, deveria deduzir-se que *a Maria* é, efetivamente, o complemento direto do primeiro enunciado.

2) Pode substituir *a Maria* por um pronome pessoal, o que teria como resultado *O Pedro ama-a*. Um complemento feminino que se substitui pelo pronome feminino *a* é sempre direto, já que se fosse indireto, seria substituído por *lhe*, o que não é aceitável, neste caso.

Deste modo, é possível realmente averiguar se um elemento tem a função de complemento direto ou indireto. Outra opção é recorrer às seguintes regras "caseiras":

• Ich habe **ihm meinen neuen Computer** gezeigt.	• Mostrei-lhe o meu computador novo.
• Ich habe **ihn meinem Freund** gezeigt.	• Mostrei-o ao meu amigo.

a) Se um verbo alemão pode ter dois complementos, representáveis cada um deles por pronomes pessoais, o de pessoa é dativo (**ihm**) e o de coisa é acusativo (**ihn**). Tenha em conta que, neste caso, o género da "coisa" (**Computer**) é masculino.

São exemplos deste tipo – dativo (CI em português) e acusativo (CD em português): **bringen** *(levar/ trazer)*, **erzählen** *(contar)*, **geben** *(dar)*, **schenken** *(oferecer)*, **schicken** *(enviar)*, **schreiben** *(escrever)*, **verkaufen** *(vender)*, **zeigen** *(mostrar)*, etc.

• Ich sehe **sie** nicht.	• Não a vejo.

b) Se um verbo alemão só tem um complemento representável através de pronome pessoal, este será acusativo, salvo que o verbo selecione um complemento dativo.

Esta segunda regra, tão pouco científica, tem sentido porque a quantidade de verbos com dativo que vai aprender até atingir o nível B1 (durante os primeiros três anos, mais ou menos) normalmente não passa de uma dúzia.

Em seguida encontra a lista dos principais verbos que selecionam um complemento dativo, na qual podemos distinguir três grupos principais: ①

- verbos que também regem complemento indireto em português: **antworten** *(responder)*, **danken** *(agradecer)*, **einfallen** *(ocorrer, vir à mente)*, **gefallen** *(agradar)*, **gehören** *(pertencer)*, **gelingen** *(sair bem)*, **passen** *(dar jeito)*, **schmecken** *(saber – de sabor)*, **stehen** *(ficar bem – uma peça de roupa)*, **wehtun** *(doer)*

- verbos que em português regem complemento direto: **gratulieren** *(felicitar)*, **helfen** *(ajudar)*, **zuhören** *(ouvir/escutar alguém)*

- verbos que em português selecionam complemento preposicional: **begegnen** *(encontrar-se com)*, **vertrauen** *(confiar em)*

• Warum fragst du **das**?	• Porque perguntas isso?
• Warum fragst du **mich**?	• Porque me perguntas a mim?
• Warum fragst du **mich das**?	• Porque mo perguntas?

Tenha em conta que com o verbo português *perguntar*, a coisa perguntada é sempre um complemento direto (*isso*), enquanto a pessoa a quem se pergunta tem função de complemento indireto (*a mim*). Com o verbo alemão **fragen**, ambos os complementos vão sempre no acusativo, tanto se aparecem juntos como separados. Dito de outra forma: O verbo **fragen** tem dois complementos diretos.

EXERCÍCIOS

1. **Dativo ou acusativo? Qual é o pronome pessoal correto? [A2]**

a. Ich habe   ihn   ihm   geholfen.

b. Dieses Kleid gefällt   mir   mich   nicht.

c. Ich verstehe   dich   dir   nicht.

d. Kennst du   ihr   sie   ?

e. Schmeckt   dir   dich   der Salat?

f. Ruf   mich   mir   bitte an.

g. Warum antwortest du   mir   mich   nicht?

h. Kann ich   Ihnen   Sie   etwas fragen?

i. Ich habe   ihm   ihn   gestern gesehen.

2. **Complete as orações com os pronomes pessoais que faltam, no nominativo, dativo ou acusativo. [A1]**

a. Willst du mein Auto (n) haben? Ich brauche .... heute nicht.

b. Anna, ich habe .... angerufen, aber .... warst nicht zu Hause.

c. Frau Meier, kann ich .... helfen?

d. Diese Frau ist meine Oma. .... heißt Dora.

e. Hallo, Monika, wie geht es .... ?

f. Herr Schulze, ich möchte .... Ihr neues Büro zeigen.

g. Lieber Thomas, ich gebe am Samstag eine Party und möchte .... einladen.

h. Ich suche meinen Schirm, aber ich kann .... nicht finden.

3. Traduza as seguintes orações, utilizando os pronomes pessoais no nominativo, dativo e acusativo. [A1]

a. A: Como estás? – B: Bem, e tu?   A: Wie geht es ....? – B: Gut, und ....?

b. Não me convidaram.   .... haben .... nicht eingeladen.

c. Dei-lhe os livros (a ele).   Ich habe .... die Bücher gegeben.

d. Não o conheces?   Kennst du .... nicht?

e. Telefonaste-me?   Hast .... angerufen?

f. Não lhes disse nada.   Ich habe .... nichts gesagt.

g. A sopa agrada-te?   Schmeckt .... die Suppe?

h. Escrevi-lhe um e-mail (a ela).   Ich habe .... eine E-Mail geschrieben.

4. Complete o diálogo, substituindo os elementos sublinhados por um pronome pessoal. [A1]

a. Hast du den Hund gesehen?   - Nein, ich habe .... nicht gesehen.

b. Ich glaube, der neue Kollege ist Franzose.   - Ja, aber .... spricht sehr gut Deutsch.

c. Was schenkst du Katja und Tom zur Hochzeit?   - Ich schenke .... einen Toaster.

d. Wann kommen deine Freunde aus Italien?   - .... kommen im August.

e. Hast du auch Anna und Robert eingeladen?   - Ja, natürlich habe ich .... eingeladen.

f. Warum machst du das Paket nicht auf?   - Ich mache .... erst heute Abend auf.

g. Hat das Geschenk deinem Freund gefallen?   - Ja, ... hat .... sehr gefallen!

h. Zieh die Jacke an, es ist kalt draußen!   - Ich habe .... in der Schule vergessen.

i. Hast du den Film schon gesehen?   - Nein, wir können ...... zusammen sehen.

5. Coloque o artigo definido no nominativo, acusativo ou dativo. [A1]

a. Der Wagen gehört .... Chefin (f).

b. Ich nehme .... Regenschirm (m) mit.

c. Das französische Menu hat .... deutschen Gästen (pl) nicht geschmeckt.

d. Funktioniert .... Waschmaschine (f) wieder?

e. Bring bitte .... Koffer (pl) herein.

f. Sind .... Gläser (pl) neu?

g. Wir haben .... Gewinner (m) gratuliert.

h. Er kann .... Lösung (f) nicht finden.

i. Holst du bitte .... Bier (n) aus dem Keller?

6. Coloque o artigo indefinido no nominativo, acusativo ou dativo. [A1]

a. Ich habe .... Touristin (f) den Weg erklärt.

b. Paul ist .... guter Freund (m) von mir.

c. Er hat .... Eskimo (m) .... Kühlschrank (m) verkauft.

d. Ich habe Kopfschmerzen. Hast du .... Tablette (f)?

e. Das ist wirklich .... gute Idee (f)!

f. Dieses Haus gehört .... Schauspieler (m).

g. Möchtest du auch .... Glas (n) Wein?

7. Selecione o determinante possessivo correto. [A2]

a. Abends erzählt er	seine	seiner	Tochter immer ein Märchen.
b. Die Wohnung gehört	meiner	meine	Schwester.
c. Heute muss ich	meine	meiner	Chefin anrufen.
d. Kennst du	unserem	unseren	neuen Direktor?
e. Sie hört	ihrem	ihren	Lehrer nie zu.
f. Suchen Sie	Ihre	Ihrer	Brille?
g. Herr Lämpel erklärt	seine	seinen	Schülern den Dativ.
h. Brauchst du heute	deinen	deinem	Wagen?

O GENITIVO

- Das ist das Büro **des Direktors**.
- Este é o escritório do diretor.

O genitivo costuma corresponder, em português, ao complemento preposicional do nome introduzido pela preposição de. No exemplo anterior, pode observar que no genitivo também se declina o nome (→ p. 107).

COM PREPOSIÇÕES

COM PREPOSIÇÕES EM COMPLEMENTOS CIRCUNSTANCIAIS

- Der Teppich ist **für den Flur**.
- O tapete é para o corredor.
- Marta will nicht **mit mir** sprechen.
- A Marta não quer falar comigo.

OS CASOS

• Wir sind **wegen des Regens** nicht gekommen.	• Não viemos por causa da chuva.

As preposições regem um caso determinado. Assim, **für** *(para)* rege acusativo, **mit** *(com)* rege dativo e **wegen** *(por causa de/devido a/por culpa de)* rege genitivo. Quanto ao caso que as distintas preposições regem, consulte a página 245. Tenha em conta que nos exemplos anteriores, o sintagma preposição + nome/pronome desempenha, como acontece também em português, a função de complemento circunstancial.

• Bring die Stühle **in die Küche**. • Die Stühle sind **in der Küche**.	• Leva as cadeiras para a cozinha. • As cadeiras estão na cozinha.

Lembre-se de que há preposições que podem reger acusativo ou dativo. Vai encontrar explicações mais detalhadas e exercícios nas páginas 226 e ss.

COM PREPOSIÇÕES EM COMPLEMENTOS PREPOSICIONAIS

• Wir sprechen **über den Urlaub**. • Ich lade dich **zu einem Bier** ein. • Ich denke oft **an dich**.	• Falamos das férias. • Convido-te para (tomar) uma cerveja. • Penso muitas vezes em ti.

Nestes casos, o sintagma preposição + nome/pronome desempenha a função de um complemento preposicional. Tal como em português, nestes casos a preposição não tem um significado definível, pelo que deve decorá-la como uma unidade em conjunto com o verbo.

• Erinnerst du dich **an das Projekt?** (ac.) • Hast du **an dem Projekt** teilgenommen? (dat.)	• Lembras-te do projeto? • Participaste no projeto?

Tenha em conta que a mesma preposição alemã pode equivaler a diferentes preposições portuguesas.

Quando há preposições que podem reger diferentes casos (como p. ex. **an**), ao decorar o verbo e a preposição correspondente, deve também memorizar o caso.

Seleccionam acusativo: **denken an** *(pensar em)*, **sich erinnern an** *(lembre-se de)*, **glauben an** *(acreditar em)*

Selecionam dativo: **sterben an** *(morrer de)*, **teilnehmen an** *(participar em)*

Selecionam sempre acusativo: **antworten auf** *(responder a algo)*, **aufpassen auf** *(prestar atenção a/cuidar de)*, **sich freuen auf** *(estar ansioso por/entusiasmado com algo que terá lugar no futuro)*, **sich**

konzentrieren auf *(concentrar-se em)*, **sich vorbereiten auf** *(preparar-se para)*, **warten auf** *(esperar por)*, **danken für** *(agradecer por)*, **sich entschuldigen für** *(desculpar-se por)*, **sich interessieren für** *(interessar-se por)*, **sich ärgern über** *(aborrecer-se com alguém/por algo/irritar-se com, chatear-se com)*, **sich beschweren über** *(queixar-se de)*, **diskutieren über** *(debater sobre)*, **sich freuen über** *(ficar contente por/com)*, **sich informieren über** *(informar-se sobre)*, **reden über** *(falar/conversar de/sobre)*, **sprechen über** *(falar de/sobre)*, **sich kümmern um** *(tomar conta de)*

Selecionam sempre dativo: **helfen bei** *(ajudar a/com)*, **sich treffen mit** *(encontrar-se com)*, **vergleichen mit** *(comparar com)*, **fragen nach** *(perguntar por)*, **riechen nach** *(cheirar a)*, **schmecken nach** *(saber a)*, **träumen von** *(sonhar com)*, **einladen zu** *(convidar para algo)*, **gratulieren zu** *(felicitar/dar os parabéns por)*

• Ich warte am Bahnhof **auf sie**.	• Estou a esperá-la/los na estação/ Vou esperá-la/los à estação.

Um complemento preposicional em alemão nem sempre corresponde a um complemento do mesmo tipo em português. Assim, enquanto **warten** rege um complemento preposicional, o seu correspondente em português, *esperar*, pode ser construído com complemento direto. ⓓ

EXERCÍCIOS

8. **Faça a combinação adequada. [A2]**

a. Ich träume oft	1. um die Kinder.
b. Sie denkt immer	2. mit meinen deutschen Freunden.
c. Anna interessiert sich	3. über das Geschenk.
d. Ich gratuliere dir	4. auf euch.
e. Wir warten hier	5. zum Geburtstag.
f. Ich freue mich sehr	6. für Sprachen.
g. Wir kümmern uns	7. von dir.
h. Heute treffe ich mich	8. an das Wochenende.

9. **Selecione a preposição correta. [A2]**

a. Ich habe nicht	an	in	über	den Termin gedacht.
b. Erinnerst du dich noch	auf	in	an	seinen Namen?
c. Wir haben fast eine Stunde	für	auf	an	dich gewartet!
d. Paul interessiert sich sehr	in	über	für	Mathematik.
e. Ärger dich nicht	über	mit	für	deinen Chef.

f. Träumst du auch   von   mit   an   einem Urlaub in der Karibik?

g. Wir haben uns   von   über   um   den schlechten Service beschwert.

10. **Coloque o elemento entre parêntesis no caso adequado (acusativo ou dativo). [A2]**

a. Wir gratulieren dir herzlich zu *deinem* Geburtstag. (dein Geburtstag)

b. Ich habe oft an .... gedacht. (er)

c. Herr Fröhlich hat seine Kollegin zu .... eingeladen. (eine Party)

d. Ich glaube nicht an .... der Fußballmannschaft. (der Erfolg)

e. Hast du dich über .... gefreut? (mein Geschenk)

f. Kannst du mir bitte bei .... helfen? (meine Hausaufgaben)

g. Er freut sich schon sehr auf .... (sein Sommerurlaub)

h. Wer kümmert sich um ....? (der Hund)

11. **Complete com a preposição e coloque o elemento entre parêntesis no caso adequado (acusativo ou dativo). [B1]**

> an – auf – für – nach – über – von

a. Ich erinnere mich nicht .... (der Titel des Buches)

b. Hast du ihn .... gefragt? (seine Adresse)

c. Wir haben .... im Unterricht gesprochen. (dieses Thema)

d. Hast du lange .... gewartet? (ihre Nachricht)

e. Sie träumt oft .... (eine Karriere als Schauspielerin)

f. Sie haben mir .... nicht geantwortet. (meine E-Mail)

g. Ich danke dir .... (deine Hilfe)

h. Wir haben oft .... diskutiert. (das Problem)

3. OS NOMES

3. OS NOMES

• Der **Mensch**, der **Wal**, die **Maus** und das **Kaninchen** sind **Säugetiere.** (1) • Die neue **Lampe** ist sehr schön. (2) • Hast du **Angst?** (3)	• O homem, a baleia, o rato e o coelho são mamíferos. • O candeeiro novo é muito bonito. • Tens medo?

Através dos nomes, podemos designar seres vivos (1) e coisas, sejam elas concretas (2) ou abstratas (3). Em alemão, escrevem-se sempre com maiúscula, tanto os nomes próprios como os comuns.

O GÉNERO

• der Löffel	(masculino)	• a colher	
• die Gabel	(feminino)	• o garfo	
• das Messer	(neutro)	• a faca	

Em português, os nomes podem ser masculinos ou femininos; em alemão, por sua vez, há três géneros: masculino, feminino e neutro. Além disso, se observar os exemplos anteriores, verá que o género de um nome em português não serve para deduzir o género em alemão. Ao aprender um nome, deve memorizar também o seu género.

No entanto, há algumas regularidades a ter em conta:

1) O género dos nomes que designam pessoas coincide habitualmente com o género biológico (**der Bruder** = *o irmão*, **die Schwester** = *a irmã*). As principais exceções são **das Kind** *(o menino)*, utilizado de forma genérica, e **das Mädchen** *(a menina)*. No caso das profissões, o feminino é construído normalmente acrescentando a terminação **–in** à forma do masculino: **der Lehrer** *(o professor)*, **die Lehrer*in*** *(a professora)*.

2) São masculinos os nomes dos pontos cardeais (**der Norden** = *o norte*), dos dias da semana (**der Montag** = *a segunda-feira*), das estações do ano (**der Sommer** = *o verão*), dos meses que, ao contrário do português, levam artigo (**der Januar** = *janeiro*), das partes do dia (**der Nachmittag** = *a tarde*, exceto **die Nacht** = *a noite*) e das marcas de automóveis (**der Mercedes** = *o Mercedes*).

3) São femininos os nomes dos números cardinais (**die Zwei** = *o dois*) e das marcas de motas (**die Yamaha** = *a Yamaha*), bem como os que terminam em **–heit** (**die Freiheit** = *a liberdade*), em **–keit** (**die Möglichkeit** = *a possibilidade*), em **–schaft** (**die Mannschaft** = *a equipa*), em **–ung** (**die Werbung** = *a publicidade*) e em **–ion** (**die Information** = *a informação*).

4) São neutros os nomes das letras (**das A** = *o a*) bem como os que terminam em sufixos diminutivos **–chen** e **–lein** (**das Gläschen** = *o copinho*, **das Büchlein** = *o livrinho*).

EXERCÍCIOS

1. Agrupe os seguintes nomes segundo o género. [A1]

a. Schwiegermutter	i. Meinung	q. Feuerwehrmann
b. Kindermädchen	j. Baby	r. Einzelkind
c. Süden	k. *Kind*	s. August
d. Morgen	l. Nacht	t. *Sohn*
e. Krankenschwester	m. Dummheit	u. Sechzehn
f. Koalition	n. Kätzchen	v. Möglichkeit
g. Montag	o. *Tochter*	w. Frühling
h. Winter	p. Abend	x. Wiederholung

der Sohn, ...

die Tochter, ...

das Kind, ...

2. Escreva o feminino dos seguintes nomes. [A1]

a. *der Student*	*die Studentin*	i. der Fußballspieler	die ....
b. der Vater	die	j. der Deutschlehrer	die ....
c. der Architekt	die	k. der Sohn	die *Tochter*
d. der König	die	l. der Freund	die ....
e. der Opa	die *Oma*	m. der Präsident	die ....
f. der Schwiegervater	die	n. der Hausmann	die ....
g. der Onkel	die	o. der Neffe	die ....
h. der Philosoph	die	p. der Kellner	die ....

O GÉNERO DOS NOMES COMPOSTOS

• **der** Autoschlüssel (das Auto + **der** Schlüssel)	• a chave do carro
• **die** Haustür (das Haus + **die** Tür)	• a porta da casa
• **das** Weinglas (der Wein + **das** Glas)	• o copo de vinho

Quando dois nomes formam um nome composto, este adquire o género do segundo, isto é, do que em português aparece em primeiro lugar.

EXERCÍCIOS

3. Forme os nomes compostos correspondentes e indique o seu género. [A1]

   a. das Haus + die Frau =   *die Hausfrau*

   b. das Schach + der Spieler = ...

   c. der Computer + die Tastatur = ...

   d. die Tür + das Schloss = ...

   e. der Zahn + die Ärztin = ...

   f. das Wohnzimmer + die Lampe = ...

   g. der Mittag + das Essen = ...

O NÚMERO

A FORMAÇÃO DO PLURAL

• der Arm	die Arme	• o braço	os braços
• der Fuß	die Füße	• o pé	os pés
• der Junge	die Jungen	• o rapaz	os rapazes
• der Herr	die Herren	• o senhor	os senhores
• der Mann	die Männer	• o homem	os homens
• der Opa	die Opas	• o avô	os avôs
• der Lehrer	die Lehrer	• o professor	os professores

Se observar os exemplos com atenção, verá que a formação do plural em alemão é mais complexa que em português. Na verdade, não podem ser dadas regras exatas neste aspeto. Portanto, além do género do nome, também deve decorar a forma do plural. Pode encontrar esta informação em qualquer dicionário.

No entanto, há algumas regularidades a ter em conta:

1) Acrescenta-se sempre **–n**:

Aos nomes masculinos e femininos terminados em **–e** (**der Junge** = *o rapaz*, **die Flasche** = *a garrafa*).

2) Acrescenta-se sempre **–en**:

Aos nomes femininos terminados em –ei (die **Datei** = *o ficheiro*), em –heit (die **Krankheit** = *a doença*), em –keit (die **Möglichkeit** = *a possibilidade*), em –schaft (die **Mannschaft** = *a equipa*), em –ung (die **Lösung** = *a solução*) e em –in (die **Lehrerin** = *a professora*). Neste último caso, dobra-se o –n final do singular (die **Lehrerinnen** = *as professoras*).

3) Acrescenta-se –s:

- À grande maioria dos nomes (dos três géneros) provenientes do francês e do inglês (der **Portier** = *o porteiro*, die **Saison** = *a época*, das **Team** = *a equipa*).

- Aos nomes terminados em vogal, exceto em –e (der **Opa** = *o avô*, die **Kamera** = *a câmara*, das **Auto** = *o carro*).

4) Não se acrescenta nenhuma terminação:

- Aos nomes masculinos e neutros terminados em –en (der **Wagen** = *o carro*, das **Kissen** = *a almofada*).

- Aos nomes neutros e à maioria dos masculinos terminados em –el e em –er (das **Schnitzel** = *o escalope*, das **Fenster** = *a janela*, der **Schlüssel** = *a chave*, der **Lehrer** = *o professor*). A alguns dos masculinos com estas terminações acrescenta-se um trema à vogal do singular (der **Bruder** – die **Brüder** = *o irmão* – *os irmãos*).

- Aos diminutivos terminados em –chen ou em –lein, que são sempre neutros (das **Mädchen** = *a rapariga*, das **Büchlein** = *o livrinho*).

EXERCÍCIOS

4. **Forme o plural dos seguintes nomes e coloque-os na coluna correspondente. [A1]**

a. *der Affe*
b. der Sportler
c. der Neffe
d. der Chat
e. *die Oma*

f. der Politiker
g. das Café
h. die E-Mail
i. *die Regierung*
j. die Dummheit

k. die Ratte
l. der Katalane
m. *das Mädchen*
n. die Freundschaft
o. das Büro

p. das Foto
q. der Kuchen
r. die Nichte

-n a. *die Affen*	-en i. *die Regierungen*	-s e. *die Omas*	[sem terminação] m. *die Mädchen*

SINGULAR OU PLURAL?

• Die **Milch ist** im Kühlschrank. • Meine **Eltern sind** zu Hause.	• O leite está no frigorífico. • Os meus pais estão em casa.

Nem todos os nomes podem ser utilizados no singular e no plural. Há alguns que só têm singular e outros que só têm plural.

São nomes utilizados apenas no singular:

- A maioria dos que designam substâncias ou matérias: **Zucker** *(açúcar)*, **Salz** *(sal)*, **Butter** *(manteiga)*, **Kaffee** *(café)*, **Wasser** *(água)*, **Fleisch** *(carne)*, **Schnee** *(neve)*, **Wolle** *(lã)*, **Leder** *(pele)*, **Gold** *(ouro)*, etc.

- A maioria dos que designam um coletivo: **Obst** *(fruta)*, **Gemüse** *(legumes)*, **Gepäck** *(bagagem)*, **Polizei** *(polícia)*, etc.

- A maioria dos que designam conceitos abstratos: **Humor** *(humor)*, **Liebe** *(amor)*, **Glück** *(sorte)*, **Ruhe** *(tranquilidade)*, etc.

- A maioria dos nomes masculinos e neutros que designam medidas, quantidades e unidades monetárias, embora os anteceda um quantificador plural, como **Grad** *(grau)*, **Gramm** *(grama)*, **Pfund** *(meio quilo)*, **Kilo** *(quilo)*, **Dutzend** *(dúzia)*, **Stück** *(pedaço, fatia)*, **Dollar** *(dólar)*, **Euro** *(euro)*, etc. Observe que nestes casos, em português recorre-se sistematicamente ao plural: **Wir brauchen ein Kilo/zwei Kilo Tomaten** *(Precisamos de um quilo/dois quilos de tomates)*. ⓓ

São nomes utilizados apenas no plural:

- **Eltern** *(pais)*, **Geschwister** *(irmãos – sem distinção de género)*, **Leute** *(gente)*, **Ferien** *(férias)*, etc.

EXERCÍCIOS

5. **Traduza as seguintes expressões e decida se a palavra sublinhada em português deve ser utilizada no singular ou no plural, em alemão. [A1]**

a. O menino tem 39 <u>graus</u> de febre. ....

b. Muita <u>gente</u> não compreende isso. ....

c. Isto vale 200 <u>euros.</u> ....

d. Precisamos de dois <u>quilos</u> de tomates. ....

e. Comi duas <u>fatias</u> de bolo. ....

f. Os meus <u>pais</u> estão em Itália. ....

g. Tenho dois <u>irmãos</u>. Chamam-se Mónica e Tomás. ....

A DECLINAÇÃO HABITUAL

• Das **Kind** spielt Ball. (nominativo sing.) • Kennst du das **Kind**? (acusativo sing.) • Gib dem **Kind** den Ball. (dativo sing.) • Das ist die Mutter des **Kindes**. (genitivo sing.) * • Die **Kinder** spielen Ball. (nominativo pl.) • Gib den **Kindern** den Ball. (dativo pl.) *	• O menino/A menina joga à bola. • Conheces o menino/a menina? • Dá a bola ao menino/à menina. • Esta é a mãe do menino/da menina. • Os meninos jogam à bola. • Dá a bola aos meninos.

Se considerar as formas que decorou ao aprender a palavra (sing. **Kind** – pl. **Kinder**), vai observar que o nome nem sempre se declina. Assim, nos exemplos anteriores, a palavra só se diferencia da sua forma base no singular e no plural nos casos assinalados com um asterisco.

A grande maioria dos nomes só se declinam:

- no genitivo singular: os masculinos e os neutros, **não** os femininos!

- no dativo plural: todos, exceto os que já terminam em **–en** ou os que terminam em **–s** (**Frauen** = mulheres, **Fotos** = fotos)

A DECLINAÇÃO HABITUAL – O GENITIVO SINGULAR

• die Jacke des Kind**es**	(1)	• o casaco do menino/da menina	
• die Jacke des Vater**s**	(2)	• o casaco do pai	

Embora haja exceções, podemos estabelecer a seguinte regra geral:

- Aos nomes masculinos e neutros monossilábicos acrescenta-se a terminação **–es** (1).

- Aos nomes masculinos e neutros não monossilábicos acrescenta-se a terminação **–s** (2).

EXERCÍCIOS

6. Acrescente, se for necessário, a terminação do genitivo singular. [A2]

a. Ich kenne den Koch dieses Restaurant.... .

b. Alle Fenster des Haus.... waren geschlossen.

c. Das Kabel der Maus.... ist kaputt.

d. Die Arbeit eines Detektiv.... ist nicht immer interessant.

e. Wer ist der Besitzer dieses Wagen....?

f. Der Fahrer des Bus.... ist zu schnell gefahren.

g. Weißt du den Namen dieser Frau....?

A DECLINAÇÃO HABITUAL – O DATIVO PLURAL

• Sie zeigt ihren Freunden die Stadt.	(1)	• Ela mostra a cidade aos seus amigos.
• Er schenkt seinen Kolleginnen Blumen.	(2)	• Ele dá flores às suas colegas.
• Das Kind spielt mit den Autos.	(3)	• O menino/A menina brinca com os carros.

- No dativo plural acrescenta-se, em todos os géneros, um **–n** à forma base do plural (**Freunde**) (1).

- Não se acrescenta nenhuma terminação quando a forma base do plural já termina em **–n** (**Kolleginnen**) (2) ou em **–s** (**Autos**) (3).

A DECLINAÇÃO EM –*(E)N*

• Kennen Sie den Jungen?	(1)	• Conhece o menino?
• Was kann ich meinem Neffen schenken?	(2)	• O que posso oferecer ao meu sobrinho?

Junge e **Neffe** são nomes que seguem a declinação em –(e)n. Estes nomes (quase sempre masculinos) adotam a terminação **–(n)** ou **–(en)** em todos os casos, tanto no singular como no plural, exceto no nominativo singular.

(1) Adotam **–(n)**:

- Nomes masculinos terminados em **–e** que designam pessoas ou animais: **Junge** *(rapaz)*, **Kollege** *(colega)*, **Kunde** *(cliente)*, **Neffe** *(sobrinho)*, **Affe** *(macaco)*, **Hase** *(lebre)*, **Löwe** *(leão)*, etc.

- Gentílicos masculinos terminados em **–e**: **Däne** *(dinamarquês)*, **Franzose** *(francês)*, **Pole** *(polaco)*, **Russe** *(russo)*, etc.

- A palavra **Nachbar** *(vizinho)*

(2) Adotam **–(en):**

- Estrangeirismos masculinos, que designam sobretudo seres vivos, terminados em **–ant**, **–ent**, **–ient** e **–ist**: **Elefant** *(elefante)*, **Student** *(estudante)*, **Patient** *(paciente)*, **Polizist** *(polícia)*, etc.

• Kennen Sie diesen Herrn?	(1)	• Conhece este senhor?	
• Kennen Sie diese Herren?	(2)	• Conhece estes senhores?	

A palavra **Herr** adota **–n** em todas as formas do singular (1), exceto no nominativo, e **–en** em todas as formas do plural (2).

EXERCÍCIOS

7. Acrescente, se considerar necessário, a terminação *–n* ou *–en*. [B1]

a. Franz arbeitet jetzt mit einem Affe..... im Zirkus.

b. Kennst du diesen jungen Mann..... ?

c. Die Arbeit dieses Student..... ist nicht schlecht.

d. Am Wochenende fahre ich mit meinem Neffe..... Paul ans Meer.

e. Der neue Nachbar..... hat uns zum Abendessen eingeladen.

f. Wie heißt dieser nette Junge..... ?

g. Die Bilder des Katalane..... Joan Miró sind in der ganzen Welt bekannt.

h. Als er den Polizist..... sah, lief er schnell weg.

i. Auf der Safari haben wir viele Löwen und Giraffen, aber nur einen Elefant..... gesehen.

4. OS DETERMINANTES E OS PRONOMES

4. OS DETERMINANTES E OS PRONOMES

O ARTIGO DEFINIDO

• Wo ist **der** Chef?	• Onde está o chefe?
• **Die** neue Lampe ist schön.	• O candeeiro novo é bonito.

Der e **die** são formas do artigo definido. Tal como os seus equivalentes em português, *o* e *a*, geralmente antecedem o nome ou o adjetivo que o acompanha.

O ARTIGO DEFINIDO: FORMAS

	singular masculino	feminino	neutro	plural m/f/n
nominativo	der Mann	die Frau	das Kind	die Männer
acusativo	den Mann	die Frau	das Kind	die Männer
dativo	dem Mann	der Frau	dem Kind	den Männern
genitivo	des Mannes	der Frau	des Kindes	der Männer

Como os restantes determinantes, o artigo definido declina-se. No tema "Os casos", vai encontrar informação detalhada sobre a sua utilização (pp. 92 e ss.)

O ARTIGO DEFINIDO: USO

• **Der** Schrank ist zu klein.	(1)	• O armário é demasiado pequeno.
• **Die** Lampe ist sehr schön.	(1)	• O candeeiro é muito bonito.
• **Das** Sofa ist zu groß.	(1)	• O sofá é demasiado grande.
• **Die** Stühle sind sehr bequem.	(1)	• As cadeiras são muito confortáveis.

• Möchten Sie **den** Schrank kaufen?	(2)	• Deseja comprar o armário?
• Möchten Sie **die** Lampe kaufen?	(2)	• Deseja comprar o candeeiro?
• Möchten Sie **das** Sofa kaufen?	(2)	• Deseja comprar o sofá?
• Möchten Sie **die** Stühle kaufen?	(2)	• Deseja comprar as cadeiras?

• Die Möbel gefallen **dem** Direktor nicht.	(3)	• Os móveis não agradam ao diretor.
• Die Möbel gefallen **der** Chefin nicht.	(3)	• Os móveis não agradam à chefe.
• Die Möbel gefallen **dem** Mädchen nicht.	(3)	• Os móveis não agradam à rapariga/ menina.
• Die Möbel gefallen **den** Kindern nicht.	(3)	• Os móveis não agradam às crianças.

• der Preis **des** Schrankes	(4)	• o preço do armário	
• der Preis **der** Lampe	(4)	• o preço do candeeiro	
• der Preis **des** Sofas	(4)	• o preço do sofá	
• der Preis **der** Stühle	(4)	• o preço das cadeiras	

O artigo definido equivale às formas portuguesas *o/a/os/as* nas suas diversas variantes. Quanto à terminação **–s** que adotam os nomes masculinos e neutros no genitivo singular e à terminação **–n** que adotam os nomes no dativo plural, consulte as páginas 107 e ss.

Quando, em conjunto com o nome, constitui o complemento direto (2) ou indireto (3), corresponde às formas do artigo português, precedido ou não da preposição *a*. E quando constitui um complemento do nome, como no genitivo (4), em português equivale à contração do artigo com a preposição *de*.

• Das ist für **den** Chef/**die** Chefin.	• Isto é para o/a chefe.
• Ich möchte mit **dem** Chef/**der** Chefin sprechen.	• Quero falar com o/a chefe.
• Der Sessel steht neben **dem** Schrank.	• A poltrona está ao lado do armário.

Tal como em português, o artigo pode aparecer precedido de uma preposição. A forma concreta do artigo depende, portanto, do caso regido pela preposição (→ pp. 226 e ss.).

• Morgen gehen wir **ins** Kino.	• Amanhã vamos ao cinema.

O artigo definido é o único determinante que se contrai com determinadas preposições. No exemplo anterior, a forma **ins** é, efetivamente, a contração de **in + das** (→ p. 228).

EXERCÍCIOS

1. **Complete as orações com o artigo definido no acusativo. [A1]**

   a. Ich lese gerade *die* Zeitung (f).

   b. Möchtest du .... Kleid (n) kaufen?

   c. Gibst du mir bitte .... Kuli (m)?

   d. Ziehen Sie bitte .... Schuhe (pl) aus!

   e. Rufst du bitte .... Kellner (m)?

   f. Kennst du .... Schauspielerin (f)?

   g. Wir kommen ohne .... Kinder (pl).

   h. Ich bezahle .... Essen (n), du kannst .... Getränke (pl) bezahlen.

OS DETERMINANTES E OS PRONOMES

2. **Complete as orações colocando os nomes entre parêntesis no dativo e no acusativo, respetivamente. [A1]**

a. Ich zeige .... (die Touristen (pl.) – der Weg)

b. Bring bitte *der Nachbarin das Paket.* (die Nachbarin – das Paket)

c. Ich erkläre .... (das Kind – die Hausaufgaben (pl.))

d. Zeigen Sie bitte .... (der Chef – das Büro)

e. Der Verkäufer verkauft .... (die Kundin – die Waschmaschine)

f. Der Kellner bringt .... (die Gäste (pl.) – die Karte)

g. Carla holt .... (der Opa – der Mantel)

3. **Complete as orações com o artigo definido no acusativo e no genitivo, respetivamente. [A2]**

a. Ich mag *den* Sohn (m) *des* Chefs (m).

b. Holen Sie bitte .... Koffer (pl) .... Gäste (pl.)!

c. Kennst du .... Vater (m) .... Kindes (n)?

d. Er hat .... Frage (f) .... Lehrerin (f) nicht verstanden.

e. Ich möchte .... Buch (n) .... Schauspielerin (f) lesen.

f. Rufen Sie bitte .... Mutter (f) .... Jungen (m) an.

g. Er korrigiert .... Aufsätze (pl) .... Studenten (pl.).

O ARTIGO INDEFINIDO

- Das ist **ein** Computer.
- Ich brauche **eine** Lampe.

- Isto é um computador.
- Preciso de um candeeiro.

Ein e **eine** são formas do artigo indefinido, que correspondem, em português, às formas *um/uma*.

O ARTIGO INDEFINIDO: FORMAS

	singular masculino	feminino	neutro	plural m/f/n
nominativo	ein	eine	ein	---
acusativo	einen	eine	ein	---
dativo	einem	einer	einem	---
genitivo	eines	einer	eines	---

Como os restantes determinantes, o artigo indefinido declina-se. No tema "Os casos", vai encontrar informação detalhada sobre a sua utilização (→ pp. 92 e ss.). Tenha em conta que não tem formas para o plural.

O ARTIGO INDEFINIDO: USO

• Hier wohnt **ein** berühmter Schauspieler. (nom.)	• Aqui vive um ator famoso.
• Ich kenne **einen** berühmten Schauspieler. (ac.)	• Conheço um ator famoso.
• Dieses Haus hat **einem** berühmten Schauspieler gehört. (dat.)	• Esta casa pertenceu a um ator famoso.
• die Arbeit **eines** Schauspielers (gen.)	• o trabalho de um ator

Tal como acontece com as formas *um* e *uma* do português, o artigo indefinido antecede um nome ou o adjetivo que o acompanha.

• Für **einen** Lehrer ist das einfach.	• Para um professor isto é fácil.
• Ich habe mit **einem** Rechtsanwalt über das Problem gesprochen.	• Falei com um advogado sobre o problema.

Tal como acontece em português, podem antecedê-lo preposições. A sua forma concreta depende, portanto, do caso regido pela preposição (→ p. 245).

• Du trägst sehr schöne Schuhe.	• Calças uns sapatos muito bonitos.
• Ich habe **einige** Bücher, die dir nützlich sein können.	• Tenho uns livros que te podem ser úteis.

Não existem formas para o plural. Assim, quando em português um nome é antecedido de *uns/umas*, em alemão não se utiliza determinante. Quando, em português, as formas *uns/umas* são utilizadas no sentido de *alguns/algumas*, em alemão utilizam-se as correspondentes formas de **einig-** (→ p. 138). ⓪

EXERCÍCIOS

4. Coloque o nome entre parêntesis com o artigo indefinido no acusativo. [A1]

a. Zieh *einen Mantel* (der Mantel) an!

b. Hast du .... (die Taschenlampe)?

c. Nimm doch .... (der Schirm) mit!

d. Ich möchte .... (das Buch) kaufen.

e. Wir haben gestern .... gemacht. (die Prüfung)

f. Sie arbeitet für .... (das Architekturbüro)

g. Paul hat .... gekauft. (der Computer)

5. Substitua, se for possível, o artigo definido entre parêntesis pelo artigo indefinido. [A1]

a. Ich habe *eine* (die) Zeitung gelesen.

b. Der Fußballclub hat schon wieder .... (den) Pokal gewonnen.

c. Timo ist .... (der) Freund von Britta.

d. Peter hat .... (der) Touristin den Weg erklärt.

e. Kommt ihr mit .... (den) Kindern (pl.)?

f. Möchtest du .... (die) Jacke kaufen?

g. Hast du .... (die) Zigaretten (pl.)?

h. Wir wohnen in .... (dem) großen Haus.

i. Das war .... (die) Idee von Anna.

j. Isst du .... (die) Kartoffeln (pl.)?

6. Coloque o nome entre parêntesis com o artigo indefinido no genitivo. [A2]

a. die Arbeit *eines Politikers* (der Politiker)

b. die Memoiren .... (die Schauspielerin)

c. das Leben .... (der Schriftsteller)

d. die Idee .... (das Konzept)

e. die Probleme .... (das Kind)

f. der Regisseur .... (der Film)

g. die Arbeit .... (die Hausfrau)

COM OU SEM ARTIGO?

• **Der Wal** ist **ein Säugetier.** (1) • **Herr Schmitt** ist **Ingenieur.** (2) • Er hat **einen halben Liter** Rotwein getrunken. (3)	• A baleia é um mamífero. • O senhor Schmitt é engenheiro. • (Ele) Bebeu meio litro de vinho tinto.

No exemplo (1), os nomes de ambas as línguas são antecedidos de artigo, o primeiro, de artigo definido e o segundo, de artigo indefinido. Este paralelismo entre o alemão e o português verifica-se na maior parte dos casos.

No exemplo (2), observa-se também o parelelismo entre ambas as línguas relativamente a **Ingenieur** e *engenheiro*, já que nenhuma das duas palavras é antecedida de qualquer artigo. No entanto, na mesma oração, vemos que **Herr Schmitt** também não tem artigo, enquanto em português *senhor Schmitt* é antecedido de artigo.

No exemplo (3), em alemão utiliza-se o artigo indefinido, enquanto em português se prescinde do mesmo.

Em seguida especificam-se os principais casos em que ambas as línguas se diferenciam quanto à presença ou ausência de artigo definido e indefinido. ⓒⓄ

ARTIGO DEFINIDO EM PORTUGUÊS - SEM ARTIGO EM ALEMÃO

• **Frau** Maier kommt aus Berlin.	• A senhora Maier é de Berlim.

Antes das formas de tratamento **Herr** *(senhor)* e **Frau** *(senhora)*.

• **Russisch** ist eine schwierige Sprache. • **Rot** ist meine Lieblingsfarbe.	• O russo é uma língua difícil. • O vermelho é a minha cor preferida.

Antes dos nomes das línguas e das cores.

• **Alkohol** ist schädlich für die Leber.	• O álcool é prejudicial para o fígado.

Em generalizações com nomes de substâncias no singular, quando estas constituem o sujeito.

• **Hunde** sind treue Tiere.	• Os cães são animais fiéis.

Em generalizações com qualquer nome no plural, quando este constitui o sujeito.

ARTIGO INDEFINIDO EM ALEMÃO - SEM ARTIGO EM PORTUGUÊS

• Ich bleibe nur **eine** halbe Stunde.	• Só vou ficar meia hora.
• Können Sie mir **ein** anderes Hemd zeigen?	• Pode mostrar-me outra camisa?
• Hast du **ein** Auto?	• Tens carro?

Antes de **halb-** *(meio(a))* e **ander-** *(outro(a))*; antes de determinados nomes no singular em função de complemento acusativo de **haben** *(ter)*, com os quais em português habitualmente se omite o artigo indefinido.

ARTIGO INDEFINIDO EM PORTUGUÊS - SEM ARTIGO EM ALEMÃO

• Du trägst sehr schöne Schuhe.	• Calças uns sapatos muito bonitos.

Quando em português se utiliza o plural do artigo indefinido, uma vez que este não dispõe de formas para o plural em alemão.

EXERCÍCIOS

7. Decida se se deve acrescentar (na forma correspondente) o artigo definido. [A2]

a. .... Frau Müller (f) kommt heute später.

b. .... Katalanisch (n) und .... Italienisch (n) sind romanische Sprachen.

c. .... Winter (m) ist in Deutschland sehr lang.

d. Ich höre abends oft .... Radio (n).

e. Magst du .... Katzen (pl.)?

f. .... Freund (m) von Anna ist Deutscher.

g. .... Fahrrad (n) ist ein praktisches Transportmittel.

h. .... Gold (n) ist im Moment sehr teuer.

i. Christina spielt .... Klavier (n) und Paul .... Klarinette (f).

j. Legst du .... Schlüssel (m) bitte auf den Tisch?

8. Decida se se deve acrescentar (na forma correspondente) o artigo indefinido. [A2]

a. **A** : Hast du .... Freund (m)? - **B** : Nein, leider nicht.

b. Ich habe .... sehr nette Kollegen (pl).

c. Bringen Sie mir bitte .... halbe Flasche (f) Rotwein.

d. Max spielt gern .... Fußball (m).

e. Er hat sich .... Motorrad (n) gekauft.

f. Ich möchte .... anderen Computer (m) haben.

g. Hast du .... Geschwister (pl.)?

O ARTIGO NEGATIVO KEIN-

- Das ist **nicht** mein Computer.
- Ich habe **keinen** Computer.

- Este não é o meu computador.
- Não tenho computador.

Para indicar uma negação, em determinadas situações deve-se utilizar o artigo negativo **kein-**, em vez de **nicht**.

O ARTIGO NEGATIVO KEIN-: FORMAS

	singular masculino	feminino	neutro	plural m/f/n
nominativo	kein	keine	kein	keine
acusativo	keinen	keine	kein	keine
dativo	keinem	keiner	keinem	keinen
genitivo	keines	keiner	keines	keiner

O uso do genitivo é muito raro e o dativo utiliza-se apenas em expressões mais ou menos fixas, como **Ich werde es keinem Menschen sagen.** (Não vou contar a ninguém.)

Para indicar uma negação, em determinadas situações deve-se utilizar o artigo negativo **kein-**, em vez de **nicht**.

O ARTIGO NEGATIVO KEIN-: USO

- Das ist **kein** Handy.
- Wir haben **keine** Kartoffeln.
- Wir haben **keinen** Roman von diesem Autor.

- Isto não é um telemóvel.
- Não temos batatas.
- Não temos nenhum romance deste autor.

Serve para indicar uma negação e corresponde, em português, a não e ao determinante indefinido nenhum/nenhuma/nenhuns/nenhumas. É utilizado em vez de **nicht** em casos concretos, conforme se explica em seguida. ⊕

119

KEIN- OU NICHT?

• Ich kann **nicht** tanzen. • Ich brauche deine Hilfe **nicht**.	• Não sei dançar. • Não preciso da tua ajuda.

Em princípio, em alemão, a negação faz-se através de **nicht**. (→ pp. 199 e s.).

• Das ist **ein Handy**. / Das ist **kein Handy**. (1) • Er trinkt **Wein**. / Er trinkt **keinen Wein**. (2)	• Isto é um telemóvel./Isto não é um telemóvel. • Ele bebe vinho./Ele não bebe vinho.

Só há duas exceções, nas quais se deve utilizar **kein-**: quando se trata de negar um nome antecedido de um artigo indefinido (**ein**) (1) ou um nome sem qualquer determinante (2). Para mais informação, consulte as páginas 266 e s.

Quanto à colocação de **nicht**, consulte as páginas 199 e s.

EXERCÍCIOS

9. **Transforme as seguintes orações em negativas, acrescentando-lhes as formas do determinante negativo kein-. [A1]**

    a. Marta hat .... Zeit (f).

    b. Ist das .... Bier (n)?

    c. Nein danke, ich möchte .... Suppe (f).

    d. Sie isst .... Gemüse (n).

    e. Haben Sie .... Kinder (pl)?

    f. Max trinkt .... Alkohol (m).

    g. Das sind .... Äpfel (pl).

    h. Er ist .... guter Fußballspieler (m).

    i. Sie mag .... Fisch (m).

10. **Acrescente nicht ou kein-. [A1]**

    a. Ich möchte heute .... fernsehen.

    b. Ich habe .... Geschwister.

    c. Max ist .... zu Hause.

    d. Sie kommt .... aus Deutschland, sondern aus der Schweiz.

e. Jonas ist Vegetarier, er isst .... Fleisch.

f. Willst du .... Wein?

g. Er hat .... Motorrad, sondern ein Fahrrad gekauft.

h. Liechtenstein ist .... groß.

OS PRONOMES INDEFINIDOS *EIN-*, *KEIN-* E *WELCH-*

- A: Ich brauche **ein** Wörterbuch. Hast du **eins**?
- B: Nein, ich habe auch **keins**.

- Preciso de um dicionário. Tens um?
- Não, também não tenho (nenhum).

Ein e **eins** *(um)* referem-se ao mesmo. No entanto, o primeiro funciona como artigo indefinido antes de um nome (**Wörterbuch**), enquanto o segundo é um pronome. Como tal, substitui a combinação **ein Wörterbuch**, referida anteriormente.

Também a substitui a forma pronominal **keins**, neste caso em forma negativa (equivalente à combinação de artigo negativo + nome **kein Wörterbuch**).

Se reparar na resposta de B, verá que em português nem sempre é necessária a presença de um pronome. Em alemão, é imprescindível a sua utilização. (CD)

	singular masculino	feminino	neutro	plural m/f/n
nominativo	(k)einer	(k)eine	(k)eins	keine / ---
acusativo	(k)einen	(k)eine	(k)eins	keine / ---
dativo	(k)einem	(k)einer	(k)einem	keinen / ---

As formas de **ein-** e **kein-** como pronomes distinguem-se apenas das que têm o artigo indefinido e o artigo negativo no masculino singular nominativo e no neutro singular nominativo e acusativo. As formas do genitivo raramente são utilizadas e as do dativo também não são muito habituais.

- A: Ich habe keinen **Zucker**. Hast du **welchen**? (1)
- B: Nein, ich habe auch **keinen**. (2)
- A: Ich habe keine Briefmarken. Hast du **welche**? (3)
- B: Nein, ich habe auch **keine**. (4)

- A: Não tenho açúcar. Tu tens?
- B: Não, (eu) também não tenho.
- A: Não tenho selos. Tu tens?
- B: Não, (eu) também não tenho.

(1-2) **Zucker** é um nome não contável, como também o são, por exemplo, **Brot** *(pão)* e **Bier** *(cerveja)*. Este tipo de nomes não podem ser substituídos pelo pronome indefinido **ein-**. Em vez dele, utiliza-se o indefinido **welch-** em formulações não negativas (1). Nas negações, estes nomes são substituídos, da mesma forma que os contáveis, por **kein**- (2). Lembre-se de que em português é habitual não utilizar nenhum pronome. ⊙

(3-4) O mesmo acontece com o plural de qualquer nome.

	singular masculino	feminino	neutro	plural m/f/n
nominativo	welcher	welche	welches	welche
acusativo	welchen	welche	welches	welche

O pronome indefinido **welch**- só tem formas para o nominativo e o acusativo singular e plural.

EXERCÍCIOS

11. Complete as respostas com *ein-*, *kein-* ou *welch-*. [A1-A2]

a. Hast du Zigaretten (pl)?　　　　Ja, in meiner Jackentasche sind ....

b. Ich suche ein Kochbuch.　　　　Ich habe ...., das kann ich dir leihen.

c. Hast du alle eingeladen?　　　　Ja, aber .... ist gekommen.

d. Kannst du mir ein bisschen Geld (n)

　　geben?　　　　Tut mir leid, aber ich habe auch ....!

e. Wem gehört der Hund?　　　　Herrn Meier, ... meiner Kollegen.

f. Brauchen wir Bier (n)?　　　　Nein, wir haben noch ....

g. Haben wir noch Butter (f)?　　　　Nein, wir haben .... mehr.

h. Wir haben keinen Kaffee (m) mehr.　　　　Kein Problem, ich kaufe ....

O PRONOME INDEFINIDO *MAN*

- In Österreich spricht **man** Deutsch.
- Darf **man** hier rauchen?

- Na Áustria fala-se alemão.
- Pode-se fumar aqui?

O pronome **man** utiliza-se sobretudo como o *-se* português, para fazer referência a um sujeito genérico. O verbo aparece sempre na terceira pessoa do singular.

- **Man** hat es mir gestern gesagt.
- Disseram-mo ontem.

Em determinadas situações, em português utiliza-se outra estrutura, na qual o sujeito plural elíptico (*eles*) também garante a indefinição. ⓪

EXERCÍCIOS

12. Traduza as seguintes orações, utilizando o pronome *man* como sujeito. [A1-B1]

a. Não se ouve nada. .... nichts.

b. Como se vai para a estação? .... zum Bahnhof?

c. Na Áustria come-se muito bem. In Österreich ....

d. Informaram-te mal. .... dich .... informiert.

e. Não se lhe pode dizer nada. .... ihm nichts sagen.

f. Aqui fala-se alemão. Hier ....

OS PRONOMES INDEFINIDOS *JEMAND-*, *NIEMAND-* E *IRGENDJEMAND-*

- A: Spricht hier **jemand** Chinesisch?
- B: Nein, **niemand**.

- A: Alguém aqui fala chinês?
- B: Não, ninguém.

Geralmente, **jemand** e **niemand** são utilizados com o significado de *alguém* e *ninguém*.

- Hat **irgendjemand** etwas gesehen?

- Alguém viu alguma coisa?

Jemand pode aparecer com o prefixo **irgend-**. A forma daí resultante (**irgendjemand**) é utilizada para salientar ainda mais a indefinição.

- Kennst du hier jemand(**en**)? (1)
- Hast du es (irgend)jemand(**em**) gesagt? (2)

- Conheces alguém aqui?
- Disseste-o a alguém?

No acusativo (1) e no dativo (2) podem aparecer declinados ou sem qualquer terminação.

EXERCÍCIOS

13. Acrescente as formas de *jemand-* ou *niemand-*. [B1]

a. Sie hat alle gefragt, aber .... wusste die korrekte Antwort.

b. Kennst du vielleicht ...., der mir helfen kann?

c. Kann mir bitte .... sagen, wie spät es ist?

d. Leider kenne ich ...., der gut Deutsch spricht.

e. Ich habe dreimal angerufen, aber .... war zu Hause.

OS PRONOMES PESSOAIS

- A: **Ich** wohne in Coimbra. Wo wohnt **ihr**?
- B: Auch in Coimbra. Aber **wir** sind aus Leiria.

- Eu vivo em Coimbra. Onde é que vocês vivem?
- Também em Coimbra. Mas somos de Leiria.

Ich, ihr e **wir** são pronomes pessoais, como os pronomes portugueses *eu, vocês* e *nós*.

Na resposta de B, em português é habitual omitir o pronome pessoal (neste caso, *nós*) que funciona como sujeito. O mesmo não é possível em alemão. ①

	persona	nominativo		acusativo		dativo	
singular	1ª	ich	*(eu)*	mich	*(me)*	mir	*(me)*
	2ª	du	*(tu)*	dich	*(te)*	dir	*(te)*
	3ª (m)	er	*(ele)*	ihn	*(o)*	ihm	*(lhe, se)*
	3ª (f)	sie	*(ela)*	sie	*(a)*	ihr	*(lhe, se)*
	3ª (n)	es	*(...)*	es	*(...)*	ihm	*(...)*
plural	1ª	wir	*(nos)*	uns	*(nos)*	uns	*(nos)*
	2ª	ihr	*(vós/vocês)*	euch	*(vos)*	euch	*(vos)*
	3ª	sie	*(eles(as)*	sie	*(os, as)*	ihnen	*(lhes)*
tratam. formal		Sie	*(você(s))*	Sie	*(o(s), a(s))*	Ihnen	*(lhe(s))*

Na Alemanha, tal como em Portugal, o tratamento por *tu* não é muito habitual, salvo no caso das crianças, adolescentes, amigos e familiares. ①

- Er hat **mich** eingeladen.   (1)
- Er hat **mir** (einen Brief) geschrieben. (2)

- Convidou-me.
- Escreveu-me (uma carta).

A língua alemã faz certas distinções que não se verificam em português. Assim, por exemplo, enquanto em português aparece a forma -*me* tanto para o complemento direto como para o indireto, em alemão aparecem, respetivamente, **mich** (1) e **mir** (2). ①

• **Mich** hat er nicht eingeladen.	• A mim não me convidou.

Repare que em português muitas vezes se verifica uma dupla representação de um mesmo complemento (neste caso sob as formas *a mim* e -*me*) O mesmo não é possível em alemão. ①

Quanto à ordem na qual aparecem estes complementos, consulte as páginas 277 e s.

EXERCÍCIOS

14. Complete a tabela com os pronomes pessoais. [A1]

	nominativo	acusativo	dativo
singular			
1ª	*ich*		
2ª			
3ª (m)	*er*		
3ª (f)		*sie*	
3ª (n)			*ihm*
plural			
1ª		*uns*	
2ª	*ihr*		*euch*
3ª			
tratamento formal		*Sie*	

15. Substitua os elementos sublinhados por um pronome pessoal no acusativo. [A1]

a. Trinkst du <u>den Wein</u>? ....

b. Ich esse <u>die Suppe</u>. ....

c. Wir besuchen <u>unsere Freunde</u>. ....

d. Der Brief ist für <u>Maria</u>. ....

e. Siehst du <u>Monika</u>? ....

f. Ich hole <u>das Kind</u> ab. ....

g. Carla liebt <u>ihren Freund</u>. ....

h. Setz dich neben <u>Paul</u>. ....

i. Wir laden <u>Anna und Peter</u> ein. ....

j. Elsa geht ohne <u>Michael</u> ins Kino. ....

16. Substitua os elementos sublinhados por um pronome pessoal no dativo. [A1]

a. Kannst du <u>der Frau</u> bitte helfen? ....

b. Der Mann neben <u>Alex</u> ist mein Cousin. ....

c. Das Essen hat <u>den Gästen</u> nicht geschmeckt. ....

d. Heute mache ich mit <u>Maria</u> einen Ausflug. ....

e. Ich habe <u>deutschen Touristen</u> den Weg erklärt. ....

f. Hast du <u>Klaus</u> schon gratuliert? ....

g. Meine Oma hat <u>meiner Schwester und mir</u> eine Reise geschenkt. ....

h. Hannes wohnt immer noch bei <u>seinen Eltern</u>. ....

17. Substitua os elementos sublinhados por um pronome pessoal no nominativo, acusativo ou dativo. [A1]

a. <u>Paul</u> liebt <u>Anna</u>. ....

b. <u>Paul</u> gibt <u>Anna</u> einen Kuss ....

c. Bring <u>das Buch</u> bitte in die Bibliothek. ....

d. <u>Monika</u> hat <u>den Hund</u> auf der Straße gefunden. ....

e. Kommst du mit <u>deinem Freund?</u> ....

f. <u>Das Mädchen</u> heißt Elsa. ....

g. Hast du <u>die Kinder</u> gesehen? ....

h. <u>Ihre Freunde</u> wohnen nicht in Rio de Janeiro. ....

i. Suchst du <u>deine Brille?</u> ....

j. <u>Berta</u> hat <u>Klaus</u> ein Buch geschenkt. ....

k. <u>Äpfel</u> sind gesund. ....

l. Ich habe <u>meinen Geschwistern</u> nichts geschenkt. ....

m. <u>Der Tisch</u> ist von IDEA. ....

18. Complete com os pronomes pessoais que faltam. [A2]

a. Ich suche meine Handschuhe (pl). Hast du .... gesehen?

b. Der Mann auf dem Foto ist mein Cousin (m). Kennst ....?

c. Ich habe zwei Kilo Tomaten (pl) gekauft. .... waren sehr billig.

d. Anna und Klaus fahren heute in Urlaub. .... bringe .... zum Flughafen.

e. Mein Fahrrad (n) ist kaputt. Ich muss .... reparieren.

f. Albert kann heute nicht kommen. .... ist krank.

g. Kommt ihr auch zur Party? Ich kann .... mit dem Auto abholen.

h. Hallo Anna, hallo Martin, ich habe .... gestern im Konzert gesehen!

i. Carla und Boris haben geheiratet. Ich habe .... ein Kochbuch geschenkt.

19. Traduza as seguintes orações. [A1]

a. De onde são os senhores? .... ?

b. De onde é você? .... ?

c. Nós vamos ao cinema. .... ins Kino.

d. Nós vamos ao teatro. .... ins Theater.

e. Dei-lhe um livro (a ele). Ich habe .... geschenkt.

f. Dei-lhe uma rosa (a ela). Ich habe .... geschenkt.

g. Vocês são de Coimbra? .... aus Coimbra?

h. E de onde são vocês (f)? Und woher .... ?

20. Traduza as seguintes orações. Lembre-se de que a maioria tem várias equivalências em português. [A1]

a. Wo ist sie? .... ?

b. Wo sind sie? .... ?

c. Wo sind Sie? .... ?

d. Ich kenne Sie. .... ?

e. Ich kenne sie. .... ?

f. Sie sind sehr elegant. .... ?

OS PRONOMES REFLEXIVOS

• Sie hat **sich** entschuldigt.	(1)	• (Ela) Pediu desculpa.
• Er rasiert **sich** jeden Tag.	(2)	• (Ele) Barbeia-se todos os dias.
• Monika und Klaus lieben **sich**.	(3)	• A Mónica e o Klaus amam-se.
• Haben Sie **sich** geschnitten?	(4)	• Cortou-se/Cortaram-se (você(s))?

Sich é um pronome reflexivo que, como a forma portuguesa *–se,* faz sempre referência a uma terceira pessoa do singular (1) (2) ou do plural (3) ou ao tratamento formal (forma de cortesia) (4). Verifica-se em orações com verbos pronominais (1), reflexivos (2) (4) e recíprocos (3) (→ p. 61 e ss.).

• Du musst **dich** entscheiden.	(1)	• Tens de te decidir.
• Kannst du **dir** das vorstellen?	(2)	• Passa-te isso pela cabeça?

Realmente, **sich** é a única forma específica de pronome reflexivo. Quando esse pronome faz referência a outras pessoas que não as descritas na primeira tabela, as formas reflexivas são as mesmas que as do pronome pessoal, tanto no acusativo (1), como no dativo (2). Consulte-as na página 124.
Consulte também as páginas 62-65, onde também vai encontrar exercícios.

OS POSSESSIVOS

• A: Ist das **deine Tasche**?	• A: É esta a tua bolsa?
• B: Nein, das ist nicht **meine**.	• B: Não, não é a minha.

Os determinantes e pronomes possessivos servem para indicar uma relação de pertença.

No exemplo, **deine** (*a tua*) e **meine** (*(a) minha*) fazem referência ao mesmo. No entanto, o primeiro funciona como determinante seguido de um nome (**Tasche**), enquanto o segundo é um pronome. Como tal, substitui o sintagma **meine Tasche** (*a minha bolsa*).

OS POSSESSIVOS: COMO DETERMINANTES

	pessoa	pronome pessoal		determinante possessivo	
singular	1ª	ich	*(eu)*	mein	*(meu/minha)*
	2ª	du	*(tu)*	dein	*(teu/tua)*
	3ª (m)	er	*(ele)*	sein	*(seu/sua – dele)*
	3ª (f)	sie	*(ela)*	ihr	*(seu/sua – dele)*
	3ª (n)	es	*(...)*	sein	*(seu/sua – dele/dela)*
plural	1ª	wir	*(nós)*	unser	*(nosso(a))*
	2ª	ihr	*(vós/vocês)*	euer	*(vosso(a))*
	3ª	sie	*(eles(as))*	ihr	*(seu/sua – deles(as))*
tratamento formal		Sie	*(você(s))*	Ihr	*(seu/sua – do(s) senhor(es))*

A escolha de um determinante possessivo concreto depende do possuidor, pelo que é necessário ter em conta a que pronome pessoal se refere (**Er hat einen Sohn. Sein Sohn heißt Paul.** = *(Ele) Tem um filho. O seu (dele) filho chama-se Paulo./***Sie hat einen Sohn. Ihr Sohn heißt Paul.** = *(Ela) Tem um filho. O seu (dela) filho chama-se Paulo.*).

Lembre-se de que a forma portuguesa *seu* tem três equivalências distintas em alemão: **sein** para o masculino e neutro singular, **ihr** para o feminino singular e para o plural dos três géneros e **Ihr** para o tratamento formal (singular ou plural). ①

	singular masculino	feminino	neutro	plural m/f/n
nominativo	mein	meine	mein	meine
acusativo	meinen	meine	mein	meine
dativo	meinem	meiner	meinem	meinen
genitivo	meines	meiner	meines	meiner

Depois de selecionar o determinante possessivo apropriado, é necessário decliná-lo. A terminação que se deve acrescentar depende do género, do número e do caso do elemento possuído, que o determinante possessivo antecede.

• Das ist meine Schwester. (1)	• Esta é a minha irmã.
• Ich kenne deine Schwester nicht. (2)	• Não conheço a tua irmã.
• Maria kommt mit ihrer Schwester. (3)	• A Maria vem com a sua irmã.
• Ist Herr Schmitt der Mann Ihrer Schwester? (4)	• O Sr. Schmitt é o marido da sua irmã?

(1) Possuidor: **ich** *(eu)*; elemento "possuído" (**Schwester**): feminino singular no nominativo

(2) Possuidor: **du** *(tu)*; elemento "possuído": feminino singular no acusativo

(3) Possuidor: **sie** *(ela)*: elemento "possuído": feminino singular no dativo

(4) Possuidor: **Sie** *(você)*: elemento "possuído": feminino singular no genitivo

• Uns(e)re Wohnung ist sehr schön. (1)	• O nosso apartamento é muito bonito.
• Seid ihr mit **eurer** neuen Wohnung zufrieden? (2)	• Estão satisfeitos com o vosso novo apartamento?

(1) **Unser-** pode perder o **e** da sua forma base quando lhe é acrescentada uma terminação.

(2) **Euer-** perde sempre o **e** da sua forma base quando lhe é acrescentada uma terminação.

EXERCÍCIOS

21. Relações familiares. Complete com as formas do nominativo dos determinantes possessivos. [A1]

Meine Mutter

a. *Ihre* Schwester ist *meine* Tante.

b. .... Vater ist .... Opa.

c. .... Nichte ist .... Cousine.

d. .... Neffe ist .... Cousin.

e. .... Eltern sind .... Großeltern.

Mein Bruder

f. .... Sohn ist .... Neffe.

g. *Seine* Schwester ist auch .... Schwester.

h. .... Kinder sind .... Neffen und Nichten.

i. .... Frau ist *meine* Schwägerin.

Meine Großeltern

j. .... Sohn ist *mein* Vater.

k. *Ihre* Enkel sind .... Geschwister.

l. .... Kinder sind .... Eltern.

m. .... Urenkel sind .... Kinder.

22. Todos vão à festa. Complete com os determinantes possessivos. [A1]

a. o meu cunhado — mein — Schwager

b. os vossos pais — .... — Eltern

c. o seu pai (dele) — .... — Vater

d. os teus irmãos — deine — Geschwister

e. a sua sobrinha (dela) — .... — Nichte

f. o nosso chefe — .... — Chef

g. a vossa tia — .... — Tante

h. o seu namorado (dela) — .... — Freund

i. o vosso vizinho — .... — Nachbar

j. o teu irmão — .... — Bruder

k. as suas irmãs (deles) .... Schwestern

l. os nossos avós   unsere   Großeltern

m. a sua namorada (dele) .... Freundin

n. os teus primos .... Cousins

o. o seu tio (delas) .... Onkel

23. A quem pertence o quê? Complete com o determinante possessivo. [A1]

a. Koffer (m) – Anna (f)   Das ist *ihr* Koffer.

b. Gitarre (f) – Michael (m)   Das ist .... Gitarre.

c. Rolls-Royce (m) – der Bankdirektor (m)   Das ist .... Rolls-Royce.

d. Jacke (f) – Olga (f)   Das ist .... Jacke.

e. Haus (n) – meine Eltern (pl)   Das ist .... Haus.

f. Schirm (m) – Frau Poppins (f)   Das ist .... Schirm.

g. Motorrad (n) – Herr Schumacher (m)   Das ist .... Motorrad.

h. Haus (n) – Nikolaus (m)   Das ist .... Haus.

i. Hund (m) – die Kinder (pl)   Das ist .... Hund.

24. Equivalências das formas "seu/sua/seus/suas":
complete com o determinante possessivo no acusativo referido ao sujeito da oração. [A1]

a. Ohne .... Brille (f) kann sie fast nichts sehen.

b. Herr Müller, Sie können .... Paket (n) morgen abholen.

c. Olga hat .... Schlüssel (pl) verloren.

d. Meine Großeltern wollen .... Haus (n) vermieten.

e. Frau Proper möchte .... Waschmaschine (f) verkaufen.

f. Er hat .... Freunde (pl) zum Essen eingeladen.

g. Klaus hat .... Wagen (m) in die Werkstatt gebracht.

25. Equivalências das formas "seu/sua/seus/suas":
complete com o determinante possessivo no dativo referido ao sujeito da oração [A1]

a. Die Kollegen haben .... Chef (m) zum Jubiläum ein Geschenk gemacht.

b. Kommt Paul mit .... Wagen (m)?

c. Herr Schuhmacher, bringen Sie .... Frau (f) den Autoschlüssel.

d. Der Direktor sitzt schon den ganzen Tag in .... Büro (n).

e. Viele Studenten fahren am Wochenende zu .... Eltern (pl).

26. Presentes de Natal (I). Complete com o determinante possessivo *mein-* no acusativo. [A1]

a. Das Handy ist für .... Vater.

b. Das Parfüm ist für .... Frau.

c. Das Fotoalbum ist für .... Eltern.

d. Der Hut ist für .... Schwiegermutter.

e. Die Kekse sind für .... Kinder.

f. Die CD ist für .... Schwager.

27. Presentes de Natal (II). Complete com o determinante possessivo *mein-* no dativo. [A1]

a. Ich schenke .... Eltern ein Fotoalbum.

b. .... Frau schenke ich Parfüm.

c. Ich schenke .... Vater ein Handy.

d. .... Schwager schenke ich eine CD.

e. Ich schenke .... Kindern Kekse.

f. .... Schwiegermutter schenke ich einen Hut.

28. E agora de memória: lembra-se? A quem deu o quê? [A1]

a. Das Handy habe ich *meinem Vater* geschenkt.

b. Das Fotoalbum habe ich .... geschenkt.

c. Die Kekse habe ich .... geschenkt.

d. Die CD habe ich .... geschenkt.

e. Den Hut habe ich .... geschenkt.

f. Das Parfüm habe ich .... geschenkt.

OS POSSESSIVOS: COMO PRONOMES

	nom. masculino sing.	nom. neutro/ac. neutro sing.
ich	meiner	mein(e)s
du	deiner	dein(e)s
er	seiner	sein(e)s
sie	ihrer	ihres
es	seiner	sein(e)s
wir	uns(e)rer	unser(e)s
ihr	eurer	eures
sie/Sie	ihrer/Ihrer	ihres/Ihres

Como pronomes, os possessivos têm as mesmas terminações que como determinantes, exceto no singular do nominativo masculino e do nominativo e acusativo neutros (**Das ist mein Computer – Das ist meiner.** = *Este é o meu computador. – Este é (o) meu.*/**Ist das dein Auto? – Ist das deins?** = *Este é o teu carro? – Este é (o) teu?*).

- A: Ich habe mein Handy vergessen.
- B: Du kannst **meins** benutzen. (1)
- Die Bücher auf dem Tisch, sind das **eure**? (2)

- A: Esqueci-me do meu telemóvel.
- B: Podes usar o meu.
- Os livros que estão em cima da mesa são (os) vossos?

O pronome alemão equivale, em determinadas ocasiões, às formas portuguesas antecedidas de um artigo definido (**meins** = *o meu*, **uns(e)re** = *os nossos*). ⟪⟫

O que se disse relativamente à perda do **e** da forma base em **unser-** e **euer-** como determinantes também é válido quando funcionam como pronomes (2) (→ p. 129).

EXERCÍCIOS

29. Complete as respostas com as formas dos pronomes possessivos. [B1]

a. **A** : Gehört dieser Regenschirm (m) Ihnen? - **B** : Ja, ich glaube, das ist ....

b. **A** : Das ist mein Wörterbuch (n), oder? - **B** : Ja, das ist ....

c. **A** : Ist das euer Wagen (m)? - **B** : Nein, das ist nicht ....

d. **A** : Sind das die Kinder (pl) von euren Nachbarn? - **B** : Ja, das sind ....

e. **A** : Ist das Michaels Fahrrad (n)? - **B** : Nein, dieses hier ist ....

f. **A** : Das ist Marias Handy (n), nicht? - **B** : Ja, das ist ....

g. **A** : Ist das deine Jacke (f)? - **B** : Nein, das ist nicht ....

OS DEMONSTRATIVOS *DER, DIE, DAS*

• Ich möchte **den Computer**, nicht den anderen. • Ich brauche einen Mantel. Können Sie mir **den** da vorne zeigen?	• Quero esse computador, não o outro. • Preciso de um casaco. Pode mostrar-me esse de aí à frente?

Em ambos os casos, **den** refere-se à mesma coisa. Mas no primeiro funciona como determinante, antecedendo um nome (**Computer**), enquanto no segundo funciona como pronome.

São sempre tónicos e correspondem, em português, às formas *este/esta/estes/estas*, *esse/essa/esses/essas*, *aquele/aquela/aqueles/aquelas*.
Como determinantes, têm as mesmas formas que o artigo definido, com a diferença de serem tónicos. As formas do genitivo não se usam.

• Unsere Maschinen sind zu alt. Mit **denen** hier kann man besser arbeiten.	• As nossas máquinas são demasiado velhas. Com estas aqui pode-se trabalhar melhor.

Como pronomes, apresentam também as mesmas formas que o artigo definido, salvo no dativo plural (**denen**).

OS DEMONSTRATIVOS *DER, DIE, DAS* COMO ALTERNATIVA AOS PRONOMES PESSOAIS

• A: Hast du das Notebook gekauft? • B: Nein, **es/das** ist zu teuer. • B: Nein, ich finde **es** zu teuer. Nein, **das** finde ich zu teuer.	• A: Compraste o portátil? • B: Não, é demasiado caro. • B: Não, acho-o demasiado caro.

Podem ser utilizados em vez dos pronomes pessoais correspondentes. Nesse caso, são átonos. Enquanto os pronomes pessoais, quando não constituem o sujeito, costumam colocar-se depois do verbo conjugado nas orações declarativas, estes pronomes costumam ser colocados no início da oração.

EXERCÍCIOS

30. Acrescente as formas de *der, die, das* como pronome demonstrativo. [B1]

a. Diese Kirschen (pl) sind zu teuer. .... kaufen wir nicht.

b. Herr Unterberg? .... kenne ich nicht.

c. Kennst du Frau Ehrlich aus der Verkaufsabteilung? .... ist eine wirklich tolle Kollegin.

d. Ja, ich kenne Hans und Franz. Mit .... habe ich schön öfter ein Bier getrunken.

e. Der Mann auf dem Foto ist Direktor Großkopf. .... gehört die Firma.

f. Kennst du das Märchen (n) vom Froschkönig? ...... hat mir meine Oma immer vorgelesen.

g. Dieser blaue Pullover (m) gefällt mir nicht. Ich nehme lieber den grünen aus dem Schaufenster, ... ist schöner.

OS DEMONSTRATIVOS *DIESER, DIESE, DIESES*

- A: **Dieses Buch** ist toll.
- B: Ja, aber ich finde **dieses** besser.

- A: Este livro é fantástico.
- B: Sim, mas eu acho melhor este.

Em ambos os casos, **dieses** refere-se a um obeto do mesmo tipo. Mas no primeiro funciona como determinante, antecedendo um nome (**Buch**), enquanto no segundo funciona como pronome.

Podem ser átonos ou tónicos e equivalem, em português, às formas *este/esta/estes/estas*, *esse/essa/esses/essas*, *aquele/aquela/aqueles/aquelas*. Ao contrário de **der, die, das**, analisados na secção anterior, não podem ser usados como alternativa aos pronomes pessoais.

	singular masculino	feminino	neutro	plural m/f/n
nominativo	dieser	diese	dieses	diese
acusativo	diesen	diese	dieses	diese
dativo	diesem	dieser	diesem	diesen
genitivo	dieses	dieser	dieses	dieser

Têm as mesmas formas como determinantes e como pronomes.

EXERCÍCIOS

31. Acrescente as terminações de *dies-*. [B1]

a. Dies........ Bluse (f) möchte ich kaufen.

b. In dies........ Haus (n) ist Goethe geboren.

c. Gehört dies........ Regenschirm (m) dir?

d. Verstehst du dies........ Text (m)?

e. Mit dies........ Jacke (f) kannst du nicht zur Arbeit gehen.

f. Was willst du mit dies........ alten Kassetten (pl) machen?

g. Woher kommt dies........ Bier (n)?

h. Dies........ Wörterbuch (n) kann ich dir empfehlen.

OS DEMONSTRATIVOS *DERSELBE, DIESELBE, DASSELBE*

• A: Ich habe **dieselben Lehrer wie** voriges Jahr. Und du? • B: Ich habe auch **dieselben**.
• A: Tenho os mesmos professores que no ano passado. E tu? • B: Eu também tenho os mesmos.

Em ambos os casos, **dieselben** refere-se ao mesmo, no primeiro como determinante que antecede um nome (**Lehrer**), no segundo como pronome. Estes elementos correspondem, em português, às formas *o mesmo, a mesma, os mesmos, as mesmas*.

Se se quiser especificar a identidade com outro elemento, utiliza-se em seguida a partícula comparativa **wie**, que nestes casos equivale, em português, a *que*.

	singular masculino	feminino	neutro	plural m/f/n
nominativo	derselbe	dieselbe	dasselbe	dieselben
acusativo	denselben	dieselbe	dasselbe	dieselben
dativo	demselben	derselben	demselben	denselben
genitivo	desselben	derselben	desselben	derselben

Quanto às formas, não há qualquer diferença entre determinantes e pronomes. A primeira parte (**der, die, das**) apresenta as mesmas formas que o artigo definido. A segunda (**selb-**) declina-se como se fosse um adjetivo. (→ p. 157).

EXERCÍCIOS

32. Complete com as formas de *der-/die-/dasselb-*. [B1]

a. Habt ihr wieder .... Lehrer (m) wie im letzten Jahr?

b. Wir leben in .... Stadt (f).

c. Sie trifft sich immer mit .... Freunden (pl).

d. Erik sagt immer ....

e. Sprechen wir von .... Leuten (pl)?

f. Herr Augstein trägt immer noch .... Brille (f) wie vor zehn Jahren.

g. Ist das nicht .... Schauspieler (m)?

h. Er hat wieder .... alten Geschichten (pl) wie immer erzählt.

OS INDEFINIDOS *JEDER, JEDE, JEDES*

• **Jeder neue Kunde** bekommt ein Geschenk.	• Cada novo cliente recebe uma oferta.
• Der neue Chef gab **jedem** die Hand.	• O novo chefe apertou a mão a cada um.

Jeder e **jedem** referem-se ao mesmo. O primeiro como determinante, o segundo como pronome. Estes elementos são usados habitualmente para referir pessoas ou coisas de um grupo consideradas de uma em uma.

Como determinantes, correspondem, em português, à forma *cada*. Como pronomes, às formas *cada um, cada uma*. ⓒⒹ

• **Jeder Teilnehmer** sollte das wissen.	• Todos os participantes deveriam saber isto.
Das weiß doch **jeder**.	• Isto qualquer pessoa sabe.

Utilizados com caráter coletivo, correspondem, em português a *todo(s)/toda(s)* ou *qualquer* quando funcionam como determinante, e a *qualquer um/pessoa* ou *toda a gente* quando funcionam como pronomes.

	singular masculino	feminino	neutro
nominativo	jeder	jede	jedes
acusativo	jeden	jede	jedes
dativo	jedem	jeder	jedem
genitivo	jedes	jeder	jedes

Existem apenas formas para o singular. Como pronome, carece de formas para o genitivo.

EXERCÍCIOS

33. Traduza as seguintes orações, utilizando o determinante/pronome *jed-* como correspondência dos elementos sublinhados. [B1]

a. Isto <u>qualquer</u> um pode dizer.   Das kann ....

b. <u>Todos os dias</u>, o Paul vai de bicicleta para a universidade.   Paul fährt ....

c. <u>Cada</u> portátil custa 500 euros. .... Laptop kostet 500 Euro.

d. Quero falar com os pais de <u>cada</u> um dos alunos. ....

e. Deram uma flor a <u>cada uma</u>. Sie haben .... geschenkt.

f. <u>Cada um</u> de vocês custa 20 euros. .... von euch ....

OS INDEFINIDOS *ALLE, EINIGE, MANCHE*

* A: Fast **alle Schüler** sind aus Italien.
* B: Ja, und **einige/manche** sind aus Portugal.

* A: Quase todos os alunos são de Itália.
* B: Sim, e alguns são de Portugal.

Trata-se de determinantes ou pronomes utilizados para indicar a totalidade (**alle** = *todos/todas*) ou uma quantidade limitada (**einige/manche** = *alguns/algumas*).

	plural		
nominativo	alle	einige	manche
acusativo	alle	einige	manche
dativo	allen	einigen	manchen
genitivo	aller	einiger	mancher

Geralmente, utilizam-se no plural.

* Ist **alles** im Koffer?
* Wir müssen gehen. Habt ihr **alles?**

* Está tudo na mala?
* Temos de ir. Têm tudo?

A forma singular **alles** equivale, em português, a *tudo*.

* Ich habe **einige** Bücher zu diesem Thema. (1)
* Ich habe **drei** Bücher zu diesem Thema. (2)

* Tenho uns quantos livros sobre este tema.
* Tenho três livros sobre este tema.

A diferença entre **einige** e **manche** não é fácil de explicar. No entanto, pode ter em conta o seguinte: **einige** indica simplesmente uma quantidade indefinida (1) em contextos nos quais também se poderia fazer referência a uma quantidade específica (2).

* Ich habe mit vielen Kollegen gesprochen. **Einige/Manche** von ihnen haben sich beschwert.

* Falei com muitos colegas. Alguns deles queixaram-se.

Einige e **manche** podem ser usados indistintamente quando fazem referência a uma quantidade indefinida relativamente a uma totalidade anteriormente referida.

• **Manche** Leute kennen keine Skrupel.	• Algumas pessoas não têm escrúpulos./ Há gente que não tem escrúpulos.

Para indicar generalizações utiliza-se de preferência **manche**. Nestes casos, em português pode-se optar pela construção *há... que.* ⊕

EXERCÍCIOS

34. Complete os seguintes enunciados utilizando o determinante/pronome *all-*. [B1]

a. Está tudo preparado. .... ist fertig.

b. A Anna é a mais inteligente de todos. Anna ist am intelligentesten von ....

c. Falei com todos os alunos. Ich habe mit .... gesprochen.

d. Todos os clientes são da Alemanha. .... Gäste kommen aus Deutschland.

e. Funcionam todos os computadores? Funktionieren ....?

f. Ela esquece-se sempre de tudo. Sie vergisst immer ....

35. Complete com as terminações de *manch-* e *einig-*. [B1]

a. Einig........ Passagiere haben wegen des Streiks protestiert.

b. Manch........ Schüler kommen immer zu spät zum Unterricht.

c. Ich habe einig .... interessante Bücher (pl) gelesen.

d. Mit manch..... Kollegen spricht er nicht gern.

e. Für dieses Rezept brauchst du einig...... Tomaten und Karotten.

f. Manch........ Bücher habe ich zweimal gelesen.

g. Das war eine Party mit einig........ Überraschungen!

h. Im August machen wir einig..... Tage Urlaub.

OS INDEFINIDOS *VIEL-* E *WENIG-*

• Ich habe **viel** Arbeit und **wenig** Zeit. (1) • Heute habe ich **viel** zu tun. (2)	• Tenho muito trabalho e pouco tempo. • Hoje tenho muito que fazer.

Viel e **wenig** referem-se, respetivamente, a uma grande ou pequena quantidade de alguma coisa. No singular, utilizam-se habitualmente sem declinar, quer funcionem como determinantes (1) ou como pronomes (2). Nestes casos, correspondem em português, sistematicamente, às formas *muito(a)* e *pouco(a)*.

• Hier habe ich **wenige** Freunde, aber in Italien habe ich **viele**. • Er ist mit **vielen** Freunden gekommen. • Ich erwarte den Besuch **vieler** Freunde.	• Aqui tenho poucos amigos, mas em Itália tenho muitos. • Veio com muitos amigos. • Espero a visita de muitos amigos.

No plural declinam-se.

	plural
nominativo	viele/wenige
acusativo	viele/wenige
dativo	viel**en**/wenig**en**
genitivo	viel**er**/wenig**er**

Equivalem, em português, às formas *muitos(as)* e *poucos(as)*.

OS INDEFINIDOS *ETWAS, NICHTS* E *EIN PAAR*

• A: Ich habe noch **etwas Geld**. (1) • B: Prima, kannst du mir **etwas** leihen? (2)	• A: Eu ainda tenho um pouco de dinheiro. • B: Ótimo, podes emprestar-me algum?

A forma invariável **etwas** *(um pouco)* pode ser usada como determinante (1) ou como pronome (2).

• A: Möchtest du etwas trinken? • B: Nein, danke, ich möchte **nichts**.	• A: Queres beber alguma coisa? • B: Não, obrigado/obrigada, não quero nada.

A forma invariável **nichts** *(nada)* funciona apenas como pronome.

• Ich habe **ein paar Bücher** über das Thema. Ich habe keine Bücher mitgenommen. Kannst du mir **ein paar** leihen?	• Tenho uns/uns quantos livros sobre o tema. • Não trouxe livros. Podes emprestar-me alguns/uns quantos?

A forma invariável **ein paar** pode funcionar como determinante (*uns/umas, uns quantos/umas quantas*) ou como pronome (*alguns/algumas, uns quantos/umas quantas*).

EXERCÍCIOS

36. Complete com *ein paar, etwas, nichts, viel-* ou *wenig-*. Lembre-se de que em alguns casos pode haver várias possibilidades. [B1]

    a. In seinem neuen Job verdient er sehr .... Geld (n), aber leider hat er

    jetzt .... Zeit (f).

    b. Möchtest du .... Zucker (m) in den Kaffee?

    c. Er braucht nur .... Tage (pl) für diese Arbeit.

    d. Ich habe .... verstanden. Kannst du das bitte nochmal sagen?

    e. Wie viele Eier (pl) muss ich für den Kuchen nehmen? – Nicht ...., nur

    ....

    f. Wir haben noch .... Flaschen (pl) Wein. Wir müssen keine neuen kaufen.

    g. Hast du .... Zeit (f) für mich? Vielleicht fünf Minuten?

O INDEFINIDO *WIE VIEL-*

• A: **Wie viel Geld** hast du?	(1)	• A: Quanto dinheiro tens?
• B: Nicht viel. **Wie viel** brauchst du?	(2)	• B: Não muito. De quanto precisas?

Com **wie viel** *(quanto(a))* pergunta-se sobre a quantidade. Tanto como determinante (1) como quando funciona como pronome (2), no singular costuma ser usado sem declinar em nenhum caso.

• A: **Wie viel(e) Anzüge** hast du?	(1)	• A: Quantos fatos tens?
• B: Nicht **viele**.	(2)	• B: Não muitos.

No plural, deve distinguir-se entre a sua utilização como determinante e como pronome. No primeiro caso, pode ser usado sem declinar, enquanto como pronome deve ser declinado. Consulte a declinação de **viel-** na página 140.

OS DETERMINANTES E OS PRONOMES

OS INTERROGATIVOS *WELCH-* E *WAS FÜR EIN-*

• A: Mit **welchem Zug** kommst du? (1) • B: Ich weiß noch nicht, **welchen** ich nehme. (2)	• A: Em que comboio vens? • B: Ainda não sei qual vou apanhar.

Com **welch-** pergunta-se acerca de um elemento concreto. Pode exercer função de determinante (1) ou de pronome (2).

Como determinante, equivale em português a *que* seguido de um nome. Como pronome, corresponde a *qual/quais*.

Lembre-se de, que não pode utilizar **was** (*que*), que funciona apenas como pronome (→ pp. 250 e ss.) em vez de **welch-** como determinante (*que + nome*). ⓪

	singular masculino	feminino	neutro	plural m/f/n
nominativo	welcher	welche	welches	welche
acusativo	welchen	welche	welches	welche
dativo	welchem	welcher	welchem	welchen

As formas são as mesmas para o determinante e para o pronome.

• A: **Was für ein Apparat** ist das? (1) • B: Ein Waffeleisen. • A: Ich will mir einen Computer kaufen. • B: **Was für einen**? (2) • A: Ein Notebook.	• A: Que (tipo de) aparelho é este? • B: Uma máquina de fazer gofres. • A: Quero comprar um computador. • B: De que tipo? • A: Um portátil.

Com **was für ein-**, que se declina como o artigo indefinido **ein-**, pergunta-se por uma característica específica de um determinado elemento. Pode exercer função de determinante (1) ou de pronome (2). Na resposta aparece sempre um elemento indefinido, como o artigo indefinido **ein-**.

Como determinante, equivale, em português, a *que (tipo de)*. Como pronome, tem várias correspondências possíveis em português. ⓪

• A: **Was für Apparate** sind das? (1) • B: Waffeleisen. • A: Ich habe zu Hause viele Bücher. • B: **Was für welche**? (2) • A: Romane und Biografien.	• A: Que (tipo de) aparelhos são? • B: Máquinas de fazer gofres. • A: Em casa tenho muitos livros. • B: De que tipo? • A: Romances e biografias.

Como **ein-** não tem formas para o plural, antes de nomes no plural usa-se a forma invariável **was für**

(1). Como pronome, para referir um plural usa-se a forma **was für welch-** (2) (consulte as formas de **welch-** na página 142). Nas respostas aparecem nomes no plural, geralmente sem determinante.

• A: **Welches** Buch liest du gerade?	• A: Que livro estás a ler?
• B: Harry Potter und der Feuerkelch. (1)	• B: Harry Potter e o Cálice de Fogo.
• A: **Was für ein** Buch liest du gerade?	• A: Que (tipo de) livro estás a ler?
• B: Eine Biografie. (2)	• B: Uma biografia.

Para distinguir entre **welch-** e **was für ein-**, deve ter em conta o seguinte: a resposta a uma pergunta com o primeiro costuma ser muito concreta (1). Pelo contrário, a resposta a uma pergunta com o segundo é habitualmente menos precisa (2). Portanto, normalmente pode ter artigo indefinido no singular ou não ter nenhum determinante no plural.

EXERCÍCIOS

37. Complete com as formas dos determinantes *wie viel-*, *was für ein-* ou *welch-*. [A2]

a. .... Wein (m) trinkst du gern?   Weißwein.

b. .... Computer (m) möchtest du?   Einen großen Laptop.

c. .... Studenten (pl) sind in deinem Kurs? Zwanzig.

d. Mit .... Zug (m) kommt ihr an?   Mit dem Intercity um 12.30 Uhr.

e. .... Koffer (m) nimmst du mit?   Den mit Rollen.

f. .... Filme (pl) siehst du am liebsten? Science-fiction-Filme.

g. .... Geld (n) hast du noch?   Fünfzig Euro.

h. .... Käse (m) brauchen wir?   Ungefähr 500 Gramm.

38. Complete os seguintes diálogos com as formas dos determinantes e pronomes *wie viel-*, *was für ein-* ou *welch-*. [A2]

a. Kannst du mich vom Bahnhof abholen?   Mit .... Zug kommst du denn?

b. Ich habe mir ein neues Handy gekauft. ....? Eins mit Touchscreen?

c. Wir brauchen noch ein paar Tomaten.   .... möchtest du?

Spanische oder holländische?

d. .... Jacke soll ich anziehen?

Die braune oder die schwarze?   Ich finde die braune besser.

e. .... Zeit hast du noch?   Ungefähr eine halbe Stunde.

OS DETERMINANTES E OS PRONOMES

f. Bringst du bitte Kartoffeln mit?   .... brauchst du denn?

Sind zwei Kilo genug?

OS PRONOMES INTERROGATIVOS *WAS* E *WER*

Consulte as páginas 250 e s., onde também vai encontrar exercícios.

OS PRONOMES RELATIVOS *DER, DIE, DAS*

• Wer war der Mann, **der** die Relativitätstheorie erfunden hat? • Ist das die Lampe, **die** du kaufen wolltest?	• Quem foi o homem que inventou a teoria da relatividade? • É este o candeeiro que querias comprar?

Nos exemplos anteriores, aparecem duas vezes as formas **der** e **die**. Não devem ser confundidas. As que aparecem em primeiro lugar (**der Mann, die Lampe**) são artigos definidos. Por outro lado, as que aparecem mais à frente, depois da vírgula, são pronomes relativos. Estes servem para introduzir uma oração relativa que dá informação sobre um nome previamente referido (**Mann, Lampe**). Esse nome é o antecedente.

Tal como acontece nas orações subordinadas em geral, nas orações relativas o verbo conjugado ocupa o último lugar.

	singular masculino	feminino	neutro	plural m/f/n
nominativo	der	die	das	die
acusativo	den	die	das	die
dativo	dem	der	dem	denen
genitivo	dessen	deren	dessen	deren

As formas dos pronomes relativos são as mesmas que as do artigo definido, salvo no dativo plural e no genitivo. Estas duas últimas formas pertencem já a um nível de conhecimento superior ao B1. A dificuldade que o uso dos pronomes relativos apresenta para um falante de português, deve-se ao facto de em português se poder usar sempre a forma invariável *que*. ⏺

A forma concreta do pronome relativo depende:

1) do antecedente: este determina o género e o número.

2) da função do próprio pronome na oração relativa (sujeito, complemento direto, complemento indireto, ...): esta determina o caso (nominativo, acusativo, dativo).

• Kennst du den **Autor, der** diesen Artikel geschrieben hat?	• Conheces o autor que escreveu este artigo?

Antecedente: masculino, singular/Função: sujeito (nominativo)

• Ist das der **Wagen, den** du verkaufen willst?	• É este o carro que queres vender?

Antecedente: masculino, singular/Função: complemento direto (acusativo)

• Kennst du die **Frau, mit der** ich gesprochen habe?	• Conheces a mulher com quem falei?

Antecedente: feminino, singular/Função: complemento preposicional (dativo, uma vez que é o caso que a preposição rege)

EXERCÍCIOS

39. Faça a combinação adequada. [A2]

a. Das ist meine Freundin Anna,
b. Ich kaufe immer den Wein,
c. Wir haben viele Studenten,
d. Hast du den Film gesehen,
e. Das sind die Bücher,
f. Sie wohnen in dem Haus,

1. das direkt an der Ecke steht.
2. den ich dir empfohlen habe?
3. mit der ich zusammen studiere.
4. die aus Italien und Spanien kommen.
5. der im Regal vorne links steht.
6. die wir lesen müssen.

40. Fotos de família. Complete com o pronome relativo no nominativo. [B1]

a. Das ist mein Bruder, ... jetzt in Amerika wohnt.

b. Hier ist meine Cousine Maria, ... mit einem Italiener verheiratet ist.

c. Und hier sind meine Großeltern, ... in einem kleinen Dorf leben.

d. Das hier ist mein Neffe Tom, ... Tiere liebt.

e. Hier siehst du meine Tante Mia, ... im Zoo arbeitet.

f. Das sind die Kinder von Onkel Michael, ... so gut Klavier spielen.

41. Acrescente a oração relativa com o pronome relativo no nominativo. [B1]

Mein Onkel Michael:

Er spielt gern Schach. Er ist mit einer Italienerin verheiratet. Er hat früher viele Reisen gemacht. Er möchte jetzt eine Weltreise machen.

a. Das ist mein Onkel Michael, *der gern Schach spielt.*

b. Das ist mein Onkel Michael, ...

c. Das ist mein Onkel Michael, ...

d. Das ist mein Onkel Michael, ...

Meine Cousine Maria:

Sie kocht gut Spaghetti. Sie ist oft in Italien gewesen. Sie hat Italienisch gelernt. Sie würde am liebsten in Italien leben.

e. Das ist meine Cousine Maria, ...

f. Das ist meine Cousine Maria, ...

g. Das ist meine Cousine Maria, ...

h. Das ist meine Cousine Maria, ...

42. Acrescente o pronome no acusativo. [B1]

a. Das ist Matilda, ... ich in Frankreich kennen gelernt habe.

b. Wo sind die Äpfel, ... du gekauft hast?

c. Der Schal ist aus einem Material (n), ... man nicht waschen kann.

d. Wie heißt der Kollege, ... du gerade gegrüßt hast?

e. Hast du die E-Mails bekommen, ... ich dir geschickt habe?

f. Carolina war eine Frau, ... man nicht vergisst.

g. Ist das der Mann, ... sie geheiratet hat?

43. Complete o enunciado com o pronome relativo no acusativo. [B1]

Das ist/sind ...

a. das Buch – ich habe es noch nicht gelesen

   Das ist das Buch, das ich noch nicht gelesen habe.

b. der Film – wir möchten ihn sehen

....

c. die Torte – Anna hat sie gebacken

....

d. der neue Computer – ich habe ihn gestern gekauft

....

e. die Katze – er hat sie auf der Straße gefunden

....

f. das elegante Kleid – Marta hat es im Internet bestellt

....

g. die Fotos – Oliver hat sie gemacht

....

44. Acrescente o pronome relativo no dativo. [B1]

a. Wer ist die Dame, ... du die Rosen geschenkt hast?

b. Du bist der erste Mann, ... mein Essen nicht schmeckt!

c. Das ist das junge Paar, ... ich die Wohnung gezeigt habe.

d. Sind Sie der Mann, ... man den Koffer gestohlen hat?

e. Wo ist das Mädchen, ... dieses Fahrrad gehört?

f. Da hinten sind die Touristen, ... ich geholfen habe.

45. Complete com o pronome relativo no nominativo, dativo ou acusativo. [B1]

a. Die Studentin, ... mit mir zusammen Portugiesisch lernt, kommt aus München.

b. Wie heißt das Märchen, ... ich dir vorlesen soll?

c. Wo sind die Briefe, ... ich vorhin auf den Tisch gelegt hatte?

d. Kennst du den Vermieter, ... das Haus gehört?

e. Heute kommt ein Film im Kino, ... ich schon lange sehen wollte.

f. Kennst du schon die neuen Nachbarn, ... in die Wohnung über uns gezogen sind?

g. Die Frau, ... ich den Weg erklärt habe, hat sich sehr bedankt.

h. Mein Onkel, ... seit 20 Jahren in den USA lebt, kommt zu Besuch.

    i. Die Pizza, ... wir gestern gegessen haben, war sehr gut.

    j. Ich kann dir ein gutes Buch empfehlen, ... ich gerade gelesen habe.

46. Faça as combinações apropriadas. [B1]

a. Das ist mein Freund Oliver,	1. mit der seit zwei Jahren zusammen bin.
b. Mathematik ist ein Thema,	2. an die ich mich nicht erinnere.
c. Das ist die Frau,	3. von dem ich dir schon viel erzählt habe.
d. Barcelona ist eine Stadt,	4. in dem es immer warm ist.
e. Ich möchte in einem Land leben,	5. für das ich mich überhaupt nicht interessiere.
f. Ich habe viele Passwörter,	6. in der ich gern Urlaub machen würde.

47. Acrescente o pronome relativo tendo em conta que o caso do pronome é determinado pelo regime concreto da preposição. [B1]

    a. Wie heißt der Mann, von .... das Penizillin entdeckt wurde?

    b. Ein Land, in .... ich gerne reisen würde, ist Japan.

    c. Kennst du eine Schule, in .... man Arabisch lernen kann?

    d. Informatik ist ein Studienfach, für .... er sich sehr interessiert.

    e. Erinnerst du dich an den Frisör, von .... ich dir erzählt habe?

    f. Heute kommt der Film im Fernsehen, auf .... ich mich schon lange freue.

    g. Der Lehrer, über .... ich mich immer geärgert habe, ist jetzt an einer anderen Schule.

    h. Er nahm seinen Hut, ohne .... er nie aus dem Haus ging.

48. Transforme as orações simples em orações subordinadas relativas, como no exemplo. [B1]

Das ist der Mann ...

    a. Er hat keine Kinder.   *..., der keine Kinder hat.*

    b. Ich habe dir gestern von ihm erzählt.   ....

    c. Wir haben ihm schon oft geholfen.   ....

    d. Ich kenne ihn gut.   ....

    e. Ich erinnere mich gern an ihn.   ....

Das ist die Frau ...

f. Ihr gefällt klassische Musik.   ....

g. Ich gehe manchmal mit ihr ins Kino.   ....

h. Klaus interessiert sich für sie.   ....

i. Sie kommt aus Italien.   ....

j. Ich liebe sie.   ....

O PRONOME RELATIVO *WAS*

- **Das, was** du gesagt hast, stimmt nicht.
- Er glaubt **alles, was** du sagst.

- Isto que disseste não é verdade.
- (Ele) Acredita em tudo o que dizes.

O pronome relativo **was** utiliza-se quando o antecedente é o pronome demonstrativo neutro **das** *(isto)* ou o indefinido neutro singular **alles** *(tudo)*.

O PRONOME *ES* E AS SUAS FUNÇÕES

- A: Wo ist das Wörterbuch?
- B: **Es** steht im Regal.   (1)
- B: Ich habe **es** Monika gegeben.   (2)

- A: Onde está o dicionário?
- B: Está na estante.
- B: Dei-o à Mónica.

A forma **es** funciona principalmente como pronome pessoal que substitui um nome neutro singular (**Wörterbuch**), seja como sujeito (1) ou como complemento direto (2). Como complemento direto, não pode nunca aparecer no início de uma oração declarativa.

- Wir haben viele Schüler aus Italien in unserer Klasse. Insgesamt sind **es** 18.
- Siehst du den Mann und die Frau da vorne? **Es** sind die Eltern von Silvia.

- Temos muitos alunos de Itália na nossa turma. No total são 18.
- Vês o homem e a mulher ali à frente? São os pais da Sílvia.

Também pode substituir (apenas na função de sujeito) nomes no plural ou singulares coordenados (*o homem e a mulher*).

- **Es** regnet.
- In Deutschland regnet **es** viel.

- Chove./Está a chover.
- Na Alemanha chove muito.

Aparece com verbos que indicam fenómenos climáticos, como **regnen** *(chover)*, **schneien** *(nevar)*, **blitzen** *(relampejar)* ou **donnern** *(trovejar)*. Com eles, ocupa o lugar que ocuparia o sujeito pronominal com qualquer outro verbo em função do tipo de oração.

• **Es** ist kalt. • **Es** wird dunkel. • Jetzt ist **es** zu spät. • **Es** ist zehn Uhr.	• Está frio. • Está a escurecer. • Agora é (demasiado) tarde. • São dez (horas).

Também aparece com os verbos **sein** e **werden** seguidos de expressões que descrevem fenómenos da natureza ou circunstâncias temporais. Aparece também, portanto, na formulação típica para perguntar as horas: **Wie spät ist es?/Wie viel Uhr ist es?** (*Que horas são?*).

• **Es** gibt keine Sportzeitungen an diesem Kiosk. • Hier gibt **es** nur deutsche Zeitungen.	• Não há jornais desportivos neste quiosque. • Aqui só há jornais alemães.

Aparece obrigatoriamente com a forma impessoal e invariável **es gibt** *(há)*.

• **Es** freut mich sehr, dass du kommen kannst. (1) • Dass du kommen kannst, freut mich sehr. (2) • **Es** ist interessant, an diesem Projekt zu arbeiten. (3) • An diesem Projekt zu arbeiten, ist interessant. (4)	• É uma alegria para mim que possas vir / Fico muito contente por poderes vir. • Que possas vir é uma alegria para mim. • É interessante trabalhar neste projeto. • Trabalhar neste projeto é interessante.

Quando o sujeito é constituído por uma oração subordinada posposta (1) e (3), o pronome **es** ocupa obrigatoriamente o primeiro lugar da oração principal (desde que outro elemento não o ocupe).

Se a subordinada (de sujeito) se antepõe à principal (2) e (4), o pronome **es** desaparece obrigatoriamente.

EXERCÍCIOS

49. Decida se se deve acrescentar o pronome *es* ou não. [B1]

a. Wann kommt der Zug an? Weißt du ....?

b. Dass ihr daran gedacht habt, ... ist schön.

c. Ich habe dir das Buch auf den Tisch gelegt. Du kannst .... lesen.

d. .... ärgert mich, dass du nie pünktlich bist.

e. Hier zu rauchen, ist .... verboten.

f. **A** : Ist dein Auto schon wieder kaputt? – **B** : Ja, ich habe .... in die Werkstatt gebracht.

g. Weißt du, ob .... hier deutsche Zeitungen gibt?

h. **A** : Wie spät ist .... ? – **B** : Gleich 9, ... wird schon dunkel.

i. Hier zu leben, gefällt .... mir.

j. Im letzten Sommer war .... sehr warm.

k. .... ist gesund, viel Obst zu essen.

l. Viel Obst zu essen, ist .... gesund.

5. OS ADJETIVOS

5. OS ADJETIVOS

• A: Sieh mal! Dieses Wörterbuch ist **billig**. (1) • B: Ja, aber ich brauche ein sehr **gutes** Wörterbuch. (2)	• A: Olha! Este dicionário é barato. • B: Sim, mas preciso de um dicionário muito bom.

A principal função dos adjetivos é indicar uma qualidade, seja como predicativo do sujeito, com verbos copulativos (1), ou como modificador de um nome (2).

A COLOCAÇÃO

• Mein Wagen ist **schnell**. (1) • Ich habe einen **schnellen** Wagen. (2)	• O meu carro é rápido. • Tenho um carro rápido.

Quando desempenha a função de predicativo do sujeito (1), o adjetivo é quase sempre colocado no final da oração. Quando a sua função é de modificador do nome (2), deve sempre anteceder o nome.

A DECLINAÇÃO

• Der Wagen ist **klein**. • Die Wohnung ist **klein**. • Das Zimmer ist **klein**. • Die Wagen/Wohnungen/Zimmer sind **klein**.	• O carro é pequeno. • O apartamento é pequeno. • O quarto é pequeno. • Os carros/Os apartamentos/ Os quartos são pequenos.

Quando exerce a função de predicativo do sujeito, com um verbo copulativo (**ist/sind**), o adjetivo aparece na sua forma base, isto é, tal como se aprende como correspondendo ao adjetivo português em causa. Contrariamente ao que acontece em português, é invariável tanto em género como em número. ⟨Ⅱ⟩

• Er hat einen klein**en** Wagen. • Er hat eine kleine Wohnung. • Er hat ein klein**es** Zimmer. • Die Wohnung hat drei kleine Zimmer.	• (Ele) Tem um carro pequeno. • (Ele) Tem um apartamento pequeno. • (Ele) Tem um quarto pequeno. • O apartamento tem três quartos pequenos.

Aqui, a forma base adota diferentes terminações. Isto deve-se ao facto de os adjetivos se declinarem sempre quando atuam como modificador de um nome, isto é, quando o antecedem.

Consulte as páginas 92 e ss. relativamente ao uso dos diferentes casos.

As terminações que o adjetivo adota ao ser declinado dependem:

– do género e do número do nome que modificam,

– da função que esse nome desempenha na oração (sujeito, complemento direto, etc.),

– da preposição que precede o próprio adjetivo,

– de o nome ser precedido ou não por um determinante e do tipo de determinante.

EXERCÍCIOS

1. Decida se o adjetivo se deve declinar ou não. Sublinhe a forma correta. [A2]

 a. Der *klein/kleine* Hund heißt Bello.

 b. Das Wetter in Berlin war nicht *schlecht/schlechte*.

 c. Wir haben einen *nett/netten* Chef.

 d. Sein *elegant/eleganter* Anzug war *unmodern/unmoderner*.

 e. Annas Deutsch ist sehr *gut/gute*.

 f. Deine Freundin sieht *sympathisch/sympathische* aus.

 g. Haben Sie *italienisch/italienische* Tomaten?

 h. Ich finde sie wirklich sehr *nett/nette*.

 i. Ist dieses *deutsch/deutsche* Buch wirklich *interessant/interessantes*?

DECLINAÇÃO SEM DETERMINANTE

	singular masculino	feminino	neutro	plural m/f/n
nominativo	portugiesischer	portugiesische	portugiesisches	portugiesische
acusativo	portugiesischen	portugiesische	portugiesisches	portugiesische
dativo	portugiesischem	portugiesischer	portugiesischem	portugiesischen
genitivo	portugiesischen	portugiesischer	portugiesischen	portugiesischer

Note que as terminações são as mesmas que adota o artigo definido (no neutro singular nominativo e acusativo, a terminação **–as** de **das**, transforma-se em **–es** no adjetivo).

- Das ist portugiesischer Wein. nom.-m-s
- Er trinkt nur portugiesischen Wein. ac.-m-s
- Sie stoßen mit portugiesischem Wein an. dat.-m-s

- Isto é vinho português.
- Só bebe vinho português.
- Brindam com vinho português.

OS ADJETIVOS

Declina-se da mesma forma depois de determinantes invariáveis, como **ein bisschen/ein wenig** *(um pouco)*, **ein paar** *(uns quantos)*, **etwas** *(algo)*, **genug** *(suficiente)* e **nichts** *(nada)* e depois do plural de **einig-** *(alguns)*, **manch-** *(alguns)*, **wenig-** *(poucos)* e **viel-** *(muitos)*.

EXERCÍCIOS

2. Bom apetite! Acrescente as terminações do adjetivo no nominativo ou no acusativo. [A2]

    a. Wir haben heiß..... Glühwein (m) getrunken.

    b. Sind das neu..... Kartoffeln (pl)?

    c. Russisch..... Kaviar (m) ist teuer.

    d. Ich möchte gern sechs klein..... Brötchen (pl).

    e. Er trinkt oft deutsch..... Bier (n).

    f. Isst du gern kalt..... Gemüsesuppe (f)?

    g. Frisch..... Obst (n) ist gesund.

    h. Das ist süß..... Sahne (f).

3. Internacional. Acrescente as terminações do adjetivo no nominativo ou no acusativo. [A2]

Das ist/sind	Kaufst du oft ..... ?
a. *neapolitanische Pizza (f)*	*neapolitanische Pizza (f)*
b. deutsch..... Bier (n)	deutsch..... Bier (n)
c. italienisch..... Tomaten (pl)	italienisch..... Tomaten (pl)
d. katalanisch..... Sekt (m)	katalanisch..... Sekt (m)
e. holländisch..... Gemüse (n)	holländisch..... Gemüse (n)
f. englisch..... Butter (f)	englisch..... Butter (f)
g. spanisch..... Zitronen (pl)	spanisch..... Zitronen (pl)
h. portugiesisch..... Wein (m)	portugiesisch..... Wein (m)

4. Anúncios. Acrescente as terminações do adjetivo no nominativo, acusativo ou dativo. [A2]

    a. Jung..... Schauspieler (m) sucht seriös..... Agentur (f) mit interessant..... Projekt (n).

    b. Deutsch..... Touristen (pl) suchen schön..... Haus (n) mit groß..... Terrasse (f).

    c. Ruhig..... Studentin (f) sucht billig..... Zimmer (n) mit klein..... Balkon (m).

    d. Spanisch..... Fußballclub (m) sucht neu ..... Trainer (m) mit innovativ..... Ideen (pl).

e. Brasilianisch..... Mädchen (n) sucht deutsch..... Brieffreunde (pl) mit interessant..... Beruf (m).

f. Sportlich..... Frau (f) sucht nett..... Mann (m) mit toll..... Plänen (pl).

g. Amerikanisch..... Investoren (pl) suchen spanisch..... Partner (pl) mit groß..... Kapital (n).

h. Jung..... Kätzchen (n) sucht lieb..... Familie (f) mit groß..... Wohnung (f).

5. **Ir às compras. Acrescente as terminações do adjetivo no acusativo. [A2]**

a. Geben Sie mir bitte etwas italienisch.... Salami (f).

b. Ich hätte gern ein bisschen spanisch..... Schinken (m).

c. Ich nehme ein paar reif..... Bananen (pl).

d. Ich möchte bitte ein wenig frisch..... Obst (n).

e. Und geben Sie mir bitte noch einig..... holländisch..... Tomaten (pl.).

DECLINAÇÃO DEPOIS DE ARTIGO DEFINIDO

	singular masculino	feminino	neutro	plural m/f/n
nominativo	der neue	die neue	das neue	die neuen
acusativo	den neuen	die neue	das neue	die neuen
dativo	dem neuen	der neuen	dem neuen	den neuen
genitivo	des neuen	der neuen	des neuen	der neuen

Existem apenas as terminações **–e** e **–en**.

- Wo ist **der** neue Lehrer? nom.-m-s
- Kennst du **den** neuen Lehrer? ac.-m-s
- Sie sprechen mit **dem** neuen Lehrer. dat.-m-s
- das Büro **des** neuen Lehrers gen.-m-s

- Onde está o novo professor?
- Conheces o novo professor?
- Estão a falar com o novo professor.

- o escritório do novo professor

Também se declina desta forma depois dos determinantes **dies-** *(este/esta/estes/estas)*, **derselb-** *(o mesmo)*, **jed-** *(cada)*, **all-** *(todo/toda/todos/todas)* e o interrogativo **welch-** *(que)*.

EXERCÍCIOS

6. Traduza as orações utilizando os seguintes adjetivos (sem declinar ou declinados). [A2]

alt – blond – groß – krank – müde – neu

a. O Thomas é alto. ....

b. O rapaz alto chama-se Thomas. .... Junge heißt Thomas.

c. Ela está doente. ....

d. A rapariga doente fica em casa. .... Mädchen bleibt zu Hause.

e. Ele parece muito mais velho. Er sieht .... aus.

f. O homem mais velho é o meu avô. ....

g. O telemóvel é novo. Das Handy ....

h. O telemóvel novo já está avariado. .... ist schon kaputt.

i. É loira. ....

j. Quem é a mulher loira? .... ?

k. Estão cansados? (vocês) Seid ihr .... ?

l. Os alunos cansados estão a dormir. .... schlafen.

7. Sublinhe a forma do adjetivo correta. [A2]

a. Nimmst du   die   *blaue*   blauen   Bluse (f)?

b. Sind das   die   alten   alte   Schuhe (pl)?

c. Ist das   der   deutschen   deutsche   Kollege (m)?

d. Kaufst du   das   grünen   grüne   Kleid (n)?

e. Sind Sie   die   neue   neuen   Lehrerin (f)?

f. Wo ist   das   italienisch   italienische   Restaurant (n)?

g. Ich möchte   den   roten   rote   Rock (m).

8. Acrescente as terminações do adjetivo no nominativo ou no acusativo. [A2]

a. Ist das die neu..... Nachbarin (f)?

b. Ich nehme die italienisch..... Spaghetti (pl) mit Tomatensauce.

c. Hast du den deutsch..... Text (m) schon gelesen?

d. Das englisch..... Bier (n) schmeckt sehr gut.

e. Wer hat das interessant..... Foto (n) gemacht?

f. Der nett..... Verkäufer (m) hat mir geholfen.

g. Die frisch..... Erdbeeren (pl) sind sehr teuer.

h. Die grün..... Jacke (f) kaufe ich nicht.

9. **O que visto? Acrescente as terminações do adjetivo no nominativo, acusativo ou dativo. [A2]**

   der Anzug – die Bluse – das Hemd – die Jacke – der Rock – das T-Shirt – die Schuhe (pl) – die Strümpfe (pl)

   a. A: Zieh doch die grün..... Jacke mit der rot..... Bluse an.

      B: Was? Aber die grün..... Jacke und die rot..... Bluse passen doch nicht zusammen!

   b. A: Zieh doch die rot..... Schuhe mit den weiß..... Strümpfen an.

      B: Was? Aber die rot.... Schuhe und die weiß..... Strümpfe passen doch nicht zusammen!

   c. A: Zieh doch den braun..... Anzug mit dem schwarz..... Hemd an.

      B: Was? Aber der braun.... Anzug und das schwarz.... Hemd passen doch nicht zusammen!

   d. A: Zieh doch das gelb..... T-Shirt mit dem blau..... Rock an.

      B: Was? Aber das gelb..... T-Shirt und der blau..... Rock passen doch nicht zusammen!

10. **Acrescente as terminações do adjetivo no nominativo, acusativo ou dativo. [A2]**

    a. Hast du dieses interessant..... Buch (n) schon gelesen?

    b. Wir haben alle amerikanisch..... Studenten (pl) eingeladen.

    c. Ich möchte diese blau..... Bluse (f) kaufen.

    d. Jeder neu..... Kunde (m) bekommt ein Geschenk.

    e. Mit diesem alt..... Pullover (m) kannst du nicht zur Arbeit gehen.

    f. Alle klein..... Kinder (pl) müssen jetzt schlafen gehen.

    g. Der Lehrer hat jeden neu..... Schüler (m) persönlich begrüßt.

DECLINAÇÃO DEPOIS DE ARTIGO INDEFINIDO

	singular masculino	feminino	neutro	plural m/f/n
nominativo	ein neuer	eine neue	ein neues	------------
acusativo	einen neuen	eine neue	ein neues	------------
dativo	einem neuen	einer neuen	einem neuen	------------
genitivo	eines neuen	einer neuen	eines neuen	------------

Esta declinação distingue-se da anterior (que apresentava apenas as terminações –e e –en) pelo seguinte: apresenta terminações diferentes quando o próprio determinante (**ein-**) não é suficiente para identificar o caso, por não ter terminação (nominativo masculino singular e nominativo e acusativo neutro singular).

Por outro lado, lembre-se de que o artigo indefinido não tem formas para o plural. ⓒⓞ

• Das ist **ein** neuer Computer. nom.-m-s	• Este é um computador novo.
• Hast du **einen** neuen Computer? ac.-m-s	• Tens um computador novo?
• Ich arbeite mit **einem** neuen Computer. dat.-m-s	• Trabalho com um computador novo.
• der Preis **eines** neuen Computers gen.-m-s	• o preço de um computador novo

---

EXERCÍCIOS

11. Sublinhe a forma correta. [A2]

a. Nimmst du   eine   *warme*   warmen   Suppe (f)?

b. Ich möchte   einen   gemischter   gemischten   Salat (m).

c. Haben Sie   biologische   biologischen   Kartoffeln (pl)?

d. Er bestellt   ein   leckeres   lecker   Hähnchen (n).

e. Das war   ein   schöne   schönes   Abendessen (n).

f. Hier sind   billigen   billige   Bananen (pl).

g. Ist das   ein   deutscher   deutschen   Wein (m)?

12. Na feira da ladra, 1.ª parte. [A2]

Na feira da ladra vi coisas interessantes (tenha em conta que deve usar o acusativo):
Auf dem Flohmarkt habe ich interessante Sachen gesehen:

a. eine *antike* Uhr

b. einen altmodisch..... Sessel

c. alt.... Vinyl-Platten

d. ein schön..... Weinglas

e. einen neu.... Kühlschrank

f. eine billig..... Gitarre

g. ein toll..... Fahrrad

h. interessant..... Bücher

Ali há (lembre-se de que com *ist/sind* deve usar o nominativo):

Da ist/sind:

i. eine *antike* Uhr

j. ein altmodisch..... Sessel

k. alt.... Vinyl-Platten

l. ein schön..... Weinglas

m. ein neu.... Kühlschrank

n. eine billig..... Gitarre

o. ein toll..... Fahrrad

p. interessant..... Bücher

13. Desejos. Acrescente a terminação do adjetivo no acusativo. [A2]

Ich möchte ein (a) neu..... Handy, einen (b) leicht..... Koffer, ein (c) schnell..... Fahrrad, eine (d) groß..... Tasche, einen (e) elegant..... Wagen, eine (f) modern..... Digitalkamera, (g) bequem..... Schuhe und (h) interessant..... Bücher.

DECLINAÇÃO DEPOIS DE DETERMINANTE POSSESSIVO

	singular masculino	feminino	neutro	plural m/f/n
nominativo	mein neuer	meine neue	mein neues	meine neuen
acusativo	meinen neuen	meine neue	mein neues	meine neuen
dativo	meinem neuen	meiner neuen	meinem neuen	meinen neuen
genitivo	meines neuen	meiner neuen	meines neuen	meiner neuen

Esta declinação distingue-se da anterior apenas porque tem formas para o plural.

- Das ist **mein neuer** Computer. nom.-m-s
- Wie findest du **meinen neuen** Computer? ac.-m-s
- Ich arbeite mit **meinem neuen** Computer. dat.-m-s

- Este é o meu novo computador.
- O que achas do meu novo computador?
- Trabalho com o meu computador novo.

OS ADJETIVOS

> • der Preis **meines** neu**en** Computers
> gen.-m-s

> • o preço do meu computador novo

DECLINAÇÃO DEPOIS DE ARTIGO NEGATIVO *KEIN-*

> • Ich brauche **keinen** schnell**en** Computer.

> • Não preciso de um computador rápido.

Declina-se da mesma forma que depois de determinante possessivo (parágrafo anterior).

EXERCÍCIOS

14. Na feira da ladra, 2.ª parte. [A2]

Vendedor:

Heute habe ich kleine Tische, lange Kleider, sportliche Blusen, alte Computer, große Sofas und blaue Tassen!

Cliente:

Ich brauche keine (a) klein..... Tische, keine (b) lang...... Kleider, keine (c) sportlich..... Blusen, keine (d) alt..... Computer, keine (e) groß..... Sofas und keine (f) blau..... Tassen.

Ich brauche einen (g) groß..... Tisch, ein (h) kurz..... Kleid, eine (i) elegant..... Bluse, einen (j) neu..... Computer, ein (k) klein..... Sofa und (l) rot..... Tassen.

15. Acrescente as terminações do adjetivo no nominativo ou no acusativo. [A2]

a. Frau Schön ist eine elegant..... Dame (f).

b. Das sind keine groß..... Probleme (pl).

c. Nimmst du deine neu..... Kamera (f) mit?

d. Mein groß..... Bruder (m) studiert in den USA.

e. Kannst du mir ein spannend..... Buch (n) empfehlen?

f. Er trägt ein weiß..... Hemd (n).

g. Möchtest du ein heiß..... Bad (n) nehmen?

h. Ich hatte mit dieser Übung keine groß..... Probleme (pl).

16. Acrescente as terminações do adjetivo no nominativo, acusativo ou dativo. [A2]

a. Das ist meine neu..... Kamera (f). Ich habe meine neu..... Kamera gestern gekauft.

Mit meiner neu..... Kamera bin ich sehr zufrieden.

b. Das ist sein neu..... Handy (n). Er hat sein neu..... Handy gestern gekauft.

Mit seinem neu..... Handy ist er sehr zufrieden.

c. Das sind ihre neu..... Schuhe (pl). Sie hat ihre neu..... Schuhe gestern gekauft.

Mit ihren neu..... Schuhen ist sie sehr zufrieden.

d. Das ist sein neu..... Computer (m). Er hat seinen neu..... Computer gestern gekauft.

Mit seinem neu..... Computer ist er sehr zufrieden.

17. Títulos de filmes. Acrescente, se necessário, a terminação do adjetivo. [B1]

a. Sissi, die *junge* Kaiserin

b. Der weiß..... Hai

c. Die fabelhaft..... Welt der Amelie

d. Das Leben ist schön.....

e. Das weiß..... Band

f. Eine verhängnisvoll..... Affäre

g. Der amerikanisch..... Freund

h. Ist sie nicht wunderbar.....?

i. Der Club der tot..... Dichter

j. Grün..... Tomaten

k. Balzac und die klein..... chinesisch..... Schneiderin

l. Hachiko – eine wunderbar..... Freundschaft

m. Echt..... Frauen haben Kurven

n. Meine verrückt..... griechisch..... Hochzeit

18. Na loja. Acrescente, se necessário, as terminações do adjetivo no nominativo ou no acusativo. [A2]

a. Ich suche einen großen Topf.

– Tut mir Leid, wir haben nur klein.... Töpfe.

b. Haben Sie frisches Gemüse?

– Ja, natürlich, unser Gemüse ist immer frisch.... .

c. Ich hätte gern ein kleines Huhn.

– Heute habe ich nur groß.... Hühner.

d. Geben Sie mir bitte eine italienisch.... – Italienisch..... Gurken habe ich nicht.
Gurke.

e. Ich möchte einen roten Kuli. – Bitte schön, hier ist ein rot..... Kuli.

f. Haben Sie spanisch..... Tomaten? – Ja, unsere spanisch.... Tomaten sind sehr gut... .

g. Ich hätte gern saur.... Äpfel. – Leider habe ich keine saur.... Äpfel.

19. **Traduza utilizando o nominativo. Tenha em conta se o nome está ou não antecedido de determinante e também o tipo de determinante. [A2]**

a. uma pizza italiana (italienisch) - *eine italienische Pizza*

b. um menino doente (krank) - ....

c. computadores avariados (kaputt) - ....

d. legumes frescos (frisch) - ....

e. uma mulher interessante (interessant) - ....

f. vinho português (portugiesisch) - ....

g. o amigo americano (amerikanisch) - ....

h. a mulher elegante (elegant) - ....

i. os filmes novos (neu) - ....

j. um homem simpático (nett) - ....

k. o menino pequeno (klein) - ....

l. a mota rápida (schnell) - ....

20. **Quem viu este homem? Acrescente, se necessário, a terminação do adjetivo. [A2]**

das Auge – die Haare (pl) – das Hemd – die Hose – die Jacke – die Kapuze – der Mund – die Nase – das Ohr – der Ohrring – die Ratte – der Rucksack – der Schuh

Er hat (a) lang..... (b) rot..... Haare, (c) grün..... Augen, eine (d) groß..... Nase und einen (e) breit..... Mund. Seine Ohren sind (f) klein....., und im linken Ohr hat er einen (g) rund..... ‾ Ohrring. Er trägt eine (h) kurz..... (i) blau..... Hose, ein (j) rot..... Hemd und eine (k) gelb..... Jacke mit einer (l) grün..... Kapuze. Seine (m) schmutzig..... (n) braun..... Schuhe sind (o) kaputt...... . Auf dem Rücken trägt er einen (p) alt..... Rucksack und auf der rechten Schulter hat er eine (q) groß..... (r) weiß..... Ratte.

21. Um trabalho interessante. Acrescente, se necessário, a terminação do adjetivo. [A2]

Max hat wirklich einen (a) interessant..... Job. In seiner (b) interessant..... Firma sitzt er von

morgens bis abends an einem (c) interessant..... Computer und macht (d) interessant.....

Sachen: Er surft im (e) interessant..... Internet, schreibt (f) interessant..... E-Mails, googelt

(g) interessant..... Informationen und kommuniziert mit seinen (h) interessant..... Geschäfts-

partnern in (i) interessant..... Video-Konferenzen. In der Pause chattet er mit seinen (j)

interessant..... Freunden im (k) interessant..... Facebook, liest (l) interessant..... Artikel in

den (m) interessant..... Online-Zeitungen und bestellt sein (n) interessant..... Abendessen

in einem (o) interessant..... Online-Supermarkt. Wenn er abends seinen (p) interessant.....

Computer ausschaltet, freut er sich schon auf den nächsten (q) interessant..... Tag und

denkt zufrieden: Wie (r) interessant..... ist doch mein Leben!

DECLINAÇÃO DOS ADJETIVOS TERMINADOS EM _–EL_ E _–ER_

• dunkel	(escuro)	Er trägt ein dunkles Hemd.	(Ele) veste uma camisa
• teuer	(caro)	Sie trägt einen teuren Mantel.	escura.
			(Ela) veste um casaco caro.

Quando os adjetivos terminados em –el se declinam, perdem sempre o –e da sua terminação. O mesmo acontece com os terminados em ditongo + –er.

DECLINAÇÃO DE OUTROS ADJETIVOS "ESPECIAIS"

• hoch	(alto)	Er lebt in einem sehr **hohen** Gebäude.	(Ele) Vive num prédio muito alto.

O adjetivo **hoch** perde o **c** quando se declina.

EXERCÍCIOS

22. Complete com o adjetivo declinado. [A2]

a. Das war kein .... (rentabel) Projekt.

b. Wir haben eine sehr .... (teuer) Reise gebucht.

c. Zieh dir ein .... (sauber) Hemd an.

d. Das ist eine .... (akzeptabel) Lösung.

e. Isst du auch so gern .... (sauer) Äpfel?

f. Ich habe einen sehr .... (flexibel) Kollegen.

g. Gibt es kein Licht in dem .... (dunkel) Keller?

OS GRAUS E A COMPARAÇÃO

• Mein Wagen ist **schnell**.	(1)	• O meu carro é rápido.
• Dein Wagen ist **schneller**.	(2)	• O teu carro é mais rápido.
• Sein Wagen ist **am schnellsten**.	(3)	• O seu carro é o mais rápido.

O adjetivo tem três graus. No exemplo (1), aparece o adjetivo na forma em que o aprendemos inicialmente. É o grau positivo. No exemplo (2), aparece a forma do grau comparativo, que serve para estabelecer comparações de superioridade entre dois elementos. E no exemplo (3), aparece o grau superlativo, que serve para indicar o grau máximo de uma qualidade, quando se comparam mais de dois elementos entre si.

OS GRAUS E A COMPARAÇÃO - O GRAU POSITIVO

• Michael ist **schnell**.	(1)	• O Michael é rápido.
• Michael hat einen **schnellen** Wagen.	(2)	• O Michael tem um carro rápido.

O grau positivo serve, em primeiro lugar, para indicar simplesmente uma qualidade, seja como predicativo do sujeito (1) ou como modificador do nome (2).

• Michael lernt **schnell**.	• O Michael aprende rápido/rapidamente.

A maioria dos adjetivos pode também atuar como se fossem advérbios.

• Michael ist **(nicht) so schnell wie** ich.	• O Michael (não) é tão rápido como eu.

O grau positivo também serve para indicar comparações de igualdade ou a sua negação. Nesses casos, aparece antecedido de **so** *(tão)* e seguido de **wie** *(como)*.

• Michael ist **weniger schnell als** ich.	• O Michael é menos rápido (do) que eu.

Serve também para indicar comparações de inferioridade. Neste caso, aparece antecedido de **weniger** *(menos)*, enquanto o segundo termo da comparação aparece antecedido de **als** *(que)*.

OS GRAUS E A COMPARAÇÃO - O GRAU COMPARATIVO

• Michael ist **(nicht) schneller als** ich.	• O Michael (não) é mais rápido (do) que eu.

O grau comparativo serve para indicar comparações de superioridade ou a sua negação. Se o segundo termo da comparação está expresso, aparece antecedido de **als** *((do) que)*.

Em português, este tipo de comparação é feita, geralmente, através da combinação *mais* + adjetivo. Em alemão, deve-se utilizar a forma do comparativo do adjetivo, que se constrói como se explica seguidamente. ⊕

As formas regulares do comparativo

positivo	comparativo		
schnell	schneller	rápido	mais rápido
intelligent	intelligenter	inteligente	mais inteligente

O comparativo forma-se acrescentando a terminação **–er** à forma do grau positivo.

kalt	kälter	frio	mais frio

Em alguns adjetivos, além da terminação **–er**, acrescenta-se também um trema na vogal do grau positivo.

Trata-se, entre outros, dos seguintes: **alt** *(velho)*, **arm** *(pobre)*, **gesund** *(saudável)*, **hart** *(duro)*, **kalt** *(frio)*, **krank** *(doente)*, **lang** *(comprido)*, **scharf** *(picante)*, **schwach** *(fraco)*, **stark** *(forte)*, **warm** *(quente)*, **groß** *(grande, alto)*, **dumm** *(burro)*, **jung** *(jovem)* e **kurz** *(curto)*.

nass	nasser/nässer	molhado	mais molhado

Os adjetivos **nass** *(molhado)* e **schmal** *(estreito)* podem formar o grau comparativo com ou sem trema na vogal base.

| dunkel | (1) | dunkler | escuro | mais escuro |
| teuer | (2) | teurer | caro | mais caro |

Os adjetivos terminados em **–el** (1) ou ditongo + **–er** (2) perdem o **e** do grau positivo.

Formas irregulares do comparativo

positivo	comparativo		
gut	besser	bom	melhor
hoch	höher	alto	mais alto

EXERCÍCIOS

23. Construa o comparativo dos seguintes adjetivos. [A2]

a. arm ....

b. gut ....

c. langsam ....

d. sensibel ....

e. schnell ....

f. sauber ....

g. schlecht ....

h. reich ....

i. warm ....

j. interessant ....

24. Complete com a forma do comparativo. [A2]

a. Läuft der Leopard .... (schnell) als der Löwe?

b. Was ist .... (teuer), Platin oder Gold?

c. Ich finde Anna .... (sympathisch) als Katrin.

d. Das Empire State Building ist .... (hoch) als der Eiffelturm.

e. Auf dem Notebook kann ich .... (gut) schreiben als auf dem Tablet.

f. Paul ist .... (groß) als Erik.

g. Welchen Pulli findest du .... (schön), den blauen oder den grünen?

25. *Als* ou *wie*? [A2]

a. Silke ist so alt .... ihre Schwester, sie sind Zwillinge.

b. Paul ist älter .... sein Bruder.

c. Ich finde Deutsch weniger schwierig .... Finnisch.

d. Kannst du so schnell .... ich laufen?

e. Der Ficus ist genauso groß .... die Palme.

f. Die Palme ist ein bisschen größer .... der Ficus.

g. Ich glaube, du sprichst besser Deutsch .... ich.

h. Die Jacke ist nicht so teuer .... der Mantel.

A declinação do comparativo

• Ich habe mir ein schnelleres Auto gekauft.	• Comprei um carro mais rápido.

O grau comparativo declina-se da mesma forma que o grau positivo (→ pp. 155 e ss.).

EXERCÍCIOS

26. Desejos. Utilize o comparativo. [A2]

Ich möchte ...

a. (Kamera: modern)   eine *modernere* Kamera

b. (Bücher: interessant)   ....

c. (Computer: gut)   einen ....

d. (Sofa: schön)   ein ....

e. (Fahrrad: schnell)   ein ....

f. (Koffer: groß)   einen ....

g. (Wagen: elegant)   einen ....

h. (Schuhe: bequem)   ....

i. (Wohnung: billig)   eine ....

OS ADJETIVOS

27. Complete com a forma do comparativo. [B1]

a. Meine Schwester hat ein .... (klein) Zimmer als ich.

b. Klaus ist ein .... (gut) Fußballspieler als Michael.

c. Wir haben eine .... (teuer) Wohnung als ihr.

d. Ich möchte einen Computer mit einem .... (stark) Prozessor.

e. Anna hatte die .... (interessant) Idee.

f. Indische Elefanten haben .... (klein) Ohren als afrikanische.

g. Ich hoffe, du hattest ein .... (ruhig) Wochenende als ich.

h. Der liberale Politiker hatte die .... (gut) Argumente.

OS GRAUS E A COMPARAÇÃO - O GRAU SUPERLATIVO

• Martin ist (nicht) **am schnellsten**.	• O Martin (não) é o mais rápido (de todos).
• Martin ist (nicht) **der schnellste**.	• O Martin (não) é o mais rápido (de todos).
• **Der schnellste** Läufer ist Martin.	• O corredor mais rápido é o Martin.

O grau superlativo serve para indicar comparações de superioridade em grau absoluto ou a sua negação. Enquanto na comparação de dois elementos se tem de utilizar o comparativo, sempre que a comparação se faz entre mais de dois elementos, deve-se utilizar obrigatoriamente o superlativo.

Em português, podemos utilizar o superlativo relativo de superioridade (*o mais* + adjetivo + *de todos*) ou o comparativo, mesmo que a comparação seja feita com mais pessoas (*o Martin é mais rápido do que os outros*). ⓓ

O GRAU SUPERLATIVO COM *AM*: FORMAS E USO

positivo		superlativo		
schnell	(1)	am schnell**sten**	rápido	mais rápido (de todos)
breit	(2)	am breit**esten**	largo	mais largo (de todos)

Esta forma do superlativo é invariável e constrói-se acrescentando a terminação **–sten** (1) ou **–esten** (2) ao grau positivo, antecedido de **am**.

A terminação **–esten** é utilizada para os adjetivos terminados em **–d, –t, –s, –ß, –sch**, e **–z**, quando estes são monossilábicos ou quando são agudos (a sílaba tónica é a última): **wild** *(salvagem)*, **breit** *(largo)*, **nervös** *(nervoso)*, **heiß** *(quente)*, **hübsch** *(bonito)*, **kurz** *(curto)*.

Também é habitual, embora não obrigatória, nos adjetivos terminados em ditongo ou em vogal + **h**: **genau** *(exato)*, **neu** *(novo)*, **früh** *(cedo)*.

warm	am wärmsten	quente	mais quente (de todos)

Todos os adjetivos que adquirem ou podem adquirir trema no comparativo, também o fazem no superlativo (→ pp. 167 e s.).

groß	am größ**ten**	grande/alto	maior/mais alto (de todos)

O adjetivo **groß** deve ser considerado irregular, uma vez que, apesar de terminar em **–ß**, apenas se acrescenta **–ten**.

gut	am **besten**	bom	melhor (de todos)

O adjetivo **gut** tem uma forma irregular no superlativo, tal como no comparativo.

• Mein Freund ist **am schnellsten**. (1) • Mein Freund läuft **am schnellsten**. (2)		• O meu amigo é o mais rápido (de todos). • O meu amigo corre mais rápido (do) que qualquer outra pessoa./O meu amigo é o que corre mais rápido (de todos)/O meu amigo é o mais rápido a correr.

Esta forma invariável com **am** só se pode utilizar quando desempenha a função de predicativo do sujeito, com verbos copulativos (1), ou com função adverbial, como modificador de qualquer verbo (2).

EXERCÍCIOS

28. Complete com a forma adequada do superlativo com *am*. [A2]

a. Ich finde alle Geschenke schön, aber *am schönsten* finde ich dein Geschenk.

b. Sie spricht gut Englisch und Deutsch, aber Französisch spricht sie ....

c. Anna und Inga sind groß, aber .... ist Berta.

d. In Barcelona und in Madrid war es heiß, aber .... war es in Sevilla.

e. Hans und Eduard sind intelligent, aber ich glaube, Paul ist ....

f. In Nordeuropa ist es im Winter kalt, aber in Sibirien ist es ....

g. Im Urlaub war alles sehr teuer, aber .... war das Hotel.

OS ADJETIVOS

29. Complete com a forma adequada do superlativo com *am*. [A2]

a. Welcher Sportler läuft *am schnellsten* (schnell)?

b. Welches Buch findest du .... (interessant)?

c. Welche Sprache findest du .... (schwer)?

d. Welche Kollegen findest du .... (nett)?

e. Welche Schauspielerin findest du .... (gut)?

f. Welches Handy ist .... (billig)?

g. Wo sind die Nächte im Sommer .... (kurz)?

O grau superlativo com determinante: formas e uso

positivo		superlativo			
schnell	(1)	der/die/das/die schnellst-	rápido	o/a/os/as mais rápido/a/os/as (de todos)	
breit	(2)	der/die/das/die breitest-	largo	o/a/os/as mais largo/a/os/as (de todos)	
warm	(3)	der/die/das/die wärmst-	quente	o/a/os/as mais quente(s) (de todos)	
groß	(4)	der/die/das/die größt-	grande	o/a/os/as maior(es) (de todos)	
gut	(5)	der/die/das/die best-	bom	o/a/os/as melhor(es) (de todos)	

(1) Na maioria dos adjetivos, o superlativo com determinante forma-se acrescentando a terminação –st ao grau positivo.

(2) Acrescenta-se –est aos mesmos adjetivos aos quais se acrescenta –esten na forma com **am** (→ pp. 170 e ss.).

(3) Os adjetivos que adquirem trema no comparativo, também o adquirem aqui.

(4) (5) Os adjetivos **groß** e **gut** têm uma forma irregular.

• Lukas ist mein bester Freund.	(1)	• O Lukas é o meu melhor amigo.	
• Lukas ist der beste.	(2)	• O Lukas é o melhor.	

Tal como no grau positivo e no grau comparativo, a forma do superlativo deve ser declinada dependendo do determinante que o anteceder (→ pp. 155 e ss.).

Geralmente, esta forma do superlativo atua como modificador do nome (1). Mas por vezes aparece também sem ele (2).

EXERCÍCIOS

30. Complete com a forma do superlativo do adjetivo. Tenha em conta que deve decliná-la. [B1]

a. Wie heißt das *kleinste* (klein) Land der Welt?

b. Er ist auf den .... (hoch) Berg gestiegen.

c. Wir haben die .... (billig) Eintrittskarten gekauft.

d. Wo steht die .... (lang) Mauer der Welt?

e. Der .... (kurz) Weg ist nicht immer der .... (schnell).

f. Ich finde, die .... (nett) Kollegin von allen ist Frau Rose.

g. Wir haben den .... (groß) Vulkan der Erde gesehen.

h. Wo stehen die .... (alt) Bäume der Welt?

31. Traduza as seguintes orações utilizando o superlativo dos adjetivos entre parêntesis. [B1]

a. O Michael é o mais velho dos meus filhos. (alt)

.... meiner Söhne.

b. Comprei o portátil mais barato. (billig)

.... das .... Notebook gekauft.

c. A Anna é a estudante mais nova. (jung)

....

d. Subiram a montanha mais alta. (hoch)

.... gestiegen.

e. Os telemóveis mais caros nem sempre são os melhores. (teuer/gut)

.... Handys ....

32. Comparativo ou superlativo? Qual é a forma correta? [B1]

a. Tenho duas irmãs. A mais velha tem 22 anos.

Ich habe zwei Schwestern. .... ist 22 Jahre alt.

(Die älteste – Die ältere – Am ältesten)

b. O mais velho dos meus quatro irmãos tem 30 anos.

.... meiner vier Brüder ist 30 Jahre alt.

(Der älteste – Der ältere – Am ältesten)

OS ADJETIVOS

c. A Monika é muito bonita. Mas a irmã dela é mais simpática do que ela.

Monika ist sehr hübsch. Aber ihre Schwester ist .... von beiden.

(die netteste – die nettere – am nettesten)

d. Recebemos duas ofertas. A mais interessante é esta.

Wir haben zwei Angebote bekommen. .... ist dieses.

(Das interessanteste – Das interessantere – Am interessantesten)

e. Qual destes dois modelos é o mais barato?

Welches von diesen beiden/zwei Modellen ist .... ?

(das billigste – das billigere – am billigsten)

ADJETIVOS FREQUENTES COM FORMAS IRREGULARES OU ESPECIAIS NA COMPARAÇÃO

positivo	comparativo	superlativo	
alt	älter	am ältesten	velho
arm	ärmer	am ärmsten	pobre
bekannt	bekannter	am bekanntesten	conhecido
breit	breiter	am breitesten	largo
dumm	dümmer	am dümmsten	burro
dunkel	dunkler	am dunkelsten	escuro
fett	fetter	am fettesten	gordo
fit	fitter	am fittesten	em forma
frisch	frischer	am frischesten	fresco
früh	früher	am früh(e)sten	precoce/prematuro
genau	genauer	am genau(e)sten	exato
gesund	gesünder	am gesündesten	saudável
groß	größer	am größten	grande, alto
gut	besser	am besten	bom
hart	härter	am härtesten	duro
heiß	heißer	am heißesten	(muito) quente
hoch	höher	am höchsten	alto
hübsch	hübscher	am hübschesten	bonito
intelligent	intelligenter	am intelligentesten	inteligente
interessant	interessanter	am interessantesten	interessante
jung	jünger	am jüngsten	jovem
kalt	kälter	am kältesten	frio
krank	kränker	am kränksten	doente
kurz	kürzer	am kürzesten	curto
lang	länger	am längsten	comprido
laut	lauter	am lautesten	barulhento, alto

positivo	comparativo	superlativo	
leicht	leichter	am leichtesten	leve, fácil
nass	nasser (nässer)	am nassesten (nässesten)	molhado
nervös	nervöser	am nervösesten	nervoso
nett	netter	am nettesten	simpático, amável
neu	neuer	am neu(e)sten	novo
preiswert	preiswerter	am preiswertesten	económico
sauer	saurer	am sauersten	ácido
scharf	schärfer	am schärfsten	picante, afiado
schlecht	schlechter	am schlechtesten	mau
schmal	schmaler (schmäler)	am schmalsten (am schmälsten)	estreito
schwach	schwächer	am schwächsten	fraco
stark	stärker	am stärksten	forte
süß	süßer	am süßesten	doce
teuer	teurer	am teuersten	caro
verrückt	verrückter	am verrücktesten	louco
warm	wärmer	am wärmsten	quente
weit	weiter	am weitesten	longínquo, largo

A COMPARAÇÃO (RESUMO)

- Er ist **so stark wie** du.
- É tão forte como tu.

so + grau positivo + **wie** = *tão* + adjetivo + *como*

- Er ist **weniger stark als** du.
- É menos forte (do) que tu.

weniger + grau positivo + **als** = *menos* + adjetivo + *que*

- Er ist **stärker als** du.
- É mais forte (do) que tu.

grau comparativo + **als** = *mais* + adjetivo + *que*

- Er ist **viel stärker als** du.
- É muito mais forte (do) que tu.

viel + grau comparativo + **als** = *muito* + *mais* + adjetivo + (do) *que*

- Er hat jetzt **mehr/weniger Zeit als** früher.
- Agora tem mais/menos tempo do que antes.

mehr/weniger + nome + **als** = *mais/menos* + nome + *que*

• Es werden **mehr/weniger als 20 Leute** kommen.	• Virão mais/menos de 20 pessoas.

mehr/weniger + **als** + indicador de quantidade = *mais/menos de* + indicador de quantidade

• Er macht es **am schnellsten**.	• Ele fá-lo mais rápido que qualquer outra pessoa.

superlativo com **am** com função adverbial = *mais* + adjetivo + *que qualquer outra pessoa*

• Er ist **am stärksten/der stärkste**.	• Ele é o mais forte (de todos).

superlativo com **am** com função de predicativo do sujeito = o/*a/os/as* + *mais* + adjetivo
superlativo com determinante sem nome com função de predicativo do sujeito = o/a/os/as + mais + adjetivo

• Er hat **den schnellsten Wagen**.	• Ele tem o carro mais rápido (de todos).

superlativo com determinante + nome com outras funções = determinante + nome + adjetivo

Lembre-se de que nas comparações entre dois elementos deve utilizar obrigatoriamente o comparativo. Se, pelo contrário, compara mais de dois elementos entre si, tem de utilizar o superlativo.
⬭

EXERCÍCIOS

33. Complete com as formas que faltam (positivo – comparativo – superlativo). [A2]

a. jung		
b. frisch		
c.	*hübscher*	
d.		*am dunkelsten*
e. sauer		
f. hoch		
g.	*sympathischer*	

h. leicht		
i.	*interessanter*	
j.		*am größten*

34. Complete as seguintes orações com os adjetivos correspondentes no grau positivo, comparativo e superlativo. [A2]

alt – groß – hoch – langsam – schnell – teuer

a. Das Auto ist ...., der Zug ist ....,

   und das Flugzeug ist am ....

b. Silber ist ...., Gold ist ....,

   und Platin ist am ....

c. Die Ente ist ...., die Schildkröte ist ....,

   und die Schnecke ist am ....

d. Mein Vater ist ...., mein Großvater ist ....,

   und mein Urgroßvater ist am ....

e. New York ist ...., Tokio ist ....,

   und Mexico City ist am ....

f. Der Monte Rosa ist ...., der Montblanc ist ....,

   und der Kilimandscharo ist am ....

35. Transforme o superlativo antecedido de *am* do exercício anterior num superlativo com função de complemento do nome. [B1]

a. Das Flugzeug ist das .... Verkehrsmittel.

b. Platin ist das .... Edelmetall.

c. Die Schnecke ist das .... Tier.

d. Mein Urgroßvater ist mein .... Verwandter.

e. Mexico City ist die .... Stadt.

f. Der Kilimandscharo ist der .... Berg.

A SUBSTANTIVAÇÃO

• Der Kranke musste drei Tage im Bett bleiben.	• O doente teve de ficar três dias de cama.
• Der Arzt spricht mit dem Kranken.	• O médico fala com o doente.
• Wir brachten die Verletzten ins Krankenhaus.	• Levamos os feridos para o hospital.
• Hier werde ich immer ein Fremder sein.	• Aqui serei sempre um estranho.

Tal como acontece em português, os adjetivos podem ser substantivados, isto é, transformados em nomes. Nesse caso, escrevem-se sempre com maiúscula, como os nomes, mas devem ser declinados como adjetivos.

• Das ist **das Negative** an dieser Arbeit.	• Isto é o negativo deste trabalho.

Quando os adjetivos nominalizados exprimem conceitos abstratos, são de género neutro.

EXERCÍCIOS

36. Transforme os seguintes adjetivos em nomes que designam pessoas. [B1]

a.	verwandt	der Verwandte	ein Verwandter
b.	arbeitslos	die	eine ....
c	bekannt	der	ein ....
d.	deutsch	die	eine ....
e.	freiwillig	der	ein ....
f.	fremd	die	eine ....

37. Acrescente as terminações dos adjetivos nominalizados. [B1]

a. Fast alle meine Verwandt....... wohnen in Berlin.

b. Zu diesem Fest kamen nur die Reich....... und Schön......... .

c. Wir haben für diese Arbeit leider keinen Freiwillig....... gefunden.

d. Ein Angestellt....... der Bank hat mir geholfen.

e. Studenten und Arbeitslos....... müssen nur die Hälfte zahlen.

COMPLEMENTOS

• Ich bin **an dem Haus** interessiert.	• Estou interessado na casa.

An dem Haus *(na casa)* depende do adjetivo **interessiert** *(interessado)*. É, portanto, um complemento do mesmo, neste caso, um complemento preposicional.

ADJETIVOS COM COMPLEMENTO PREPOSICIONAL

• Ich bin **mit deiner Arbeit** zufrieden. • Ich bin zufrieden **mit deiner Arbeit**.	• Estou satisfeito com o teu trabalho. • Estou satisfeito com o teu trabalho.

Ao aprender um adjetivo com complemento preposicional, deve decorar a preposição e o caso que rege. Lembre-se de que há preposições que regem sempre o mesmo caso (→ p. 245).

Quando o adjetivo desempenha a função de predicativo do sujeito, o seu complemento preposicional pode ser colocado antes ou depois do mesmo.

São adjetivos com complemento preposicional:

com acusativo: **typisch für** *(típico de)*, **gut/schlecht für** *(bom/mau para)*, **gut/schlecht gegen** *(bom/mau contra)*, **froh über** *(contente por)*, **traurig über** *(triste por)*

com dativo: **interessiert an** *(interessado em)*, **verabredet mit** *(ter hora marcada com)*, **verwandt mit** *(aparentado com)*, **zufrieden mit** *(satisfeito com)*, enttäuscht von *(dececionado com)*

ADJETIVOS COM COMPLEMENTO ACUSATIVO

• Ich bin **17 Jahre alt**.	(1)	• Tenho 17 anos.	
• Das Baby ist **einen Monat alt**.	(2)	• O bebé tem um mês.	
• Der Tisch ist **einen Meter breit**.	(3)	• A mesa tem um metro de largura.	

Os adjetivos **alt** (1) (2) e **breit** (3) podem aparecer com expressões quantitativas. Já conhece perfeitamente a que se constrói com o primeiro, uma vez que é a forma de referir a idade. As indicações quantitativas que aparecem com estes adjetivos costumam ser plurais, pelo que não se nota o caso (1). No entanto, quando essa indicação inclui o numeral **ein-** *(um)*, deve ser utilizado o acusativo (2) (3).

Outros adjetivos deste tipo são: **schwer** (referido a peso), **groß** (referido a altura de seres vivos), **hoch** (referido a altura de coisas), **lang** (referido a comprimento) e **tief** (referido a profundidade).

ADJETIVOS COM COMPLEMENTO DATIVO

• Es ist **mir egal**.	• Tanto me faz.
• **Mir** ist **warm/heiß/kalt**.	• Tenho calor/muito calor/frio.
• **Mir** ist **schlecht**.	• Estou maldisposto.
• Er ist **seinem Vater ähnlich**.	• É parecido com o pai.

EXERCÍCIOS

38. Complete com a preposição. [B1]

für – gegen – mit – von

a. Sind Karotten wirklich gut .... die Augen?

b. Luise ist .... einem bekannten Politiker verwandt.

c. Ich bin wirklich enttäuscht .... dir!

d. Was ist typisch .... afrikanische Elefanten?

e. Man sagt, dass Salbei gut .... Halsschmerzen ist.

f. Warst du .... dem Geschenk zufrieden?

g. Heute Abend bin ich .... einem alten Freund verabredet.

h. Rauchen ist schlecht .... die Gesundheit.

39. Acusativo ou dativo? Assinale a forma correta. [B1]

a. Das ist mir/mich egal.

b. Die Fans waren traurig über die/der Niederlage ihrer Mannschaft.

c. Ich war über deinem/deinen Anruf wirklich froh.

d. Der Chef ist sehr interessiert an dem/den Auftrag.

e. Mich/Mir ist kalt!

40. Falamos de medidas. Traduza as seguintes orações utilizando o adjetivo correspondente. [B1]

alt – breit – dick– groß – hoch – lang – schwer – tief

a. O Harald mede quase dois metros.   ....

b. A torre tem 100 metros de altura.   ....

c. A mesa tem um metro de largura.   ....

d. A cama mede dois metros de comprimento. ....

e. O muro tem um metro de grossura. ....

f. O Helmut pesa 95 kg. ....

g. O meu filho já tem um mês. ....

h. O lago tinha cinco metros de profundidade. ....

6. OS NUMERAIS

6. OS NUMERAIS

• Das Buch kostet **zehn** Euro.	(1)	• O livro custa dez euros.
• Heute ist der **zehnte** Januar.	(2)	• Hoje é (dia) dez de janeiro.

Zehn e **zehnte** são numerais. Os numerais são palavras que servem em geral para indicar quantidade. Os principais tipos de numerais são os cardinais (1) e os ordinais (2).

CARDINAIS – FORMAS

• 0 null	• 3 drei	• 6 sechs	• 9 neun	• 11 elf
• 1 eins	• 4 vier	• 7 sieben	• 10 zehn	• 12 zwölf
• 2 zwei	• 5 fünf	• 8 acht		

Os números de 0 a 12 têm formas simples.

• 13 dreizehn	• 15 fünfzehn	• 17 **siebzehn**	• 19 neunzehn
• 14 vierzehn	• 16 **sechzehn**	• 18 achtzehn	

Os números de 13 a 19 formam-se acrescentando **zehn** ao nome da unidade correspondente. Repare que **sechs** e **sieben** perdem o –**s** e o –**en** final, respetivamente.

• 20 **zwanzig**	• 40 vierzig	• 60 **sechzig**	• 80 achtzig
• 30 **dreißig**	• 50 fünfzig	• 70 **siebzig**	• 90 neunzig

As dezenas formam-se acrescentando a terminação –**zig** (no caso de 30, –**ßig**) ao nome da unidade. Como pode ver, **sechs** e **sieben** também perdem aqui as suas terminações –**s** e –**en**. O número 20 tem uma forma totalmente irregular.

• 21 einundzwanzig	• 54 vierundfünfzig
• 36 sechsunddreißig	• 77 siebenundsiebzig

A união de dezenas e unidades forma-se ao contrário do que acontece em português: unidade + **und** + dezena. Lembre-se de que a unidade **eins** perde o –**s** final. ⓪

• 100 (ein)hundert	• 101 (ein)hunderteins	• 189 (ein)hundertneunundachtzig
• 200 zweihundert	• 212 zweihundertzwölf	• 293 zweihundertdreiundneunzig
• 1000 (ein)tausend	• 2012 zweitausendzwölf	• 2293 zweitausendzweihundert-dreiundneunzig

As centenas e os milhares formam-se antepondo o número em questão às palavras **hundert** (*cem*) e **tausend** (*mil*).

No caso de 100 e 1000, o uso da unidade **ein-** (que perde o –s final) é facultativo.

A união de centenas e milhares com números menores faz-se da seguinte forma: centena/milhar + número menor. Por extenso (p. ex., em cheques), escreve-se tudo junto.

- 1.999.999 eine Million neunhundertneunundneunzigtausendneunhundertneunundneunzig
- 3.245.788 drei Millionen zweihundertfünfundvierzigtausendsiebenhundertachtundachtzig

A palavra **Million/Millionen** escreve-se separada, tanto do número que a antecede como do número que a segue.

EXERCÍCIOS

1. **Escreva os números correspondentes. [A1]**

   a. dreizehn 13

   b. zwölf ....

   c. sechzehn ....

   d. null ....

   e. elf ....

   f. dreißig ....

   g. siebzehn ....

2. **Aponte os seguintes números de telefone. [A1]**

   a. fünfundneunzig einundvierzig sechzig 95 41 60

   b. sechsundsiebzig einundzwanzig vierzehn ....

   c. zwanzig fünfzig siebenundsiebzig ....

   d. fünfundfünfzig fünfzehn vierunddreißig ....

   e. einundachtzig achtundneunzig achtzehn ....

   f. zweiundvierzig vierundzwanzig siebzig ....

   g. sechsundneunzig neunzehn neunzig ....

OS NUMERAIS

3. **Escreva os números correspondentes. [A1]**

   a. *neunhundertdreizehn*   *913*

   b. sechshundertzwanzig ....

   c. zweihundertzwei ....

   d. dreitausendvierhundertfünfzig ....

   e. eintausenddreihundertneunzehn ....

   f. fünfhundertdreiundzwanzigtausendvierhundertsiebzig ....

   g. zwei Millionen dreihundertachtundneunzigtausendsiebenhundertsechsundvierzig

   ....

4. **Escreva o resultado numérico na primeira coluna.**
   Aponte na segunda a fórmula correspondente. [A1]

   a. *dreiundzwanzig minus zehn ist dreizehn*   *(23 – 10 = 13)*

   b. fünfunddreißig plus zwanzig ist ....

   c. achtzehn plus sieben ist ....

   d. fünfundfünfzig minus vierundzwanzig ist ....

   e. zweiundachtzig plus elf ist ....   (82 + 11 =   )

   f. zweiundsechzig minus zwölf ist ....

   g. sechsunddreißig minus achtzehn ist ....

5. **Escreva os seguintes números por extenso. [A1]**

   a. *53 dreiundfünfzig*

   b. 67 ....

   c. 76 ....

   d. 41 ....

   e. 16 ....

   f. 30 ....

   g. 17 ....

6. **Escreva por extenso os seguintes valores, como o faria num cheque. [A1]**

   a. *513,- € fünfhundertdreizehn Euro*

   b. 720,- € ....

   c. 216,- € ....

d. 4.576,- € ....

e. 7.770,- € ....

f. 26.616,- € ....

g. 670.211,- € ....

CARDINAIS – USO

- Die CD kostet dreiundzwanzig Euro.
- Es ist **sieben (Uhr)**.
- Das Kind ist **zweitausendeins** geboren.

- O CD custa 23 euros.
- São sete horas.
- A criança nasceu em dois mil e um.

Tal como em português, os cardinais são utilizados, por exemplo, para indicar preços, horas e anos.

NAS INDICAÇÕES DE PREÇOS

- A: Wie viel kostet das?
- B: Zwei Euro (und) zehn (Cent).

- Quanto custa isto?
- B: Dois euros (e) dez (cêntimos).

Diferenças alemão/português: 1) as palavras **Euro** e **Cent** aparecem sempre no singular; 2) entre o valor dos euros e o dos cêntimos não há nenhuma conjunção, exceto quando aparece explícita a palavra "Cent" (①)

- Das kostet/macht **einen** Euro.
- Ich habe nur **einen** Dollar bezahlt.

- A: Isto custa um euro.
- B: Só paguei um dólar.

Com **kosten, machen** e **bezahlen**, o preço aparece no acusativo. Logicamente, isto só é evidente quando, como nos exemplos, o valor é "**ein**/*um*", quando a moeda em questão é masculina ou quando a unidade se encontra no final de um valor de uma moeda masculina: **Das kostet einhunderteinen Euro.** *(Isto custa cento e um euros.)*.

Escreve-se:

Diz-se:

- 0,90 € / -,90 €
- 2,30 €
- 8,00 € / 8,- €

- neunzig Cent
- zwei Euro dreißig
- acht Euro

EXERCÍCIOS

7. Está numa loja de informática e toma nota dos preços que lhe parecem interessantes. [A1]

a. *dvd-Player: Nur neununddreißig Euro fünfzig!*   *39,50 €*

b. Notebook: Nur sechshundertfünfundzwanzig Euro!   ....

c. Drucker: Nur siebenundfünfzig Euro!   ....

d. 50 dvds: Nur einundzwanzig Euro achtundneunzig!   ....

e. mp3-Player: Nur fünfundvierzig Euro achtzig!   ....

f. Digitalkamera: Nur neunundneunzig Euro!   99,- €

g. Handy: Nur achtundzwanzig Euro neunzig!   ....

8. Está a verificar a conta do supermercado em voz alta. Como diria o preço? [A1]

a. *Der Käse kostet 2,20 €.*   *zwei Euro zwanzig*

b. Das Brot kostet 0,95 €.   ....

c. Die Kartoffeln kosten 1,55 €.   ....

d. Die Bratwürste kosten 2,10 €.   ....

e. Die Eier kosten 1,30 €.   ....

f. Das Wasser kostet 0,65 €.   *fünfundsechzig Cent*

g. Der Kaffee kostet 3,95 €.   ....

NAS INDICAÇÕES HORÁRIAS

• Es ist neun (Uhr).	(1)	• São nove horas.
• Es ist ein Uhr/Es ist eins.	(2)	• É uma hora.

A palavra **Uhr** utiliza-se apenas para indicar a hora certa (1), sem que o seu uso seja obrigatório. O verbo aparece sempre no singular e há duas formas de indicar "uma hora em ponto" (2): com **Uhr** depois de **ein** ou sem **Uhr** depois de **eins**.

• Es ist **halb** elf.	• São dez e meia.

Para a "meia", coloca-se **halb** antes da hora.

• Es ist Viertel **nach/vor** neun. (1)	• São nove e/menos um quarto.
• Es ist zehn (Minuten) **nach/vor** neun. (2)	• São nove e/menos dez.
• Es ist fünf (Minuten) **vor** halb neun. (3)	• São oito e 25.
• Es ist fünf (Minuten) **nach** halb neun. (4)	• São nove menos 25.

Nos restantes casos, toma-se a hora certa ou a meia hora como referência, indicando o tempo que falta (com **vor**) ou o que passou (com **nach**). A meia hora serve de referência desde a hora e 20 até à hora menos 20.

A ordem é: **Viertel** *(quarto)* ou os minutos + **vor/nach** + a hora (1) (2) ou os minutos + **vor/nach** + **halb** (3) (4).

• Es ist **vierzehn Uhr fünfzehn.**	• São catorze (horas) e quinze (minutos).

Para anunciar as horas, por exemplo, em estações de comboio ou em aeroportos, utilizam-se os numerais de 0 a 24. Como em português, indica-se primeiro a hora e depois os minutos, mas acrescenta-se a palavra **Uhr** entre ambos. Por escrito, sob a forma numérica, a hora do exemplo apareceria como **14.15 Uhr**.

• Wie spät ist es?	• Que horas são?
• Wie viel Uhr ist es?	• Que horas são?

Repare que para perguntar as horas pode utilizar duas fórmulas distintas.

• A: **Wann/Um wie viel Uhr** beginnt der Film?	• A: Quando/A que horas começa o filme?
• B: **Um** halb neun.	• B: Às oito e meia.

Quando se pergunta a hora em que algo acontece, podem-se utilizar as fórmulas **wann** *(quando)* ou **um wie viel Uhr**. Nesse caso, na resposta, as horas aparecem antecedidas de **um**.

EXERCÍCIOS

9. Qual é a resposta correta? [A1]

a. *Es ist 16.45 Uhr.* ❏ *Viertel nach fünf*   ❏ *Viertel vor fünf*   ❏ *Viertel vor vier*

b. Es ist 07.06 Uhr. ❏ *sechs vor sieben*   ❏ *sieben nach sechs*   ❏ *sechs nach sieben*

c. Es ist 19.30 Uhr. ❏ *halb acht*   ❏ *halb sieben*   ❏ *halb neun*

d. Es ist 12.15 Uhr. ❏ *Viertel nach zwölf*   ❏ *zwölf nach drei*   ❏ *Viertel vor zwölf*

e. Es ist 18.54 Uhr. ❏ *sechs nach sechs*   ❏ *sechs vor sieben*   ❏ *sechs vor sechs*

f. Es ist 19.19 Uhr. ❑ sieben nach sieben   ❑ sieben nach siebzehn

❑ neunzehn nach sieben

g. Es ist 13.37 Uhr. ❑ sieben nach halb eins ❑ sieben nach halb zwei

❑ sieben nach halb drei

10. Escreva a hora em formato numérico. [A1]

a. *Es ist zehn vor drei.* 2.50 Uhr / 14.50 Uhr

b. Es ist Viertel nach fünf. ....

c. Es ist acht Uhr. ....

d. Es ist sechs vor halb eins. ....

e. Es ist dreizehn nach sieben. ....

f. Es ist zwanzig vor neun. ....

g. Es ist halb zwölf. ....

h. Es ist Viertel vor vier. ....

i. Es ist zwei nach halb zwei. ....

11. Que horas são? Indique-o no formato "não oficial", como no exemplo. [A1]

a. *16.05 Uhr   Es ist fünf nach vier.*

b. 11.45 Uhr ....

c. 13.00 Uhr ....

d. 20.15 Uhr ....

e. 14.30 Uhr ....

f. 19.35 Uhr ....

g. 08.07 Uhr ....

h. 15.25 Uhr ....

i. 17.00 Uhr ....

12. Traduza as seguintes indicações horárias. [A1]

a. *São oito e dez. Es ist zehn nach acht.*

b. É uma e meia. ....

c. São dez menos dez. ....

d. São nove horas. ....

e. São quatro e um quarto. ....

f. São cinco e vinte e cinco... .

g. São oito menos vinte e dois. ....

h. É uma hora. ....

i. São onze menos um quarto... .

13. A que horas parte o comboio? Responda à pergunta com a forma oficial. [A1]

a. *16.05 Uhr   Der Zug fährt um <u>sechzehn Uhr fünf</u> ab.*

b. 03.30 Uhr ....

c. 23.29 Uhr ....

d. 19.45 Uhr ....

e. 24.00 Uhr ....

f. 06.40 Uhr ....

g. 15.55 Uhr ....

h. 22.15 Uhr ....

i. 13.20 Uhr ....

NA NUMERAÇÃO DOS ANOS

- Konstantin der Große starb 337 (**dreihundertsiebenunddreißig**).
- Ich bin 1975 (**neunzehnhundertfünfundsiebzig**) geboren.
- Die Firma existiert seit 2002 (**zweitausend(und)zwei**).

- Constantino o Grande morreu em 337.
- Eu nasci em 1975.
- A empresa existe desde 2002.

De 1100 a 1999 não se utiliza a palavra **tausend** (*mil*), mas sim a palavra **hundert** (*cem*) antecedida dos números 11 a 19 (**neunzehnhundert**). Os números finais de 1 a 99 são indicados tal qual (**fünfundsiebzig**).

A partir do número 2000, entre este e o seguinte número (dezenas ou unidades) pode aparecer a conjunção **und**.

O mesmo acontece em português: os anos têm a conjunção *e* entre os milhares e as dezenas ou unidades, ou entre as centenas e as dezenas ou unidades. Também se verifica a presença do *e* entre os milhares e as centenas quando estas terminam em 00 (*Mil e novecentos*). ⟲

EXERCÍCIOS

14. Quando nasceram estas pessoas? Escreva também o ano por extenso. [A1]

> 742 – 1136 – 1564 – 1749 – ~~1867~~ – 1879 – 1910 – 1926

a. *Marie Curie*   *1867 achtzehnhundertsiebenundsechzig*

b. Galileo Galilei ....

c. Mutter Teresa ....

d. Karl der Große ....

e. Petronella von Aragón ....

f. Johann Wolfgang von Goethe ....

g. Albert Einstein ....

h. Marilyn Monroe ....

ORDINAIS – FORMAS

• zweit- • zwanzigst-	• viert- • hundertst-	• elft- • tausendst-

Os ordinais formam-se acrescentando **–t** ou **–st** aos cardinais. Acrescenta-se **–t** aos cardinais de 1 a 19 e **–st** aos restantes.

• erst- • siebt-	• dritt- • acht-

Os ordinais correspondentes aos cardinais 1, 3, 7 e 8 têm formas especiais.

As referidas formas dos ordinais nunca podem aparecer na sua forma base, já que devem ser declinadas como um adjetivo (**der zweite, den zweiten**, etc.) (→ pp. 155 e ss.).

ORDINAIS – USO

• Heute ist der **zweite** März. • Johann der **Zweite** war ein portugiesischer König, und Ludwig der **Vierzehnte** war König von Frankreich. • Fernando Alonso ist in Singapur **Erster** geworden.	• Hoje é dia 2 de março. • D. João II foi um rei português e Luís Catorze foi rei de França. • Fernando Alonso ficou em primeiro (lugar) em Singapura.

Os ordinais indicam o lugar que ocupa alguma coisa ou alguém numa série ordenada numericamente.

Usam-se também depois de nomes de monarcas e, ao contrário do que acontece em português, em alemão também se usa sistematicamente para as datas (veja-se em seguida). No caso dos nomes de monarcas, por escrito aparecem sob a forma de números romanos seguidos de um ponto (**Johann II., Ludwig XIV.**). ⓜ

NAS DATAS

• Heute ist **der vierte fünfte**.	(1)	• Hojé é dia quatro do cinco.
• **Der erste** Mai ist Feiertag.	(2)	• O 1.º de Maio é feriado.

Em expressões como **Heute ist .../Gestern war ...** *(Hoje é .../Ontem foi ...)*, etc. (1) ou quando a data desempenha a função de sujeito (2), o ordinal aparece sempre com artigo definido **der** *(o)* e termina em **–e**. O número do mês também aparece sob a forma de ordinal (1).

• Der Wievielte ist heute? • Den Wievielten haben wir heute? • Welches Datum ist heute?	• Que dia é hoje? • A quantos estamos hoje? • Hoje que data é?

Há várias formas possíveis para perguntar a data.

Escreve-se:　　　　　　　　　**Lê-se:**

• Berlin, 4.5.2019	• Berlin, vier**ter** fünf**ter** zweitausend(und) neunzehn

Assim é como se costuma pôr a data nas cartas, com pontos entre os números. Repare que ao lê-los, os ordinais têm a terminação **–er**.

• Der Kurs beginnt **am** vierten fünften.	(1)	• O curso começa a quatro do cinco.
• Wir bleiben bis **zum** ersten Mai.	(2)	• Ficamos até ao dia um de maio.

Na resposta a uma pergunta com **wann** *(quando)*, o ordinal termina em **–en** (dativo). Quando em português se utiliza a preposição *a* ou *em*, em alemão utiliza-se **am** (1). Nos restantes casos, utiliza-se a preposição correspondente (2).

EXERCÍCIOS

15. Escreva a data por extenso. [A1]

a. *Heute ist der 5.8.*   *Heute ist der fünfte achte.*

b. Heute ist der 1.9. ....

c. Heute ist der 13.8. ....

d. Heute ist der 3.5. ....

e. Heute ist der 31.1. ....

f. Heute ist der 21.2. ....

g. Heute ist der 28.7. ....

h. Heute ist der 15.5. ....

i. Heute ist der 8.10. ....

16. Que dia é hoje? [A1]

a. *Hoje é cinco de março. Heute ist der fünfte März. / Heute ist der 5.3.*

b. Hoje é vinte e dois de maio. ....

c. Hoje é sete de setembro. ....

d. Hoje é um de janeiro. ....

e. Hoje é quinze de fevereiro. ....

f. Hoje é trinta de agosto. ....

g. Hoje é dezoito de novembro. ....

h. Hoje é três de dezembro. ....

i. Hoje é dezasseis de abril. ....

17. Quando é que isto aconteceu? Consulte as palavras que não conhecer no dicionário. [A2]

> 23.10.1940 – ~~14.3.1879~~ – 20.7.1969 – 1.1.2001 – 20.1.2009 – 11.7.2010

a. *Wann ist Albert Einstein geboren?*

Am 14.3.1879   Am vierzehnten dritten achtzehnhundertneunundsiebzig.

b. Wann hat Spanien die Fußballweltmeisterschaft gewonnen?

....

c. Wann sind die ersten Menschen auf dem Mond gelandet?

....

d. Wann ist Barack Obama zum ersten Mal Präsident der USA geworden?

....

e. Wann ist Pelé geboren?

....

f. Wann hat das 21. Jahrhundert begonnen?

....

18. Escreva por extenso e em números as datas indicadas no início de uma carta. [A1]

a. *Berlim, quatro de maio de mil novecentos e noventa e nove*

Berlin, 4.5.1999 / Berlin, vierter fünfter neunzehnhundertneunundneunzig

b. Colónia, dezassete de outubro de dois mil e seis

Köln, ...

c. Hamburgo, sete de abril de mil oitocentos e setenta e seis

Hamburg, ...

d. Frankfurt, vinte e três de janeiro de dois mil e dez

Frankfurt, ...

e. Mogúncia, nove de agosto de mil quinhentos e cinquenta e cinco.

Mainz, ...

f. Viena, vinte e sete de dezembro de dois mil e um

Wien, ...

7. OS ADVÉRBIOS

7. OS ADVÉRBIOS

OS ADVÉRBIOS DE AFIRMAÇÃO E NEGAÇÃO *JA, DOCH, NEIN*

- A: Wohnst du in Berlin?
- B: **Ja** (, ich wohne in Berlin).
- B: **Nein** (, ich wohne nicht in Berlin).

- A: Vives em Berlim?
- B: Sim (, vivo em Berlim).
- B: Não (, não vivo em Berlim).

Como os seus correspondentes em português, *sim* e *não*, **ja** e **nein** servem para responder afirmativa ou negativamente a uma pergunta. Como resposta, estes advérbios podem aparecer sozinhos.

- A: Wohnst du **nicht** in Berlin?
- B: **Doch** (, ich wohne in Berlin).
- A: Hast du **kein** Wörterbuch?
- B: **Doch** (, aber ich habe es vergessen).

- A: Não vives em Berlim?
- B: Vivo (, sim), (vivo em Berlim).
- A: Não tens dicionário?
- B: Tenho (, sim) (, mas esqueci-me de o trazer).

Quando a pergunta tem uma formulação negativa, para responder afirmativamente não se pode utilizar **ja**, mas sim **doch**.
Quanto ao uso de **doch** e **ja** como partículas modais, consulte as páginas 260 e s.

EXERCÍCIOS

1. **Responda às perguntas com *ja, doch* ou *nein*. [A2]**

a. **A** : *Trinkst du kein Bier?*   **B** : *Doch, ich trinke gern Bier.*

b. **A** : Möchtest du ein Bier?   **B** : .... danke, lieber einen Wein.

c. **A** : Kommt ihr nicht aus Portugal?   **B** : ...., aus Brasilien.

d. **A** : Möchten Sie noch etwas essen?   **B** : ...., gern!

e. **A** : Bist du nicht Andrea?   **B** : ...., das bin ich!

f. **A** : Kannst du mir bitte helfen?   **B** : ...., natürlich!

g. **A** : Hat sie kein Geld mehr?   **B** : ...., sie hat noch 20 Euro.

h. **A** : Isst du nie Spinat?   **B** : ...., nie, ich hasse Spinat.

i. **A** : Haben Sie keine Kinder?   **B** : ...., zwei.

O ADVÉRBIO DE NEGAÇÃO *NICHT*

• Ich wohne **nicht** in Berlin. • Am Freitag arbeite ich **nicht**. • Ich kenne Frau Murkel **nicht**.	• Não vivo em Berlim. • Na sexta-feira não trabalho. • Não conheço a senhora Murkel.

Nicht é o correspondente alemão mais habitual do advérbio português *não*, quando não é utilizado como resposta única a uma pergunta, mas faz parte de uma oração.

Em algumas ocasiões, em vez de **nicht** deve utilizar-se **kein-** (→ pp. 266 e s.).

A COLOCAÇÃO DE *NICHT*

• Ich rauche **nicht**.	• Não fumo.

Enquanto em português o advérbio de negação deve preceder o verbo conjugado, o mesmo não é possível em alemão. ⓧ

• Mein Freund ist **nicht Ingenieur/nicht krank**. (1) • Ich gehe morgen **nicht in die Schule**. (2) • Wir wohnen **nicht in Belo Horizonte**. (3) • Ich habe gestern **nicht gut** geschlafen. (4) • Ich habe gestern **nicht mit ihm** gesprochen. (5)	• O meu amigo não é engenheiro/não está doente. • Amanhã não vou à escola. • Não vivemos/moramos no Belo Horizonte. • Ontem não dormi bem. • Ontem não falei com ele.

O advérbio de negação deve **anteceder** sempre:
(1) atributos;
(2) complementos circunstanciais que indicam direção;
(3) complementos circunstanciais de lugar, desde que sejam elementos imprescindíveis na oração.
    Não se pode dizer **Ich wohne** *(Vivo/moro)*.
(4) complementos circunstanciais de modo;
(5) complementos preposicionais.

• Dein Buch? Ich habe **es nicht**. (1) • Hier darf **man nicht** parken. (2) • Warum beschwert er **sich nicht**? (3) • Ich kann **leider nicht** kommen. (4)	• O teu livro? Não o tenho. • Aqui não se pode estacionar. • Porque é que não se queixa? • Infelizmente, não vou poder/posso vir.

O advérbio de negação deve ser sempre **colocado depois de**:
(1) pronome pessoal **es**;
(2) pronome indefinido **man** *(se)*;

(3) pronomes reflexivos (salvo pouquíssimas exceções);
(4) advérbios de frase (→ p. 202).

• Ich komme **heute nicht**. (1) • Ich komme **nicht heute**. Ich komme morgen. (2) • Ich brauche **den Bleistift nicht**. (3) • Ich brauche **nicht den Bleistift**, sondern den Kugelschreiber. (4) • Ich lade **sie nicht** ein. (5) • Ich lade **nicht sie** ein, sondern ihre Schwester. (6)	• Hoje não venho. • Não venho hoje. Venho amanhã. • Não preciso do lápis. • Não preciso do lápis, mas sim da caneta. • Não a vou convidar. • Não a vou convidar a ela, mas sim a irmã dela.

Relativamente aos restantes elementos, **nicht** é colocado depois deles, como nos exemplos (1), (3) e (5). Só no caso de se indicar, implícita ou explicitamente, uma alternativa, deve ser colocado antes, como nos exemplos (2), (4) e (6). Nestes últimos casos, o destaque do enunciado recai sobre o elemento antecedido por **nicht: Ich komme nicht HEUTE, ich komme MORGEN**.

TABELA RESUMO (A COLOCAÇÃO DE *NICHT*)

sempre antes	sempre depois	depois (exceto quando se acrescenta uma alternativa)
- de um atributo - de um complemento circunstancial de direção - de um complemento circunstancial de lugar obrigatório - de um complemento circunstancial de modo - de um complemento preposicional	- do pronome pessoal **es** - do pronome indefinido **man** - dos pronomes reflexos - dos advérbios de frase	- de outros complementos circunstanciais (de lugar não obrigatórios, de tempo, de causa, etc.) - do complemento direto - do complemento indireto

EXERCÍCIOS

2. **Responda negativamente às perguntas. [A1]**

a. **A** : *Findest du ihn nett?*   **B** : *Nein, ich finde ihn nicht nett.*

b. **A** : Leben sie in Hamburg?   **B** : Nein, ...

c. **A** : Heißt sie Berta?   **B** : Nein, ...

d. **A** : Hilfst du ihm?   **B** : Nein, ...

e. **A** : Bist du in Facebook?   **B** : Nein, ...

f. **A** : Bringst du das Paket zur Post? **B** : Nein, ...

g. **A** : Ist das deine Tasche?   **B** : Nein, ...

h. **A** : Fahrt ihr an den Strand?   **B** : Nein, ...

i. **A** : Telefonierst du?   **B** : Nein, ...

j. **A** : Fährt der Wagen schnell?   **B** : Nein, ...

k. **A** : Bezahlst du die Rechnung?   **B** : Nein, ...

3. Formule a negação correspondente. [A2]

a. *Er spricht laut. Er spricht nicht laut.*

b. Sie interessiert sich für Sport. ....

c. Ich weiß es! .... !

d. Freust du dich? .... ?

e. Ich lade ihn vielleicht ein. ....

f. Hier kann man schwimmen. ....

g. Ich erinnere mich. ....

h. Sie frühstückt morgens. ....

i. Das funktioniert natürlich. ....

j. Ich warte auf dich. ....

k. Hast du es gesehen? .... ?

4. Traduza as frases colocando os elementos na ordem correta, começando pelo sujeito. [A2]

a. *Amanhã não vimos Wir kommen morgen nicht.*

b. Não gosto de ti. ....

c. Não compro o blazer. Compro o sobretudo. ....

d. Porque não me ajudas? .... ?

e. Não trabalho em casa, trabalho na biblioteca. ....

f. (Ela) não gosta de ti mas sim do teu irmão. ....

g. Amanhã não vimos, vimos na terça-feira. ....

h. A Marta não ajuda o David, ajuda o Michael. ....

i. Não comprei o sobretudo. ....

ADVÉRBIOS DE FRASE

- **Vielleicht** ist er krank.
- Ich kann dir **leider** nicht helfen.
- **Hoffentlich** kommt er bald.

- Talvez esteja doente.
- Infelizmente não posso ajudar-te.
- Oxalá venha em breve.

Estes advérbios modificam o enunciado na sua totalidade. Indicam a forma em que o falante julga o que diz. Assim, **vielleicht** *(talvez)* indica que faz uma suposição, **leider** *(infelizmente)* que lamenta a situação e **hoffentlich** *(oxalá)* implica um desejo.

Outros advérbios deste tipo: **bestimmt** *(certamente)*, **endlich** *(finalmente)*, **natürlich** *(é natural-mente/claro que...)*, **sicher** *(seguramente)*, **normalerweise** *(normalmente)*, **wahrscheinlich** *(provavel-mente)*, **wirklich** *(realmente)*.

Deve ter em consideração que:

1) Em português, alguns deles selecionam o modo conjuntivo, enquanto em alemão, geralmente, o verbo aparece no indicativo. ⓒⓓ

2) Em português, podem aparecer no início, a meio ou no final da oração; em alemão, podem apa-recer no início ou a meio, embora haja algumas exceções: **hoffentlich** aparece, habitualmente, no início, enquanto **wirklich** só pode ser utilizado a meio da oração: **Das ist wirklich ein guter Plan.** ⓒⓓ

EXERCÍCIOS

5. **Traduza os enunciados, utilizando os seguintes advérbios. Sempre que possível, coloque-os no início da oração. [B1]**

   endlich – hoffentlich – leider – natürlich – vielleicht – wirklich

   a. Oxalá tenhamos dinheiro suficiente. ....

   b. Finalmente disseram alguma coisa. ....

   c. Isto é um problema, realmente. ....

   d. Talvez nos vejamos em breve. ....

   e. Infelizmente, não te posso ajudar. ....

   f. (É) Claro que também podemos ir de carro. ....

ADVÉRBIOS DE TEMPO

• **Jetzt** wohnen wir in Paris.	(1)	• Agora vivemos em Paris.	
• **Zuerst** war ich in Paris und **danach** in Bonn.	(2)	• Primeiro estive em Paris e depois, em Bona.	
• Wir können nicht **lange** bleiben.	(3)	• Não podemos ficar muito tempo.	
• Geht ihr **oft** ins Theater?	(4)	• Vocês vão muito ao teatro?	
• Sie gehen **täglich** einkaufen.	(5)	• Vão às compras todos os dias.	

Fazem referência a circunstâncias temporais nas quais acontece o que se indica na oração. Podem situar a ação no tempo (1), relacionar diferentes ações no tempo (2) e indicar duração (3), frequência (4) ou repetição (5).

Os advérbios que **situam a ação no tempo** respondem à pergunta **wann?** (*quando?*). São advérbios deste tipo:

– **jetzt** *(agora)*, **gerade** *(neste momento; acabar de)*, **gleich** *(daqui a pouco)*, **sofort** *(já a seguir)*, **bald** *(em breve)*, **irgendwann** *((a) qualquer momento)*
– **heute** *(hoje)*, **morgen** *(amanhã)*, **übermorgen** *(depois de amanhã)*, **gestern** *(ontem)*, **vorgestern** *(anteontem)*
– **damals** *(naquela época)*, **früher** *(antes, antigamente)*

• Ich **telefoniere gerade** mit Marta.	(1)	• Estou a falar ao telefone com a Marta.	
• Ich **habe gerade** mit Marta **telefoniert.**	(2)	• Acabo de falar ao telefone com a Marta./ Estava a falar ao telefone com a Marta.	

(1) Utilizada com o verbo no presente, a expressão com **gerade** equivale em português à construção *estar a* + infinitivo.

(2) Utilizada com o verbo no **Perfekt**, a expressão com **gerade** equivale em português à construção *acabar de* + infinitivo.

São advérbios que **relacionam diferentes ações no tempo**:

– **da** *(então, naquele momento)*, **plötzlich** *(de repente)*
– **noch** *(ainda)*, **schon** *(já)*
– **dann** *(então, depois)*, **danach** *(depois)*, **davor** *(antes)*, **vorher** *(antes)*, **inzwischen** *(entretanto)*

Os advérbios que **indicam duração** respondem à pergunta **wie lange?** (*quanto tempo?*). São advérbios deste tipo:

– **lange** *(muito tempo)*, **stundenlang**, **tagelang**, **wochenlang**, ... *(durante horas, dias, semanas ...)*

Os advérbios que **indicam frequência** respondem à pergunta **wie oft?** (*quantas vezes?*). São advérbios deste tipo:

– **immer** *(sempre)*, **meistens** *(a maioria das vezes)*, **oft** *(frequentemente/muitas vezes)*, **manchmal** *(às vezes)*, **selten** *(raramente, poucas vezes)*, **nie** *(nunca)*, **einmal** *(uma vez)*, **zweimal** *(duas vezes)* ..., **täglich** *(diariamente/todos os dias)*, **wöchentlich** *(semanalmente/todas as semanas)* ...

São advérbios que **indicam repetição**:

– **morgens** *(de manhã)*, **vormittags** *(de manhã)*, **mittags** *(à hora do almoço)*, **nachmittags** *(à tarde)*, **abends** *(à tarde/noite)*, **nachts** *(à noite)*, **montags** *(à segunda-feira)*, **dienstags** *(à terça-feira)* ...
– **noch (ein)mal** *(outra vez)*, **wieder** *(novamente)*

• **Der Unterricht gestern** war langweilig.	• As aulas de ontem foram aborrecidas.

Alguns dos advérbios temporais podem funcionar como complementos de um nome. Nesses casos, aparecem depois do nome.

EXERCÍCIOS

6. **Wann? Wie lange? Wie oft?** [A2]

a. **A** : *Wie oft essen Sie Gemüse?* **B** : *Täglich.*

b. **A** : .... reparierst du das Fahrrad? **B** : Morgen.

c. **A** : .... hast du diesen Film schon gesehen? **B** : Zweimal.

d. **A** : .... fängt der Film an? **B** : Er hat gerade angefangen.

e. **A** : .... kommst du zurück? **B** : Gleich!

f. **A** : .... haben wir uns nicht gesehen? **B** : Sehr lange.

7. **Traduza os seguintes enunciados utilizando o advérbio de tempo *gerade* e os seguinte verbos.** [A2]

ankommen – aufstehen – sein – telefonieren – vorbereiten – weggehen

a. Acabo de me levantar. Ich ....

b. O Stefan está a fazer o jantar. Stefan ....

c. **A** : Onde está o chefe? – **B** : Acaba de chegar.

   A : Wo ist der Chef? – **B** : Er ....

d. Neste momento não estou em casa. Podes deixar-me uma mensagem.

   Ich .... zu Hause. Du kannst mir eine Nachricht hinterlassen.

e. **A** : O Stefan não está? – **B** : Não, acaba de sair.

A : Ist Stefan nicht da? – **B** : Nein, er ....

f. Não me interrompas, estou a falar ao telefone!

Stör mich nicht, ich ....!

ADVÉRBIOS DE LUGAR

• Wir wohnen in Alfarim. **Da** haben wir ein Haus. (1) • Kennt ihr Alfarim? Wir fahren morgen **dahin**. (2) • Kennt ihr Alfarim? Ich komme gerade **von dort**. (3)	• Vivemos em Alfarim. Temos lá uma casa. • Conhecem Alfarim? Nós vamos lá/para lá amanhã. • Conhecem Alfarim? Acabo de vir de lá.

Os advérbios de lugar são a forma mais breve de indicar um lugar. Geralmente, referem-se a um lugar referido anteriormente (antecedente - neste caso, **Alfarim**).

Podem indicar o lugar onde alguma coisa "acontece" (1), mas também podem indicar direção (2) ou procedência (quando antecedidos da preposição **von** *(de)*) (3).

Em português não costumamos distinguir entre localização e direção, servindo a forma *lá* para ambas, enquanto em alemão se faz a distinção: **da/dort** (localização) e **dahin/dorthin** (direção). ⓐⓑ

• **Da** ist der neue Direktor. • Stellen Sie das Sofa **dahin**.	• Ali está o novo diretor. • Ponham o sofá ali.

Estes advérbios não têm necessariamente de referir um lugar anteriormente referido (antecedente). Podem também fazer referência a um lugar que podemos, literalmente, apontar com o dedo.

• **Oben** wohnt Familie Meier, **unten** Familie Schmitt. (1) • Siehst du den Turm? Das Kino ist **daneben**. (2)	• Em cima vive a família Meier, em baixo, a família Schmitt. • Vês a torre? O cinema fica ao lado.

Noutros casos, há um ponto de referência não explícito. Seria o caso do exemplo (1), em que o falante se refere aos vizinhos do andar de cima e de baixo. Por outro lado, em casos como o do exemplo (2) a presença de um antecedente é obrigatória.
São advérbios que indicam **localização** e que respondem à pergunta **wo?** *(onde?)*:

OS ADVÉRBIOS

1) **hier** *(aqui)*, **da/dort** *(aí, ali, lá)* – com ou sem antecedente;
2) **links** *(à esquerda)*, **rechts** *(à direita)* – com ou sem antecedente;
3) **hinten** *(atrás)*, **vorn(e)** *(à frente)*, **oben** *(em cima)*, **unten** *(em baixo)*, **draußen** *(fora)*, **drinnen** *(dentro)*, **drüben** *(do outro lado)* – sem antecedente explícito;
4) **irgendwo** *(em algum lado/sítio)*, **nirgendwo/nirgends** *(a/para nenhum sítio/lado nenhum)*, **überall** *(em toda a parte, em todo o lado)*, **woanders** *(noutro lado/sítio)* – sem antecedente;
5) **dahinter** *(atrás)*, **davor** *(à frente)*, **daneben** *(ao lado)*, **dazwischen** *(no meio)*, **darauf** *(em cima)*, **darunter** *(debaixo)*, **darüber** *(por cima)*, **darin** *(dentro)* – com antecedente obrigatório.

Antecedidos pela preposição **von** *(de)*, os advérbios referidos nos pontos 1 a 4 podem indicar **procedência**. Nesse caso, respondem à pergunta **woher?** *(de onde?)*.

São advérbios que indicam **direção** e que, geralmente, respondem à pergunta **wohin?** *(para onde/aonde?)*:

1) **hierhin/hierher** *(aqui/cá)*, **dahin/dorthin** *(aí, alí, lá)*;
2) os referidos no ponto (2) da secção anterior, antecedidos ou não pela preposição **nach**;
3) os referidos no ponto (3) da secção anterior, antecedidos ou não pela preposição **nach**;
4) **irgendwohin** *(a/para algum sítio)*, **nirgendwohin** *(a/para nenhum sítio/lado nenhum)*, **überallhin** *(a/para todo o lado)*, **woandershin** *(a/para outro sítio)*

• Die **Frau da vorne** ist meine neue Kollegin.	• A mulher (que está) aí à frente é a minha nova colega.
• Der **Weg dahin** ist schlecht.	• O caminho para lá é mau.

Muitos advérbios de lugar podem funcionar como complementos de um nome. Nesses casos, aparecem depois do nome.

EXERCÍCIOS

8. *Wo? Woher? Wohin?* [A2]

a. **A** : Wo ist Klaus? **B** : Er ist unten.

b. **A** : .... kommt Anna? Aus Deutschland? **B** : Nein, sie ist von hier.

c. **A** : .... möchtest du sitzen? **B** : Lieber vorne.

d. **A** : .... soll ich den Stuhl stellen? **B** : Hierhin.

e. **A** : .... kommt der Lärm? **B** : Von oben.

f. **A** : .... sind die Kinder? **B** : Sie spielen draußen.

9. *Hier* ou *hierher*, *da* ou *dahin*? [A2]

a. Aqui não se pode fumar.   Man darf .... nicht rauchen.

b. Põe as cadeiras ali.   Stell die Stühle ....

c. Venham aqui!   Kommt .... !

d. Eu também comprei lá o meu   Ich habe meinen Computer auch .... gekauft.
computador.

e. Também vais lá?   Gehst du auch .... ?

f. Fica aqui, por favor!   Bleib bitte .... !

10. Que advérbio indica o contrário? [A2]

a. links   1. unten

b. hinten   2. dort

c. oben   3. drinnen

d. draußen   4. rechts

e. hier   5. vorn(e)

ADVÉRBIOS CONECTIVOS (VALOR CAUSAL, CONSECUTIVO E CONCESSIVO)

- Ich habe Fieber. **Deshalb** gehe ich zum Arzt.
- Ich habe Fieber. **Also** gehe ich nicht arbeiten.
- Ich habe Fieber. **Trotzdem** gehe ich arbeiten.

- Tenho febre. Por isso vou ao médico.
- Tenho febre. Portanto, não vou trabalhar.
- Tenho febre. Apesar disso/No entanto, vou trabalhar.

Com **deshalb** (*por isso*), faz-se referência à causa daquilo que se indica. Esta causa foi referida anteriormente (**Ich habe Fieber.**). **Deswegen**, **darum** e **daher** têm o mesmo significado.

Com **also** (*portanto*) faz-se referência ao facto que provoca a consequência indicada. Este facto foi referido anteriormente (**Ich habe Fieber.**).

Com **trotzdem** (*no entanto, apesar disso*) faz-se referência a algo que deveria ser um obstáculo para levar acabo aquilo que se indica. Este obstáculo foi referido anteriormente (**Ich habe Fieber.**).

ADVÉRBIOS QUE INDICAM UMA CONDIÇÃO

• A: Heinz kann nicht kommen. • B: **Dann** müssen wir es allein machen. • Beeil dich, **sonst** verpassen wir den Zug.	• A: O Heinz não pode vir. • B: Então temos de fazer isto sozinhos. • Despacha-te, senão perdemos o comboio.

Dann *(então)* refere-se à condição sob a qual se vai levar a cabo a ação indicada. Esta condição é indicada pelo que se disse anteriormente (**Heinz kann nicht kommen.**). Com **sonst** *(senão)* dá-se a entender que se não ocorrer o que se disse anteriormente, acontece o que se diz a seguir.

Não se deve confundir **sonst** *(senão,* advérbio*)* com a conjunção **sondern** *(senão, mas)* (→ p. 282)
⓪

EXERCÍCIOS

11. **Sublinhe o advérbio com o qual começaria a segunda oração. [A2]**

a. Heute ist Sonntag.	Also	Deshalb	Trotzdem	geht er ins Büro.
b. Du musst dich beeilen.	Dann	Sonst	Deshalb	kommst du zu spät.
c. Es ist sehr heiß.	Trotzdem	Also	Sonst	gehen wir schwimmen.
d. Es regnet.	Deshalb	Trotzdem	Sonst	bleiben wir zu Hause.
e. Du willst nicht mitkommen?	Dann	Sonst	Trotzdem	gehe ich allein!

12. **Acrescente o advérbio correto:** *also – dann – deshalb – sonst – trotzdem.* **[A2]**

a. Timo ist arbeitslos. .... hat er sich einen neuen Wagen gekauft.

b. Anna war mit ihrem Job sehr unzufrieden. .... hat sie gekündigt.

c. Du kannst nicht schwimmen? .... musst du es lernen.

d. Er wollte mir nicht helfen. .... habe ich es allein gemacht.

e. Ich muss gut Deutsch sprechen. .... bekomme ich das Stipendium nicht.

ADVÉRBIOS DE MODO

• **So** kann man es auch machen. • Ich will es **allein** machen.	• Também se pode fazer assim. • Quero fazê-lo sozinho.

Os advérbios de modo, como **so** *(assim),* **irgendwie** *(de qualquer modo, de alguma forma)* e **allein** *(sozinho)* indicam o modo em que se realiza algo. Respondem à pergunta **wie?** *(como?).*

O ADVÉRBIO *GERN(E)* E AS SUAS FORMAS *LIEBER* E *AM LIEBSTEN*

• Maria geht **gern(e)** ins Kino.	• A Maria gosta de ir ao cinema.

O advérbio **gern(e)** é utilizado para indicar que se gosta de fazer aquilo que o verbo conjugado indica.

• Marta geht **lieber** ins Theater.	• A Marta gosta mais de ir ao teatro./ A Marta prefere ir ao teatro.

A forma **lieber** é o comparativo de **gern(e)**, por isso se traduz como mais de. Por isso se traduz como *mais de.* Como *gostar mais de* é o mesmo que *preferir*, podemos dizer que com **lieber** se indica aquilo que se prefere fazer (mais do que outra coisa). Funciona da mesma maneira que **gern(e)**.

• Monika geht **am liebsten** ins Theater.	• Do que a Mónica mais gosta é ir ao teatro.

A forma **am liebsten** (superlativo de **gern(e)**), serve para indicar uma preferência absoluta. Funciona como **gern(e)** e **lieber**.

EXERCÍCIOS

13. Explique a um amigo alemão aquilo que gosta de fazer. [A1]

    (ler, dançar, ir ao teatro, jogar futebol, andar de bicicleta, fazer compras, ver filmes)

    a. *Ich lese gern.*

    b. ....

    c. ....

    d. ....

    e. ....

    f. ....

    g. ....

14. A minha família. Traduza o seguinte texto, utilizando *gern*, *lieber* ou *am liebsten*. [A2]

    a. O meu pai gosta de cozinhar.

       Mein Vater ....

    b. A minha mãe prefere ler.

       Meine Mutter ....

c. A minha irmã gosta mais de ouvir música.

Meine Schwester ....

d. O meu irmão gosta de ver televisão, mais do que de qualquer outra coisa.

Mein Bruder ....

e. O meu avô gosta de ficar em casa.

Mein Opa ....

f. A minha avó prefere ir ao cinema.

Meine Oma ....

g. Do que eu mais gosto é viajar.

Ich ....

OS ADVÉRBIOS DE QUANTIDADE *SEHR* E *VIEL*

- Ich freue mich **sehr**.
- Ich rauche **viel**.

- Fico muito contente.
- Fumo muito.

Como complementos do verbo, ambos os advérbios correspondem à forma portuguesa *muito*. Mas não podem ser utilizados indistintamente, em alemão: **viel** aparece com ações que são quantificáveis (*fumar* pode-se quantificar, por exemplo, através do número de cigarros), enquanto **sehr** se utiliza com verbos que indicam uma ação não quantificável (o contentamento não se pode medir).

- Ich rauche **sehr viel**.
- Ich rauche **zu viel**.

- Fumo muitíssimo.
- Fumo demasiado.

Viel pode ser antecedido de **sehr** ou de **zu**. A primeira combinação significa *muitíssimo* e a segunda, *demasiado*.

EXERCÍCIOS

15. *Sehr* ou *viel*? **[A2]**

a. Estudei muito. Ich habe .... gelernt.

b. Amo-te muito. ....

c. Comeste muito? .... gegessen?

d. Lamento muito. Das tut mir .... leid.

e. Gosto muito disto.   Das gefällt mir ....

f. Ele trabalha sempre demasiado. .... immer zu ....

OS ADVÉRBIOS DE GRAU

- A: Der Film ist **sehr gut**.   (1)
- B: Ja, aber das Buch ist **viel besser**. (2)

- A: O filme é muito bom.
- B: Sim, mas o livro é muito melhor.

Estes advérbios são utilizados antes de adjetivos no grau normal (1) ou no comparativo (2) para modificar o grau daquilo que os mesmos indicam.

(1) Os advérbios **sehr** *(muito)*, **zu** *(demasiado)*, **so** *(tão)*, **ziemlich** *(bastante)*, **besonders** *(particularmente)*, **völlig** *(totalmente)* são utilizados com adjetivos no grau normal.

(2) Os advérbios **viel** *(muito)*, **etwas/ein bisschen** *(um pouco)*, **noch** *(ainda)*, **immer** *(sempre/cada vez)* são utilizados com adjetivos no grau comparativo.

OS ADVÉRBIOS *AUCH* E *SOGAR*

- Er kann **auch** Russisch.
- Er kann **sogar** Russisch.

- (Ele) Também sabe russo.
- (Ele) Até sabe russo.

Ambos os advérbios têm caráter inclusivo.

Ao contrário do que acontece em português, não podem aparecer sozinhos no início da oração. ⓞⓓ

- Wir machen das auch so.
- Wir machen das **auch nicht** so.   (1)
- Wir haben auch einen Computer.
- Wir haben **auch keinen** Computer.   (2)

- Nós também fazemos (isso) assim.
- Nós também não fazemos (isso) assim.
- Nós também temos um computador.
- Nós também não temos computador.

A negação de **auch** é feita colocando depois **nicht** (1) ou **kein-** (2). Em português utilizamos *também não*. Quanto à utilização de uma ou outra forma em alemão, consulte as páginas 266 e s.

OS ADVÉRBIOS *NOCH, SCHON, NUR* E *ERST*

- Ich kann **nur morgen** kommen.
- Ich kann **schon morgen** kommen.
- Ich kann **erst morgen** kommen.

- Só posso vir amanhã.
- Posso vir já amanhã.
- Só posso vir a partir de amanhã.

Nur *(só)*, **schon** *(já)* e **erst** *(só/não antes de, só a partir de)* podem anteceder indicações temporais que respondem à pergunta **wann?** *(quando?)*.

• Ich habe **noch** 100 Euro.		• Ainda tenho 100 euros.	
• Ich habe **schon** 100 Euro.		• Já tenho 100 euros.	
• Ich habe **nur** 100 Euro.	(1)	• Só tenho 100 euros.	
• Ich habe **erst** 100 Euro.	(2)	• (Ainda) Só tenho 100 euros.	

Noch *(ainda)*, **schon** *(já)*, **nur** *(só)* e **erst** *(só)* podem anteceder indicações de quantidade.

As formas **nur** e **erst** equivalem ambas a *só/apenas*. No entanto, não têm o mesmo significado. A afirmação (1) significa que o falante tem apenas 100 euros no momento do discurso. Pelo contrário, a afirmação (2) pressupõe que espera conseguir mais, por exemplo, no contexto de uma recolha de fundos. Podemos, então, formular a seguinte regra: o advérbio português *só* ou *apenas* corresponde a **nur** quando a indicação quantitativa não é suscetível de aumentar. Caso contrário, utiliza-se **erst**. ①①

EXERCÍCIOS

16. Só: *erst* ou *nur*? [A2]

a. Sou novo aqui. Só trabalho aqui há cinco dias.

Ich bin neu hier. Ich arbeite .... hier.

b. A Ana trabalhou apenas dois meses como secretária.

.... als Sekretärin gearbeitet.

c. Só tentei uma vez.

.... einmal versucht.

d. A Astrid só tem 5 anos.

....

e. Vivo em Berlim há apenas um ano.

.... in Berlin.

f. Só vivi em Berlim um ano.

.... gelebt.

17. *Schon, noch, nur, erst?* **[A2]**

a. Ⓐ : Wohnst du .... lange hier?   Ⓑ : Nein, ... zwei Wochen.

b. Ⓐ : Dauert der Film .... lange?   Ⓑ : Nein, ... zehn Minuten.

c. Ⓐ : Lernst du .... lange Deutsch?   Ⓑ : Ja, ... seit fünf Jahren. Und du?

   Ⓐ : Nein, ... seit drei Wochen.

d. Ⓐ : Hast du .... Geld, oder hast du .... alles ausgegeben?

   Ⓑ : Ich habe .... etwas, aber .... 10 Euro.

ADVÉRBIOS INTERROGATIVOS

Consulte o tema "Os elementos interrogativos" (→ pp. 254 e s.).

O ADVÉRBIO RELATIVO *WO*

• Wie viele Einwohner hat **die Stadt, wo** du arbeitest? • Mein Laden ist **dort, wo** die Taxis parken.	• Quantos habitantes tem a cidade onde trabalhas? • A minha loja fica ali onde estacionam os táxis.

O advérbio relativo **wo** funciona como o relativo português *onde*. O seu antecedente pode ser um nome ou os advérbios **da/dort** *(ali)*.

• Wie viele Einwohner hat **die Stadt, in der** du arbeitest?	• Quantos habitantes tem a cidade na qual trabalhas?

Tal como acontece em português, quando o antecedente é um nome, o advérbio relativo **wo** pode ser substituído pela combinação preposição + pronome relativo (neste caso, **in der**).

8. OS CONECTORES DE ORAÇÕES: ADVÉRBIOS E CONJUNÇÕES

8. OS CONECTORES DE ORAÇÕES: ADVÉRBIOS E CONJUNÇÕES

• Anna hat heute Geburtstag. **Deshalb** gehen wir ins Restaurant. • Wir gehen ins Restaurant, **weil** Anna heute Geburtstag hat. • Wir gehen ins Restaurant, **denn** Anna hat heute Geburtstag. • Heute gehen wir ins Restaurant, **aber** morgen essen wir zu Hause.	• Hoje é o aniversário da Ana. Por isso vamos ao restaurante. • Vamos ao restaurante porque hoje é o aniversário da Ana. • Vamos ao restaurante, pois hoje é o aniversário da Ana. • Hoje vamos ao restaurante, mas amanhã almoçamos/jantamos em casa.

Há uma série de elementos (alguns advérbios e locuções adverbiais e as conjunções), cuja função principal é a de atuarem como conectores, sobretudo de orações. Indicam relações lógicas, tais como causa (**deshalb** = *por isso*, **weil** = *porque*), contraposição (**aber** = *mas*) e outras.

OS ADVÉRBIOS

• Ich habe wenig Geld. **Deshalb** kann ich keine Wohnung mieten. (1) • Ich habe wenig Geld. **Also** kann ich keine Wohnung mieten. (2) • Ich habe wenig Geld. **Trotzdem** miete ich eine Wohnung. (3) • Ich muss mehr Geld verdienen, **sonst** kann ich keine Wohnung mieten. (4)	• Tenho pouco dinheiro. Por isso não posso alugar um apartamento. • Tenho pouco dinheiro. Portanto não posso alugar um apartamento. • Tenho pouco dinheiro. No entanto/Apesar disso, vou alugar um apartamento. • Tenho de ganhar mais dinheiro, senão não posso alugar um apartamento.

Os principais advérbios e locuções adverbiais que funcionam como conectores são:

(1) os causais (**deshalb/deswegen/darum** = *por isso*); com eles, indica-se a causa do que vem expresso em seguida;

(2) os consecutivos (**also** = *portanto*); com eles, indica-se o facto que provoca a consequência expressa;

(3) os concessivos (**trotzdem** = *no entanto, apesar disso*); com eles, indica-se algo que não chega a impedir que aconteça o que vem expresso em seguida;

(4) os condicionais indicam a condição necessária para que aconteça o que vem expresso em seguida (**sonst** = *senão*). Se não se verificar o que se refere na oração precedente, não se vai verificar o que se diz na oração que lhe segue.

I	II	III	
• Ich habe wenig Geld.	• **Ich**	kann	**deshalb** keine Wohnung mieten. (1)
• Ich habe wenig Geld.	• **Deshalb**	kann	**ich** keine Wohnung mieten. (2)

Estes advérbios podem ser colocados a meio da segunda oração (1), mas aparecem mais frequentemente no início (2). Nesse caso, dá-se o fenómeno coloquialmente conhecido como "inversão": o sujeito (**ich**) passa a ocupar o lugar que lhe corresponde depois do verbo conjugado (**kann**).

AS CONJUNÇÕES

• Ich kann keine Wohnung mieten, **denn** ich **habe** nicht genug Geld. (1)   • Ich kann keine Wohnung mieten, **weil** ich nicht genug Geld **habe**. (2)

• Não posso alugar um apartamento, pois não tenho dinheiro suficiente.   • Não posso alugar um apartamento, porque não tenho dinheiro suficiente.

As conjunções como conectores de orações são de dois tipos: as que conectam orações do mesmo nível (coordenação) - como **denn** (1) - e as que conectam orações de níveis distintos (subordinação), como **weil** (2) (→ pp. 282 e s. e 286 e ss.).

As conjunções subordinativas (2) obrigam a que o verbo conjugado seja colocado em final absoluto da oração subordinada. Pelo contrário, as conjunções coordenativas (1) não influenciam a ordem dos elementos da oração.

AS CONJUNÇÕES COORDENATIVAS

• Ich muss lernen, **aber** ich habe keine Lust.   • Kommst du mit **oder** musst du lernen?

• Tenho de estudar, mas não me apetece.   • Vens comigo/connosco ou tens de estudar?

Para se lembrar das conjunções coordenativas, pense no recurso mnemónico "usado":

u	**und**	= *e*
s	**sondern**	= *señao*
a	**aber**	= *mas*
d	**denn**	= *pois*
o	**oder**	= *ou*

Relativamente ao significado e ao uso específico das conjunções coordenativas, consulte as páginas 282 e s.

EXERCÍCIOS

1. *Sondern* ou *sonst?* Indique o conector correto. [B1]

a. Sie geht nicht mit Michael,	sonst	sondern	mit Mario ins Kino.
b. Beeil dich bitte,	sonst	sondern	fährt der Zug ohne uns ab!
c. Ich brauche ein Wörterbuch,	sondern	sonst	kann ich diesen Text nicht lesen.
d. Valentin kommt nicht aus Deutschland,	sonst	sondern	aus der Schweiz.
e. Das ist kein Kamel,	sondern	sonst	das ist ein Dromedar!
f. Du musst ihn daran erinnern,	sonst	sondern	vergisst er es.

AS CONJUNÇÕES SUBORDINATIVAS

- Sie ist zufrieden, **obwohl** sie wenig verdient.
- **Wenn** du willst, kann ich dir helfen.

- Está satisfeita, embora ganhe pouco dinheiro.
- Se quiseres, posso ajudar-te.

As principais conjunções subordinativas, com as quais o verbo deve ser colocado no final da oração que introduzem, são as seguintes:

- causais: **da** *(uma vez que)*, **weil** *(porque)* (→ p. 289);
- consecutivas: **sodass** *(de modo que)*, **so ... dass** *(tão ... que)* (→ p. 301);
- concessivas: **obwohl** *(embora)* (→ p. 300);
- condicionais: **wenn** *(se)* (→ p. 291);
- finais: **damit** *(para que)* (→ p. 298);
- adversativas: **(an)statt dass** *(em vez de)* (→ p. 301);
- temporais: **als** *(quando)*, **wenn** *(quando)*, **bevor** *(antes que)*, **nachdem** *(depois que)*, **bis** *(até que)*, **seit(dem)** *(desde que)*, **während** *(enquanto)* (→ pp. 292 e ss.).

Também o são **dass** *(que)* e **ob** *(se)*, que introduzem orações integrantes, em função de sujeito ou complemento direto (→ pp. 288 e 301).

EXERCÍCIOS

2. Faça a combinação adequada. [B1]

a. Frau Meier ist unzufrieden, obwohl	1. sie ist krank.
b. Heute hat er frei, deshalb	2. sie einen tollen Job gefunden hat.
c. Er geht nicht ins Theater, sondern	3. er keinen Hunger hat.

d. Er isst keinen Hamburger, denn

e. Anna ist nicht zufrieden, weil

f. Susanne kann heute nicht arbeiten, denn

g. Er isst nichts, weil

h. Sie arbeitet heute nicht, weil

4. er ist Vegetarier.

5. er geht ins Spielkasino.

6. sie nicht viel Geld verdient.

7. sie krank ist.

8. geht er ins Kino.

3. Indique o conector correto. [B1]

a. Ich habe das Buch nicht gekauft, weil   deshalb   ich es zu teuer finde.

b. Sie kann nicht Ski fahren,   obwohl trotzdem   fährt sie in den Ferien in die Berge.

c. Die Busfahrer haben gestreikt,   also   so dass   ich zu spät zur Arbeit gekommen bin.

d. Er hat den Film nicht verstanden, da   denn   er nicht genug Englisch kann.

e. Sie trinkt nie Alkohol,   denn   deswegen   bestellt sie immer Wasser.

4. Indique o conector correto. [B1]

a. Ich kann nicht mitkommen,   weil   deshalb denn   ich habe keine Zeit.

b. Sie spricht schon sehr gut   obwohl   deshalb aber   sie erst seit drei Mona-

Portugiesisch,   ten in Portugal wohnt.

c. Ich hatte keinen Tee,   sonst   sondern denn   einen Kaffee bestellt.

d. Er hat sehr wenig Geld,   trotzdem deshalb weil   hat er alle seine

Freunde eingeladen.

e. Maria hat heute Geburtstag,   deshalb weil   denn   lädt sie uns ein.

f. Er arbeitet als Pizzafahrer,   weil   denn   deshalb   er keinen anderen Job

gefunden hat.

5. Transforme os enunciados seguintes: de orações coordenadas com *denn* a subordinadas com *weil* e vice-versa. [A2]

a. Stefan möchte Tierarzt werden, denn er mag Tiere.

Stefan möchte Tierarzt werden, weil er Tiere mag.

b. Ich kann leider nicht mitkommen, denn ich habe heute Abend Besuch.

....

c. Kirsten trinkt gern Mojito, denn sie liebt Minze *(menta)*.

....

d. Marc lernt Deutsch, weil er in Deutschland arbeiten möchte.

....

e. Christina macht Urlaub in der Schweiz, denn sie mag die Berge.

....

f. Er hat das Telefon nicht gehört, weil er geschlafen hat.

....

6. Acrescente a oração formada com os elementos entre parêntesis colocados na ordem correta. [B1]

a. *Du hast mich gefragt, ... (ich – antworte – also – dir).*

Du hast mich gefragt, also antworte ich dir.

b. Er hatte keine Zeit, ... (er – gegangen – ist – deshalb – nicht ins Kino).

....

c. Sie ist zu spät gekommen, ... (hat – weil – den Wecker – nicht gehört – sie).

....

d. Ich muss sparen, ... (nach Argentinien – im Sommer – denn – möchte – ich – fahren).

....

e. Er geht oft zu Fuß, ... (ein Auto – hat – er – obwohl).

....

f. Ich rufe dich an, ... (dir – ich – eine SMS – oder – schicke).

....

7. Qual é o conector correto? A ordem dos elementos pode ajudá-lo a decidir. [B1]

aber – denn – deshalb – obwohl – trotzdem – weil

a. Ich gehe schlafen, ... ich müde bin.

b. Ich bin müde, ... gehe ich schlafen.

c. Ich gehe schlafen, ... ich bin müde.

d. Ich gehe nicht schlafen, ... ich müde bin.

e. Ich bin müde, ... gehe ich nicht schlafen.

f. Ich bin müde, ... ich gehe nicht schlafen.

8. Acrescente o conector correto. [B1]

aber – deshalb – obwohl – oder – sonst – weil – wenn

a. Die Mannschaft hat das Spiel gewonnen, ... sie sehr gut gespielt hat.

b. Sie hat die Heizung angemacht, ... es nicht sehr kalt ist.

c. Geh schneller, ... verpassen wir den Zug!

d. Ich bin satt, ... möchte ich nichts mehr essen.

e. .... du nicht mitkommen willst, bleib zu Hause!

f. Ich habe ihn gefragt, ... er hat mir nicht geantwortet.

g. Kommst du mit dem Wagen, ... gehst du zu Fuß?

9. "Quando": *als, wann* ou *wenn*? Consulte o tema "Os elementos interrogativos" (→ pp. 250 e ss.). [B1]

a. .... du fertig bist, können wir essen.

b. Weißt du, ... der Zug ankommt?

c. .... sie 20 Jahre alt war, heiratete sie.

d. Es war noch dunkel, ... ich heute Morgen aufgestanden bin.

e. .... wir früher Ferien hatten, sind wir immer zu den Großeltern aufs Land gefahren.

f. Ich habe keine Ahnung, ... der Film beginnt.

10. Indique a conjunção, o advérbio ou a preposição corretos. [B1]

a. Er trinkt   nachdem   danach   nach   dem Essen gern einen Schnaps.

b. Sie machte das Licht aus,   bevor   vor   vorher   sie aus dem Haus ging.

c. Ich muss heute den ganzen   nachdem   nach   danach   muss ich noch die Nachmittag arbeiten, und   Hausaufgaben machen.

d. Ich hätte gern eine Pizza, aber   vor   vorher   bevor   möchte ich einen Salat.

e. Sie ging traurig nach Hause   danach   nachdem nach   sie eine Stunde gewartet hatte.

f. Du solltest   vorher   bevor   vor   dem Mittagessen keinen Kuchen essen!

OS CONECTORES DE ORAÇÕES: ADVÉRBIOS E CONJUNÇÕES

11. Indique o mesmo utilizando as conjunções *bevor* e *nachdem*, como no exemplo. [B1]

a. *Er hatte den ganzen Abend am Computer gearbeitet. Danach hörte er klassische Musik.*

Nachdem er den ganzen Abend am Computer gearbeitet hatte, hörte er klassische Musik.

b. Sie ging schlafen. Vorher räumte sie die Küche auf.

Bevor ....

c. Sie hatten gegessen. Danach tranken sie einen Kaffee.

....

d. Ich gehe in den Supermarkt. Vorher muss ich eine Einkaufsliste machen.

....

e. Sie hatte das Abitur gemacht. Danach arbeitete sie ein Jahr als Au-Pair-Mädchen.

....

12. *Während* ou *inzwischen?* [B1]

a. .... du eingekauft hast, habe ich die Fenster geputzt.

b. Er hatte zwei Stunden auf sie gewartet. .... war das Essen kalt geworden.

c. .... des Unterrichts bitte die Handys ausschalten!

d. Es begann zu regnen, ... wir auf den Bus warteten.

e. Ich bereite das Essen vor, du kannst .... den Tisch decken.

RELAÇÃO ENTRE ADVÉRBIOS, CONJUNÇÕES SUBORDINATIVAS E CONJUNÇÕES COORDENATIVAS

• Ich habe wenig Geld. **Deshalb** kann ich keine Wohnung mieten.	• Tenho pouco dinheiro. Por isso não posso alugar um apartamento.
• Ich kann keine Wohnung mieten, **weil/da** ich wenig Geld **habe.**	• Não posso alugar um apartamento, porque/uma vez que tenho pouco dinheiro.
• Ich kann keine Wohnung mieten, **denn** ich habe wenig Geld.	• Não posso alugar um apartamento, pois tenho pouco dinheiro.

Em alguns casos, os diferentes tipos de conectores podem indicar o mesmo:

advérbio	conjunção subordinativa	conjunção coordenativa
deshalb/deswegen/darum (por isso)	**weil** (porque), **da** (uma vez que)	**denn** (pois)
trotzdem (no entanto/apesar disso)	**obwohl** (embora)	
also (portanto)	**sodass** (de modo que) **so … dass** (tão … que)	

EXERCÍCIOS

13. Faça a transformação correspondente, seguindo os exemplos. [B1]

    a. Ich habe das Telefon nicht gehört, weil ich gerade im Bad war. (deshalb)

    Ich war gerade im Bad, deshalb habe ich das Telefon nicht gehört.

    b. Es hat sehr stark geregnet. Trotzdem haben wir einen langen Spaziergang gemacht.

    (obwohl)

    Obwohl ....

    c. Er hilft mir nicht, so dass ich alles allein machen muss. (also)

    ....

    d. Da ich mein Handy zu Hause vergessen hatte, konnte ich dich nicht anrufen. (denn)

    ....

    e. Sie muss jeden Morgen mit dem Zug zur Arbeit fahren, denn sie wohnt auf dem Land.

    (darum)

    ....

14. Qual é o conector correto? [A2-B1]

    a. Er hat lange in Paris gelebt, ... spricht er sehr wenig Französisch.
    1. obwohl   2. trotzdem   3. aber   4. also

    b. Wir hatten sehr wenig Geld, ... wir geheiratet haben.
    1. als   2. also   3. denn   4. wenn

    c. .... sie sich für Politik interessiert, will sie Diplomatin werden.
    1. Als   2. Denn   3. Also   4. Weil

d. .... er Direktor ist, ist er noch arroganter als früher.
   1. Seit   2. Ob   3. Als   4. Bevor

e. Ich muss jetzt gehen, ... es schon sehr spät ist.
   1. denn   2. weil   3. deshalb   4. als

f. .... du willst, nehmen wir ein Taxi.
   1. Ob   2. Als   3. Wenn   4. Obwohl

g. Sie hat zu viel Kuchen gegessen, ... hat sie jetzt Bauchschmerzen.
   1. denn   2. weil   3. und   4. deshalb

9. AS PREPOSIÇÕES

9. AS PREPOSIÇÕES

• Herr Hotdog geht immer mit seinem Hund spazieren. • Herr Hotdog geht nie ohne seinen Hund spazieren.	• O senhor Hotdog vai sempre passear com o cão. • O senhor Hotdog nunca vai passear sem o cão.

As preposições alemãs regem um caso determinado. Assim, **mit** (*com*) rege sempre dativo, enquanto **ohne** (*sem*) rege sempre acusativo.

PREPOSIÇÕES DE LUGAR

PREPOSIÇÕES DE LUGAR COM DATIVO OU ACUSATIVO *IN*, *AN* E *AUF*

• Lisa spielt **in der** Küche. • Lisa geht **in die** Küche.	• A Lisa está a brincar na cozinha. • A Lisa vai à cozinha.

Nem todas as preposições regem apenas um caso. Há um número reduzido de preposições de lugar que tanto podem reger dativo como acusativo (preposições de regência dupla), entre elas a preposição **in**.

De que é que depende regerem um caso ou o outro?

• Lisa spielt **in der** Küche. (1) • Lisa ist **in der** Küche. (1)	• A Lisa brinca na cozinha. • A Lisa está na cozinha.	(dativo – indica onde se desenrola a ação) (dativo – indica onde se encontra o sujeito)

• Lisa geht **in die** Küche. (2) • Lisa bringt die Teller **in die** Küche. (2)	• A Lisa vai à cozinha. • A Lisa leva os pratos para a cozinha.	(acusativo - indica o destino do sujeito) (acusativo - indica o destino do complemento direto)

(1) As preposições de lugar de regência dupla, como **in**, regem dativo (**DER Küche**) quando o lugar referido (**in der Küche**) indica localização, isto é, o lugar onde se desenrola a ação (**spielt**) ou onde se encontra o sujeito (**Lisa**). O verbo (**spielt, ist**) não implica deslocação.

(2) Pelo contrário, regem acusativo (**DIE Küche**) quando o lugar referido indica o destino de uma deslocação do próprio sujeito (**Lisa**) ou o destino do complemento direto (**die Teller**). O verbo (**geht, bringt**) indica uma deslocação.

• Lisa isst **in der** Schule. • Lisa ist **in der** Schule. • Lisa geht **in die** Schule. • Der Vater bringt Lisa **in die** Schule.	• A Lisa almoça na escola. (dativo) • A Lisa está na escola. (dativo) • A Lisa vai à escola. (acusativo) • O pai leva a Lisa à escola. (acusativo)

• Lisa wohnt **an der** Küste. • Lisa, komm bitte **an die** Tafel!	• A Lisa vive na costa. (dativo) • Lisa, vem ao quadro, por favor! (acusativo)

• Die Zeitung liegt **auf der** Couch. • Leg die Zeitung **auf die** Couch.	• O jornal está em cima do sofá. (dativo) • Põe o jornal em cima do sofá. (acusativo)

Tenha em conta que todos os exemplos anteriores estão construídos com nomes femininos.

Entre as preposições que regem dativo ou acusativo em função do que se acaba de explicar encontram-se **in**, **an** e **auf**. O significado básico destas preposições é o seguinte: **in** (*em* – no interior de um lugar); **an** (*em, a, junto a/de* – perto de um lugar, em contacto com ele ou não); **auf** (*em cima de* – sobre um lugar, em contacto com ele):

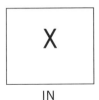

IN

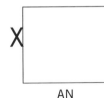

AN

AUF

Como se pode ver através dos exemplos com **Küste** *(costa)* e **Wand** *(parede)*, a preposição **an** é sempre utilizada com nomes que designam limites (**Ufer** *(margem)*, **Strand** *(praia)*, **Anfang** *(princípio)*, **Ende** *(fim)*, etc.) ou superfícies verticais (**Tafel** *(quadro)*, **Tür** *(porta)*, **Mauer** *(muro)* etc.). Da mesma forma, também se utiliza sistematicamente com nomes comuns ou próprios que designam superfícies de água (**Meer** *(mar)*, **Fluss** *(rio)*, **Mittelmeer** *(Mar Mediterrâneo)*, **Rhein** *(Reno)*, etc.), exceto se se quiser indicar que se está dentro, por exemplo, a nadar.

• Die Stühle sind **auf der** Terrasse. • Bring die Stühle **auf die** Terrasse.	• As cadeiras estão no terraço. (dativo) • Leva as cadeiras para o terraço. (acusativo)

Nos dois exemplos anteriores, é utilizado **auf** porque o lugar referido não está, por norma, coberto, pelo que não se pode estar no seu interior. Acontece o mesmo com nomes como **Balkon** *(varanda)*, **Straße** *(rua)* ou **Boden** *(chão)*.

227

No entanto, há várias exceções: com as palavras **Park** (*parque*), **Garten** (*jardim*), **Wald** (*floresta*) e **Sessel** (*poltrona*) é sistematicamente utilizada a preposição **in** (**Die Kinder spielen im Garten.** = *As crianças brincam no jardim.*). Também podem ser considerados exceções os nomes de cidades, países e regiões sem artigo (consulte, relativamente a este tema, o início da secção "Preposições de lugar com dativo" (→ p. 234)).

• Mein Bruder lebt **in der** Türkei.	• O meu irmão vive na Turquia. (dativo)
• Im Winter fahren wir **in die** Türkei.	• Vamos à Turquia no inverno. (acusativo)

A preposição **in** também é utilizada com nomes de países e regiões com artigo. Para os casos em que esse tipo de nomes não tem artigo, veja a preposição **nach**, na página 234.

Contrações de preposição com artigo definido

• Martin isst **im** Restaurant.	• O Martim come no restaurante. (dativo)
• Martin geht **ins** Restaurant.	• O Martim vai ao restaurante. (acusativo)
• Martin ist **am** Fenster.	• O Martim está junto à janela. (dativo)
• Martin geht **ans** Fenster.	• O Martim vai à janela. (acusativo)

Nos exemplos anteriores, verifica-se a contração da preposição + artigo definido. As contrações possíveis são:

in + dem	=	**im**	(masculino e neutro singular dativo)
an + dem	=	**am**	(masculino e neutro singular dativo)
in + das	=	**ins**	(neutro singular acusativo)
an + das	=	**ans**	(neutro singular acusativo)

• Martin geht **ins** Restaurant.	• O Martim vai ao restaurante.

Estas contrações são muito habituais quando o nome que a preposição precede não tem complementos.

• Martin geht **in das** Restaurant, das neben dem Bahnhof ist.	• O Martim vai ao restaurante que fica ao lado da estação.

Se, pelo contrário, o nome é seguido de uma oração relativa, não deve ser utilizada a contração. Esta norma também é válida para as contrações de outras preposições com o artigo definido.

EXERCÍCIOS

1. *An, auf* ou *in*? [A1]

   a. Deine Jacke liegt .... dem Stuhl.

   b. .... der Wand hängt ein Foto von meinem Großvater.

   c. Wir wohnen .... der Schweiz.

   d. Thomas raucht .... dem Balkon.

   e. Stellst du bitte die Milch .... den Kühlschrank?

   f. Die Kinder wollen .... den Zoo gehen.

   g. Spielt bitte nicht .... der Straße Fußball!

   h. Mein Bruder lebt .... Berlin.

2. **Hoje é dia de fazer uma limpeza a fundo. Complete com as preposições *an, auf, in* e as formas do artigo definido ou a sua contração. [A1]**

   a. **A** : Hast du die Decke .... Tisch (m) gelegt?

   B : Ja, sie liegt schon .... Tisch.

   b. **A** : Hast du die Bücher .... Regal (n) gestellt?

   B : Ja, sie stehen schon .... Regal.

   c. **A** : Hast du den Mantel .... Garderobe (f) gehängt?

   B : Ja, er hängt schon .... Garderobe.

   d. **A** : Hast du die Tassen .... Schrank (m) gestellt?

   B : Ja, sie stehen schon .... Schrank.

   e. **A** : Hast du die Handtücher .... Bad (n) gebracht?

   B : Ja, sie sind schon .... Bad.

3. *a* e *em: an, auf* ou *in*? **Traduza as seguintes orações. [A1]**

   a. No verão vamos à Suíça.

   Im Sommer fahren wir ....

   b. Vamos à praia?

   Fahren wir .... Strand (m)?

   c. O relógio está pendurado na parede.

   .... Wand (f).

AS PREPOSIÇÕES

d. Hoje vou ao cinema.

.... Kino (n).

e. A minha irmã trabalha na Alemanha.

....

f. Vivemos numa casa antiga.

Wir wohnen .... alten Haus (n).

g. Senta-te na cadeira!

Setz dich .... Stuhl (m)!

h. Hoje almoçamos no terraço.

.... Terrasse (f).

PREPOSIÇÕES DE LUGAR COM DATIVO OU ACUSATIVO: OUTRAS

• Der Besen steht **neben der** Waschmaschine. • Stell den Besen **neben die** Waschmaschine.	• A vassoura está ao lado da máquina de lavar roupa. • Põe a vassoura ao lado da máquina de lavar roupa.

Para além de **in**, **an** e **auf**, tratadas no tema anterior, também apresentam regência dupla as seguintes preposições de lugar:

hinter *(atrás de)*, **neben** *(ao lado de – sem contacto)*, **über** *(por cima de)*, **unter** *(debaixo de)*, **vor** *(à frente de)*, **zwischen** *(entre)*

Tal como com **in**, **an** e **auf**, estas preposições regem dativo quando o lugar indica localização, isto é, o sítio onde se encontra o sujeito ou onde se desenrola a ação, e acusativo quando indica o destino do sujeito ou do complemento direto:

• dativo – indica onde se desenrola a ação

> • Lisa spielt **hinter dem** Haus.
> (A Lisa está a brincar atrás da casa.)

dativo – indica onde se encontra o sujeito | acusativo - indica o destino do sujeito

dativo – indica onde se encontra o sujeito	acusativo - indica o destino do sujeito
• Auf diesem Foto sitzt Philipp **zwischen seinem** Vater und **seiner** Mutter. (Nesta foto, o Filipe está sentado entre o pai e a mãe.)	• Philipp setzt sich **zwischen seinen** Vater und **seine** Mutter. (O Filipe senta-se entre o pai e a mãe.)

dativo – indica onde se encontra o sujeito

• Die Zeitung liegt **unter dem** Tisch.
(O jornal está debaixo da mesa.)
• Der Tisch steht **vor der** Couch.
(A mesa está à frente do sofá.)
• Das Bild hängt **über dem** Sofa.
(O quadro está (pendurado) por cima do sofá.)

acusativo – indica o destino do complemento direto

• Das Kind legt die Zeitung **unter den** Tisch.
(A criança põe o jornal debaixo da mesa.)
• Stellen Sie den Tisch **vor die** Couch!
(Ponha a mesa à frente do sofá!)
• Häng das Bild **über das** Sofa.
(Pendura o quadro por cima do sofá!)

Regra geral, **über** indica localização por cima de algo sem que haja contacto entre ambas as coisas.

Contrações de preposição com artigo definido na linguagem coloquial

• Die Schuhe sind **unterm** Bett.
• Stell die Schuhe **unters** Bett!

• Os sapatos estão debaixo da cama.
• Põe os sapatos debaixo da cama!

O uso das seguintes contrações, habitual na linguagem oral, é considerado coloquial:

hinter/über/unter/vor + dem = **hinterm/überm/unterm/vorm** (masculino e neutro singular dativo)
hinter/über/unter/vor + das = **hinters/übers/unters/vors** (neutro singular acusativo)

EXERCÍCIOS

4. *An, auf, hinter, in, neben, über, unter, vor* ou *zwischen?* Sublinhe a preposição correta. [A2]

a. Sie stellt ihre Schuhe über/<u>unter</u>/zwischen das Bett.

b. Wir fahren im Urlaub in/an/auf die Costa Brava.

c. Ich habe in/auf/zwischen zwei Seiten des Buches einen 50-Euro-Schein gefunden.

d. Setz dich vor/neben/unter mich, dann können wir den Brief zusammen lesen.

e. Die Lampe hängt über/auf/in dem Tisch.

f. Man kann den Swimmingpool nicht sehen, er ist vor/neben/hinter dem Haus.

g. Auf/Zwischen/In ihrem Garten stehen viele Apfelbäume.

h. Ich konnte im Kino nichts sehen, denn vor/hinter/neben mir hat ein großer Mann gesessen.

5. Faça a combinação adequada. [A2]

a. Die Post ist	1. unter dem Mantel.
b. Häng die Uhr	2. im Sessel.
c. Der Brief liegt	3. an die Wand.
d. Bring die Flaschen	4. auf dem Tisch.
e. Er fliegt morgen	5. in die Küche.
f. Sie trägt einen Pullover	6. zwischen dem Bahnhof und dem Rathaus.
g. Am liebsten sitzt er	7. in die Schweiz.

6. Sublinhe a forma correta. [A2]

a. Setzt euch bitte ans/am Fenster!

b. Wir waren an der/die Costa del Sol.

c. Thomas ist ins/im Kino.

d. Die Tasche liegt auf das/dem Sofa.

e. Die Stühle stehen auf die/der Terrasse.

f. Wer bringt die Kinder in den/im Kindergarten?

g. Zwischen den/die Blumen wachsen Pilze.

h. Stell die Stühle bitte unter dem/den Baum.

7. A Ana reorganizou o apartamento dela. Complete com o artigo definido. [A2]

a. Die Lampe war neben dem Sofa.

Sie hat sie auf .... Tisch (m) gestellt. Jetzt steht sie auf .... Tisch.

b. Der Teppich war unter dem Tisch.

Sie hat ihn vor .... Sofa (n) gelegt. Jetzt liegt er vor .... Sofa.

c. Der CD-Player war im Schrank.

Sie hat ihn neben .... Bücher (pl) gestellt. Jetzt steht er neben .... Büchern.

d. Der Fernseher war im Wohnzimmer.

Sie hat ihn in .... Küche (f) gestellt. Jetzt steht er in .... Küche.

8. **Complete com o artigo definido ou, se possível, a terminação da contração do mesmo com a preposição. [A2]**

   a. Die Schlüssel liegen auf .... Tisch (m).

   b. Im Sommer fahren wir an .... Meer (n).

   c. Der Papagei ist auf .... Palme (f) geflogen.

   d. **A** : Wo sind die Gabeln? – **B** : Sie liegen neben .... Messern (pl).

   e. Meine Freunde wohnen in .... Schweiz (f).

9. **Complete com *in, auf* ou *neben,* com o artigo definido na forma adequada ou com a contração da preposição com o artigo. [A2]**

   a. Kommen Sie bitte .... Büro (n)!

   b. Bitte stellen Sie den Koffer .... Tür (f).

   c. Martin spielt .... Straße (f).

   d. Ist noch Bier .... Kühlschrank (m)?

   e. Bring bitte die Flaschen .... Keller (m).

10. **Complete com a terminação correta do determinante. [A2]**

    a. Setz dich bitte neben dein....... Geschwister (pl).

    b. Über d....... Sofa (n) hängt eine Kuckucksuhr.

    c. Seid ihr im Urlaub auch an d....... Nordsee (f) gefahren?

    d. Deine Jacke liegt unter mein....... Mantel (m).

    e. Er ist auf ein....... Baum (m) geklettert.

    f. Das steht nicht im Text, sondern zwischen d....... Zeilen (pl).

11. **Complete as seguintes orações com a preposição adequada e a forma do artigo definido. [A2]**

an – auf – hinter – in – neben – über – unter – vor – zwischen

    a. Er hat eine Stunde .... Tür (f) gewartet.

    b. Sie kann nichts sehen, weil sie .... großen Mann (m) steht.

    c. Links .... Supermarkt (m) ist die Schule.

    d. Ich habe den Brief nicht gesehen, weil er .... Zeitungen (pl) war.

    e. .... Tisch (m) hängt eine Lampe.

    f. Er trägt einen Pullover .... Jacke (f).

AS PREPOSIÇÕES

g. Der Mantel hängt .... Garderobe (f).

h. Die Gäste warten .... Wohnzimmer (n).

i. Das Essen steht schon .... Tisch (m).

PREPOSIÇÕES DE LUGAR COM DATIVO

• Morgen fahren wir **nach** Paris/Frankreich.
• Amanhã vamos a Paris/França.

nach *(a, para, em direção a)*: é utilizada com nomes de cidades, países e regiões que não se usam com artigo (o dativo não se nota), em sintagmas que indicam direção. Para indicar localização com nomes deste tipo, utiliza-se **in** *(em)*: **Wir wohnen in Paris/in Frankreich.** *(Vivemos em Paris/França.).*

Também se utiliza com a palavra **Haus(e)** para indicar que alguém vai para casa **(Ich gehe nach Hause.** = *Vou para casa.).* Tenha em conta que para indicar localização, se utiliza a preposição **zu** (**Ich bin morgen nicht zu Hause.** = *Amanhã não vou estar em casa.).*

• Ich komme **aus** Rom/Italien.	• Venho de Roma/Itália.
• Wir kommen **aus** der Schule.	• Vimos da escola.
• Wir kommen **vom** Fußballplatz.	• Vimos do campo de futebol.

aus *(de)*: indica procedência de lugares com os quais a localização se indicaria com a preposição **in** (**in Rom** *(em Roma)*, **in der Schule** *(na escola)).*

von *(de)*: indica procedência de lugares com os quais a localização não seria indicada com **in**, mas sim com outra preposição (**auf dem Fußballplatz** *(no campo de futebol)).* Forma contração com o artigo definido masculino e neutro singular (**vom**).

• Ich gehe **zum** Bahnhof/**zur** Uni.	• Vou à estação/à universidade.
• Ich gehe **zum** Arzt.	• Vou ao médico.
• Ich gehe **zu** Monika/meinen Eltern.	• Vou a casa da Mónica/dos meus pais./ Vou ver a Mónica/os meus pais.
• Ich komme **vom** Bahnhof/von der Uni.	• Venho da estação/da universidade.
• Ich komme **vom** Arzt.	• Venho do médico.
• Ich komme **von** Monika/meinen Eltern.	• Venho de casa da Mónica/dos meus pais./ Venho de ver a Mónica/os meus pais.
• Ich war **beim** Arzt.	• Estive no consultório do médico.
• Heute esse ich **bei** Monika/meiner Freundin.	• Hoje almoço em casa da Mónica/da minha amiga.

zu *(a, em direção a, a casa de, ao escritório de ..., ver)*: indica direção com nomes de lugares, profissões e pessoas. Forma contração com o artigo definido masculino e neutro singular (**zum**) e com o feminino singular (**zur**).

A preposição **zu** também é utilizada com a palavra **Haus(e)** para indicar que alguém está em casa (**Morgen bin ich den ganzen Tag zu Hause.** = *Amanhã vou estar todo o dia em casa.*). Se esta mesma palavra for utilizada como destino, a preposição usada é **nach**.

von *(de, de casa de, do escritório de, de ver)*: indica procedência com nomes de lugares, profissões e pessoas. Forma contração com o artigo definido masculino e neutro singular (**vom**).

bei *(em, em casa de, no escritório de ...)*: indica localização com nomes de profissões e pessoas, bem como de empresas. Estabelece contração com o masculino e neutro singular (**beim**).

EXERCÍCIOS

12. *"Casa".* Traduza as seguintes expressões. [A2]

a. Estás em casa?   Bist du .... ?

b. Vou de metro para casa.   Ich fahre mit der U-Bahn ....

c. Hoje almoçamos em casa dos meus avós.   Heute essen wir ....

d. Ainda vives com os teus pais (na casa deles)? Wohnst du noch .... ?

e. Vais a casa da Ana?   Gehst du .... ?

f. Tenho uma casa na praia.   Ich habe .... am Strand.

g. Ontem estive em casa da Ana.   Gestern war ich ....

h. A minha casa é grande.   ....

13. *nach* ou *zu*? Selecione a preposição correta. [A1]

a. Im Sommer fahren wir immer	zu	nach	Italien.
b. Leider muss ich gleich	zu	nach	Hause gehen.
c. Ich fahre jetzt	zum	nach	Supermarkt.
d. Gestern war er den ganzen Tag	zu	nach	Hause.
e. Nächste Woche fliege ich	zu	nach	Berlin.
f. Du musst	zum	nach	Arzt gehen!
g. Entschuldigung, wie komme ich	zum	nach	Bahnhof?

14. *aus* ou *von*? Decida qual é a preposição correta. Caso seja necessário, acrescente a forma adequada do artigo definido ou a contração do mesmo com a preposição. [A2]

a. Harald kommt .... Deutschland.

b. Nimm bitte die Füße .... Tisch (m)!

c. Holst du bitte den Wein .... Keller (m)?

d. Wir kommen gerade .... Strand (m).

e. Sind die Kinder schon .... Spielplatz (m) zurückgekommen?

f. Meine Lehrerin ist .... Berlin.

15. *a e em*: *bei*, *nach* ou *zu?* Traduza as seguintes orações. Comece os enunciados com o mesmo elemento que aparece em português. **[A1]**

a. Foste ao dentista? *(Perfekt)*

b. Ontem fui ao cabeleireiro. *(Perfekt)*

c. Ontem estivemos com a minha irmã (Está no hospital). *(Präteritum)*

d. Vou a casa do Jörg.

e. Tenho de levar o gato ao veterinário.

f. Vais à Câmara (Municipal)?

g. No fim de semana vamos a Berlim.

h. Tens de ir ao médico.

i. Ontem estive no médico. *(Präteritum)*

PREPOSIÇÕES DE LUGAR COM ACUSATIVO

• Warum fahren wir nicht **durch** den Tunnel?	• Porque é que não vamos/passamos pelo túnel?
• Er warf den Ball **gegen** die Wand.	• Atirou a bola contra a parede.
• Die Kinder liefen **um** das Haus **(herum)**.	• As crianças corriam/correram à volta da casa.

No caso de **um ... (herum)** *(à volta de)*, a segunda parte é opcional. Se se usa, deve ser precedida por um nome.

PREPOSIÇÕES DE LUGAR COM GENITIVO

• Wir wohnen **außerhalb** der Stadt.	• Vivemos fora da cidade.
• Ich habe nur **innerhalb** der EU gearbeitet.	• Só trabalhei dentro da UE.

EXERCÍCIOS

16. Férias! Complete com a preposição e, se for necessário, com o artigo definido ou a contração de ambos. [A1]

1. Wir fahren im Urlaub	2. Wir waren im Urlaub .....
a. .... Österreich.	a. .... Österreich.
b. .... Schweiz.	b. .... Schweiz.
c. .... USA.	c. .... USA.
d. .... Indien.	d. .... Indien.
e. .... Rhein.	e. .... Rhein.
f. .... Mittelmeer.	f. .... Mittelmeer.
g. .... Sudan.	g. .... Sudan.
h. .... Berlin.	h. .... Berlin.

17. Complete com a preposição e, se for necessário, com o artigo definido ou a contração de ambos. [A2]

1. Michael geht	2. Michael ist .....
a. .... Fußballplatz (m).	a. .... Fußballplatz.
b. .... seiner Oma (f).	b. .... seiner Oma.
c. .... Strand (m).	c. .... Strand.
d. .... Balkon (m).	d. .... Balkon.
e. .... Hause.	e. .... Hause.
f. .... Arzt (m).	f. .... Arzt.

18. Complete com a terminação correta do determinante. [B1]

a. Anna kommt aus ein....... Großstadt (f).

b. Rauchen ist innerhalb d....... Museums (m) verboten.

c. Mein Freund arbeitet bei ein....... Tierarzt (m).

d. Gehst du auch zu d....... Konzert (n) von Lady Gaga?

e. Er ist gegen ein....... Mauer (f) gefahren.

f. Ich komme gerade von ein....... Fußballspiel (n).

g. Außerhalb d....... Stadt (f) kann man schneller fahren.

h. Wir müssen durch ein....... Tunnel (m) fahren.

i. Der Wagen fährt langsam um d....... Haus (n).

PREPOSIÇÕES DE TEMPO

PREPOSIÇÕES DE TEMPO COM DATIVO

• A: Wann kommt ihr?	• A: Quando (é que) vocês vêm?
• B: **Am** Montag./**Am** Abend. (1)	• B: Na segunda-feira./À noite.
• B: **Am** 27. Oktober. (2)	• B: No dia 27 de outubro.

an *(-/por)*: sob a forma de contração (**am**) com (1) os dias da semana e as partes do dia (exceto **Nacht: in der Nacht**) e (2) com os ordinais ao indicar uma data.

• Der Kurs beginnt **im** Oktober/Herbst. (1)	• O curso começa em setembro/no outono.
• Der Unfall geschah **in** der Nacht. (2)	• O acidente aconteceu de noite.
• Der Film beginnt **in** einer Stunde. (3)	• O filme começa dentro de uma hora.
• Die Debatte findet **im** nächsten Monat statt. (4)	• O debate terá lugar no próximo mês.

in *(em)*: (1) sob a forma de contração (**im**) com os meses e as estações;
in *(em/por)*: (2) com **Nacht** *(noite)*;
in *(dentro de)*: (3) com períodos de tempo, como **Stunde** *(hora)*, **Woche** *(semana)* ou **Monat** *(mês)* precedidos por um elemento quantitativo;
in *(em)*: (4) com nomes que designam períodos de tempo precedidos por um adjetivo de caráter temporal.

• Es ist zehn **nach** drei./Es ist zehn **nach** halb drei.	• São três e dez./São três menos 20.
• Es ist zehn **vor** drei./Es ist zehn **vor** halb drei.	• São três menos dez./São duas e 20.
• Wir kommen **nach/vor** dem Abendessen.	• Vimos depois do/antes do jantar.

nach: antes do número da hora ou de **halb**, bem como com o significado de *depois de* em geral.

vor: antes do número da hora ou de **halb**, bem como com o significado de *antes de* em geral.

• Ich habe sie **vor** acht Jahren kennen gelernt.	• Conheci-a há oito anos.

vor: com períodos de tempo quantificados com o significado de *há* + período de tempo. Não deve ser confundido com **seit** (*(desde) há, há/faz...que*), que se explica mais à frente.

• Wir bleiben **von** sechs **bis** acht. • Wir bleiben **vom** sechsten **bis zum** achten Juli. • Wir kommen **zwischen** sechs und sieben. • Wir kommen **zwischen** dem sechsten und dem neunten Juli.	• Vamos ficar em casa das seis às oito. • Vamos ficar de seis a oito de julho. • Viremos entre as seis e as sete. • Viremos entre seis e nove de julho.

von *(de)*: combinada com **bis** *(a)* com indicações horárias. Combinada com **bis zum** com datas; neste último caso, aparece sempre como contração (**vom**).

zwischen *(entre)*: combinada com a conjunção **und** *(e)* com indicações horárias ou de datas.

• Wir arbeiten **bis zum** zweiten August. • Ich bin **bis zum** Schluss geblieben. • Er versuchte es **bis zur** letzten Minute.	• Trabalhamos até ao dia dois de agosto. • Fiquei até ao fim. • Tentou até ao último minuto.

bis zu *(até)*: com datas (**bis zum**) ou com nomes (**bis zum** + masculino ou neutro, **bis zur** + feminino).

• Ich warte **seit** zehn Uhr. • Sie arbeitet **seit** gestern/Montag/dem 21. Juli hier. • Wir wohnen **seit** einem Jahr hier.	• Estou à espera desde as oito (horas). • Trabalha aqui desde ontem/segunda-feira/21 de julho. • Vivemos aqui (desde) há um ano.

seit *(desde/desde há/há...que/faz...que)*: com indicações temporais em geral.

Com períodos de tempo quantificados (**Ich kenne ihn seit einem Jahr.** = *Conheço-o desde há um ano./Há um ano que o conheço.*) não se deve confundir com **vor** (**Ich habe ihn vor einem Jahr kennen gelernt.** = *Conheci-o há um ano./Há um ano que o conheci.*) O enunciado com **vor** responde à pergunta **wann** *(quando)*, o enunciado com **seit** responde à pergunta **seit wann** *(desde quando)*. Com **vor**, faz-se referência a um facto pontual e já terminado do passado; com **seit** e o verbo no presente, faz-se referência a um facto que tem continuidade até ao momento do enunciado.

• geöffnet **ab** neun Uhr/Montag/Juni/dem fünften Mai • **Ab** nächster/nächste Woche arbeiten wir nur am Vormittag.	• Aberto a partir das nove/de segunda-feira/de junho/de cinco de maio. • A partir da próxima semana, só trabalhamos de manhã.

ab *(a partir de)*: com indicações horárias, com nomes dos dias da semana e dos meses (sem artigo), bem como com datas. Com outros nomes, como no segundo exemplo, também se pode utilizar com acusativo quando estes não têm determinante.

• Wir besuchen dich **zu** Ostern/ Weihnachten.	• Vamos visitar-te na Páscoa/no Natal.

zu *(por)*: com nomes de festas religiosas sem artigo.

• Ich habe **mit** 21 Jahren geheiratet.	• Casei-me aos 21 anos.

mit *(aos)*: com indicações da idade.

EXERCÍCIOS

19. *am* ou *im*? Assinale a forma correta. [A1]

a. Am/Im Mittag sind die Geschäfte geschlossen.

b. Am/Im Freitag habe ich keinen Unterricht.

c. Am/Im Sommer fahren wir immer nach Spanien.

d. Bist du am/im Wochenende zu Hause?

e. Tim hat auch am/im August Geburtstag.

20. *vor* ou *seit*? [A2]

a. Há seis meses que nos conhecemos.

Wir haben uns .... sechs Monaten kennen gelernt.

b. Há já três dias que o Sr. Meier está doente.

Herr Meier ist schon .... drei Tagen krank.

c. Há 20 anos que nos casámos.

Wir haben .... 20 Jahren geheiratet.

d. A Katia teve um filho há duas semanas.

Katia hat .... zwei Wochen ein Kind bekommen.

e. Vi-o pela primeira vez há quatro semanas.

.... vier Wochen habe ich ihn zum ersten Mal gesehen.

f. Há um ano que não nos vemos.

Wir haben uns .... einem Jahr nicht gesehen.

PREPOSIÇÕES DE TEMPO COM ACUSATIVO

• Der Unterricht beginnt **um** neun. • Wir kommen **gegen** neun.	• As aulas começam às nove. • Vimos por volta das nove.

um *(à(s))*: com indicações horárias. O acusativo não se nota.

gegen *(por volta da(s))*: com indicações horárias. O acusativo não se nota.

• Heute arbeiten wir nur **bis** 12. • Wir bleiben **bis** Montag/morgen/morgen Nachmittag/Ostern. • Das Geschäft ist **bis** nächsten Montag geschlossen.	• Hoje só trabalhamos até às 12:00. • Vamos ficar até segunda-feira/amanhã/amanhã à tarde/à Páscoa. • A loja está/vai estar fechada até à próxima segunda-feira.

bis *(até)*: só pode ser utilizada com nomes se estes não tiverem determinante. O acusativo não se nota, exceto que lhes siga um adjetivo, como no último exemplo.

PREPOSIÇÕES DE TEMPO COM GENITIVO

• **Während** des Starts müssen die Passagiere ihre elektronischen Geräte ausschalten.	• Durante a descolagem, os passageiros têm de desligar os seus dispositivos eletrónicos.

EXERCÍCIOS

21. an, in ou um? Complete com a preposição, o artigo definido ou com a contração de ambos. [A1]

Ich komme .....   Ich komme .....

a. .... Dezember.   h. .... Sommer.

b. .... Morgen.   i. .... nächsten Woche.

c. .... Nacht.   j. .... nächsten Jahr.

d. .... Mitternacht.   k. .... halb zwei.

e. .... Dienstag.   l. .... Heiligabend.

f. .... Wochenende.   m. .... 22. Mai.

g. .... 9.30 Uhr.   n. .... drei Tagen.

AS PREPOSIÇÕES

22. Qual é a forma correta? [A1]

a. Wann fährst du nach München? - .... Herbst. (Im / Am / In)

b. Wann machst du Urlaub? - .... Juli. (Im / In / Am)

c. Wann hast du Geburtstag? - .... 10. Februar. (Der / Am / Im)

d. Wann beginnt der Unterricht? - .... fünf Uhr. (Am / Um / Im)

e. Wann kommen deine Freunde? - .... Ostern. (In / Im / Zu)

f. Wann arbeitest du? - .... Nachmittag. (Im / Um / Am)

g. Wann ist er angekommen? - .... einer Woche. (Vor / Seit / In)

h. Wann besuchst du mich? - .... Sonntag. (Am / Der / Um)

i. Wie lange arbeitest du schon hier? - .... zwei Jahren. (Vor / Seit / In)

23. Complete as seguintes indicações horárias com a preposição adequada. [A2]

| ab – bis – nach – um – um – von – vor |

a. Der Film beginnt .... 20.00 Uhr.

b. Es ist zehn .... neun (9.10 Uhr).

c. Gestern bin ich .... Mitternacht nach Hause gekommen.

d. Die Geschäfte sind hier .... 10 .... 20 Uhr geöffnet.

e. .... zehn Uhr können Sie hier einkaufen, vorher ist geschlossen.

f. Es ist fünf .... zwölf (11.55 Uhr).

24. Um dia como outro qualquer na vida do Sr. Stressig, executivo. Complete com as preposições ou as contrações adequadas. [B1]

| am – bis – im – in – mit – nach – um – von – vor – während – zu |

(a) .... sechs Uhr steht er auf. (b) .... dem Frühstück checkt er seine Mails. (c) .... halb sieben frühstückt er. (d) .... halb acht (e) .... eins arbeitet er (f) .... der Firma. (g) .... Mittag macht er nur eine kurze Pause und isst schnell etwas (h) .... der Kantine. (i) .... des Essens telefoniert er (j) .... seinen Partnern. (k) .... dem Essen hat er Konferenzen, Meetings etc., und (l) .... 21 oder 22 Uhr geht er (m) .... Hause. (n) .... Wochenende hat er frei. Da arbeitet er (o) .... Hause mit seinem Notebook. Aber (p) .... Sommer, da hat er Urlaub, da will er (q) .... die USA fliegen und dort einen Managerkurs machen.

25. *Am – bis – im – von*: qual é a preposição ou contração correta? [B1]

a. (A): Wie lange bleibt dein Besuch?   – (A): .... zum Wochenende!

b. (A): Wann machen Sie Urlaub?   – (B): .... Juli (m) oder August.

c. (A): Wann hast du die Prüfung?   – (B): .... Montag.

d. (A): Wie lange bleibst du in Deutschland? – (B): .... Juli .... August.

e. (A): Wann endet der Kurs?   – (B): .... 30. Juni.

26. *Ab, am, in, seit* ou *während?* [B1]

a. .... Mittag (m) gehen wir immer zusammen ins Restaurant.

b. .... des Essens hat niemand gesprochen.

c. Ich warte schon .... zwei Tagen.

d. .... dem 1. August machen wir Urlaub.

e. .... drei Wochen ist Weihnachten.

27. *Nach, vor, zwischen* ou *zu?* [B1]

a. Sie kommt .... dem fünften und zehnten April (m) an.

b. .... Weihnachten wünsche ich mir ein Smartphone.

c. Wascht euch bitte .... dem Essen (n) die Hände.

d. Sie haben sich .... fünf Jahren kennen gelernt.

e. .... dem Essen (n) sollte man sich die Zähne putzen.

28. *Am, im* ou *um?* Traduza as seguintes orações utilizando o presente. [A2]

a. A minha tia Maria vem no inverno. ....

b. O Oskar chega no domingo. ....

c. O meu aniversário é dia um de janeiro ....

d. O filme começa às oito. ....

e. A Anna vem de Berlim em outubro. ....

f. Ligo-te à tarde. ....

29. Complete com a terminação do determinante. [B1]

a. Lisa ist für ein....... Monat (m) nach Deutschland gefahren.

b. In d....... nächsten Woche (f) haben wir keinen Unterricht.

c. Nach ein....... Stunde (f) hatte er den Aufsatz beendet.

d. Während mein....... Reise (f) habe ich viele Leute kennen gelernt.

e. Wir haben ab d....... 1. September (m) wieder geöffnet!

30. Complete com a terminação do determinante ou do adjetivo. [B1]

a. Vor d....... Prüfung (f) war sie sehr nervös.

b. Das Büro ist bis nächst....... Montag (m) geschlossen.

c. Er kommt zwischen d....... 15. März (m) und dem 10. April zurück.

d. Seit d....... letzten Monat (m) ist parken hier verboten.

e. In ein....... Woche (f) endet der Kurs.

OUTRAS PREPOSIÇÕES

OUTRAS PREPOSIÇÕES COM DATIVO

• Ich möchte **mit** dem Chef sprechen.	• Quero falar com o chefe.
• Wir kommen **mit** dem Zug.	• Vimos de comboio.
• Das ist das Auto **von** meinem Bruder.	• Este é o carro do meu irmão.
• Der Ring ist **aus** (echtem) Gold.	• O anel é de ouro (autêntico).
• **Außer** dir sind alle gekommen.	• Vieram todos menos tu.
• **Zum** Lesen brauche ich eine Brille.	• Para ler preciso de óculos.

Tanto **von** como **aus** podem ser traduzidos como *de*. No entanto, não podem ser utilizados indistintamente; apenas **aus** indica o material de que algo é feito.

A preposição **zu** (sob a forma da contração **zum**) é utilizada, com sentido final, com infinitivos substantivados.

OUTRAS PREPOSIÇÕES COM ACUSATIVO

• Ich brauche das Geld **für** meinen Urlaub.	• Preciso do dinheiro para as minhas férias.
• Die Blumen sind **für** dich.	• As flores são para ti.
• Wir können es **ohne** dich nicht machen.	• Não podemos fazê-lo sem ti.

OUTRAS PREPOSIÇÕES COM GENITIVO

• Wir konnten **wegen** des Nebels nicht starten.	• No pudemos descolar por causa do nevoeiro.

Na linguagem oral, é muito comum o uso de **wegen** com dativo: **Wir konnten wegen dem Nebel nicht starten.**

AS PREPOSIÇÕES E A SUA REGÊNCIA (TABELA RESUMO)

Acusativo	Dativo	Genitivo	Acusativo ou dativo
	ab (tempo)		
	an (tempo)		**an** (lugar)
			auf (lugar)
	aus		
	außer		
		außerhalb (lugar)	
	bei (lugar)		
bis (tempo)	**bis zu** (tempo/lugar)		
durch (lugar)			
für			
gegen (tempo/lugar)			
			hinter (lugar)
	in (tempo)		**in** (lugar)
		innerhalb (lugar)	
	mit		
	nach (tempo/lugar)		
			neben (lugar)
ohne			
	seit (tempo)		
			über (lugar)
um (tempo/lugar)			
			unter (lugar)
	von (tempo/lugar)		
	vor (tempo)		**vor** (lugar)
		während	
		wegen	
	zu (tempo/lugar)		
	zwischen (tempo)		**zwischen** (lugar)

EXERCÍCIOS

31. *Bei* ou *mit*? Complete as seguintes orações. [A2]

a. Queres falar comigo?

Willst du .... ?

b. Amanhã vou estar com a minha avó.

Morgen bin ich ....

c. A Anna está com o chefe.

....

d. Porque é que não ficas com os teus pais?

Warum bleibst .... ?

e. Gostaria de falar com a Marta.

Ich würde gern ....

f. Com quem vais à exposição?

.... zur Ausstellung?

32. Complete com a terminação do determinante. [A1]

a. Die Post ist neben d.............. Bahnhof (m).

b. Ich habe den Schal für mein.............. Freund (m) gekauft.

c. Kommst du mit dein.............. Freundin (f) oder allein?

d. Heute Abend essen wir in ein.............. Pizzeria (f).

e. Paul lebt immer noch bei sein.............. Eltern (pl).

f. Stell die Gläser bitte auf d.............. Tisch (m).

g. Berta kommt aus ein.............. kleinen Dorf (n).

33. Complete com a terminação do determinante. [A2]

a. Am Samstag gehen wir zu ein....... Konzert (n).

b. Sie hat ein Geschenk von ihr....... neuen Freund (m) bekommen.

c. Herr Becker geht nie ohne ein....... Schirm (m) aus dem Haus.

d. Herr Müller ist schon seit ein....... Woche (f) krank.

e. Der Wagen fährt durch ein....... Tunnel (m).

f. Nach ein....... kurzen Pause (f) haben wir weitergespielt.

34. Selecione a resposta correta. [A2]

a. Sie sind im Urlaub .... die Schweiz gefahren. (nach - in - zu)

b. Setz dich bitte nicht .... diesen Stuhl! (über - in - auf)

c. Wir sind im Sommer .... Paris geflogen. (nach - in - auf)

d. Er arbeitet schon .... zwanzig Jahren hier. (seit - vor - für)

e. Wir fahren oft .... Deutschland. (in - nach - zu)

f. Carla ist jetzt nicht .... Hause. (zu - nach - in)

g. .... 20 Uhr beginnt der Film. (Im - Am - Um)

35. Selecione a resposta correta. [A2]

a. Warst du .... Arzt? (beim - im - zum)

b. Viele deutsche Rentner wohnen .... Spanien. (nach - in - auf)

c. Wir sind .... dem Auto gefahren. (an - bei - mit)

d. Heute Nachmittag gehen wir .... den Supermarkt. (in - zu - nach)

e. Mein Onkel arbeitet .... Seat. (bei - in - auf)

f. Häng die Lampe bitte .... die Decke. (von - in - an)

g. Er kommt .... 24. März. (im - am - um)

10. OS ELEMENTOS INTERROGATIVOS

OS ELEMENTOS INTERROGATIVOS

- A: **Was** suchst du denn?
- B: Meine Schlüssel.

- A: O que é que procuras?
- B: As minhas chaves.

Com os pronomes interrogativos como **was** (*quê*) pergunta-se por alguma coisa que se quer saber.

OS PRONOMBRES *WER* E *WAS*

- A: **Wer** spricht Japanisch? (sujeto)
- B: Berta (spricht Japanisch).
- A: **Wer** kommt morgen nicht? (sujeto)
- B: Marta und Klaus (kommen nicht).
- A: **Wer** sind diese Leute? (atributo)
- B: (Diese Leute sind) Freunde von Michael.
- A: **Was** riecht so gut? (sujeto)
- B: Der Kuchen (riecht so gut).
- A: **Was** ist das? (atributo)
- B: (Das ist) Ein Kreuzschlitzschraubenzieher.

- A: Quem (é que) fala japonês?
- B: A Berta (fala japonês).
- A: Quem (é que) não vem amanhã?
- B: A Berta e o Klaus (não vêm).
- A: Quem são essas pessoas?
- B: (Essas pessoas são) Amigos do Michael.
- A: O que (é que) cheira tão bem?
- B: O bolo (é que cheira tão bem).
- A: O que é isto?
- B: (Isto é) Uma chave de fendas de estrela.

No nominativo, os pronomes **wer** (*quem*) e **was** (*quê*) servem para perguntar pelo sujeito ou pelo predicativo do sujeito.

Tal como acontece em português com *quem*, o pronome **wer** não tem forma para o plural. Por este motivo, quando funciona como sujeito, o verbo deve estar sempre na terceira pessoa do singular (neste aspeto, diferencia-se do português, como se verifica nos exemplos abaixo). ⓪

- A: **Wer** ist das?
- B: (Das ist) Marta.
- A: **Wer** ist das?
- B: (Das sind) Marta und Klaus.

- A: Quem é (essa)?
- B: (Essa é) A Marta.
- A: Quem são (esses)?
- B: (São) a Marta e o Klaus.

O que se disse anteriormente torna-se mais evidente quando se trata de perguntas do tipo *quem é (este)/quem são (estes)?* ⓪

- A: **Wen** suchst du? (CD)
- B: Meinen Vater.
- A: **Wem** gehört das? (CI)
- B: Meinem Vater.

- A: Quem (é que) procuras?
- B: O meu pai.
- A: A quem pertence isto?
- B: Ao meu pai.

O pronome **wer** tem formas específicas para o acusativo (**wen**) e para o dativo (**wem**). Regra geral, são utilizadas para perguntar, respetivamente, pelo complemento direto e pelo indireto quando estes são pessoas.

O mesmo acontece em português, com a distinção *quem/a quem*? Esta distinção entre complemento direto e indireto é também visível na resposta, como se vê nos exemplos anteriores: *o meu pai/ao meu pai*. Isto significa que a fórmula interrogativa em português serve de ajuda para decidir se em alemão se deve utilizar **wen** ou **wem**.

• Ich suche meine Mutter.	• Procuro a minha mãe.
• Ich suche sie. (CD)	• Procuro-**a**. (Complemento direto)
• Das gehört meiner Mutter.	• Isto pertence à minha mãe.
• Das gehört ihr. (CI)	• Isto pertence-**lhe**. (Complemento indireto)

Embora ambas as línguas coincidam na maioria dos casos no que se refere a estes dois complementos, elas também apresentam algumas diferenças. Um exemplo claro disso é o verbo **helfen**, que rege dativo, enquanto o verbo português *ajudar* seleciona complemento direto (**Ich helfe meiner Mutter./Ich helfe ihr.** = *Ajudo a minha mãe./Ajudo-a.*) Ⓒ Ⓓ

Na verdade, são poucos os verbos que regem dativo (→ p. 94).

• **Für wen** ist das?	• Para quem é isto?
• **Mit wem** isst du heute zu Abend?	• Com quem jantas hoje?

As formas do acusativo e dativo de **wer** também são utilizadas com preposições, dependendo do caso que estas regem (**für** + acusativo, **mit** + dativo).

• A: **Was** trinkst du? (CD)	• A: O que estás a beber?
• B: Einen Kaffee.	• B: Um café.

O pronome **was** não tem forma para o dativo. O acusativo é igual ao nominativo. Portanto, serve também para perguntar pelo complemento direto, quando este é uma coisa.

Quanto aos casos em que **was** é antecedido de uma preposição, veja mais adiante o tema "**wo(r)** + preposição" (→ p. 256).

EXERCÍCIOS

1. Pergunte pelo elemento sublinhado utilizando as formas *wer* ou *was* no nominativo. [A1]

a. **(A)** : *Wer kommt aus den USA?* **B** : <u>Tom</u> *kommt aus den USA.*

b. **(A)** : .... ? **B** : Das ist <u>ein Handy</u>.

c. **(A)** : .... ? **B** : <u>Die Kinder</u> haben das Fenster kaputt gemacht.

d. **(A)** : .... ? **B** : <u>Karotten</u> sind gesund.

e. **(A)** : .... ? **B** : Das sind <u>Max und Moritz, meine Cousins</u>.

f. **(A)** : .... ? **B** : <u>Dein Koffer</u> steht an der Tür.

g. **(A)** : .... ? **B** : Das sind <u>Kartoffelchips</u>.

h. **(A)** : .... ? **B** : <u>Anna und Eric</u> haben geheiratet.

i. **(A)** : .... ? **B** : Das ist <u>mein neuer Nachbar</u>.

2. Assinale a forma interrogativa correta. Tenha em conta que *was* ou *wer* perguntam pelo sujeito, *was* ou *wen* pelo complemento direto e *wem* pelo complemento indireto. [A2]

a. <u>Wer</u> Was Wen Wem *kommt mit ins Kino?*   *Ich!*

b. Wer Was Wen Wem hast du angerufen?   Einen alten Freund.

c. Wer Was Wen Wem hast du gefragt?   Meine Lehrerin.

d. Wer Was Wen Wem hat er geantwortet?   Nichts.

e. Wer Was Wen Wem ist das?   Herr Schumacher, mein Nachbar.

f. Wer Was Wen Wem hast du das Buch geschenkt? Meiner Schwester.

g. Wer Was Wen Wem hat ihr das Problem erklärt? Ihr netter Kollege.

h. Wer Was Wen Wem war das?   Ich nicht! Das war Paul!

i. Wer Was Wen Wem hast du eingeladen?   Anna, Klaus und Martin.

j. Wer Was Wen Wem hast du geholfen?   Meiner Kollegin.

k. Wer Was Wen Wem hat dir geholfen?   Meine Kollegin.

l. Wer Was Wen Wem gehört der Wagen?   Mir.

m. Wer Was Wen Wem hast du getrunken?   Zwei Bier.

3. **Traduza as seguintes orações interrogativas, tendo em conta se se está a perguntar pelo sujeito/predicativo do sujeito, pelo complemento direto ou pelo complemento indireto [A1]**

a. Quem é? ....?

b. A quem telefonaste? ....?

c. Quem é (essa)? ....?

d. Quem são (esses)? ....?

e. A quem é que deste o livro? ....?

f. Quem é que não pode vir? ....?

4. **Was – wen – wem? [A1]**

a. *Was isst er?* *Er isst eine Banane.*

b. ....? Marta sucht den Märchenprinzen.

c. ....? Sie schenkt ihrem Freund eine CD.

d. ....? Robert ruft Olga an.

e. ....? Sie kauft euch ein Eis.

f. ....? Er zeigt seinen Freunden die Stadt.

g. ....? Er zeigt seinen Freunden die Stadt.

h. ....? Anna kauft Brot.

5. **Pergunte pelos elementos sublinhados utilizando a combinação de preposição + wen ou wem, dependendo do caso regido pela preposição. [A2]**

a. *Mit wem hast du gesprochen?* *Ich habe mit dem Chef gesprochen.*

b. ....? Wir haben das für unseren Kollegen gekauft.

c. ....? Im Sprachkurs habe ich neben einem Franzosen gesessen.

d. ....? Ich habe auf Olga gewartet.

e. ....? Sie hat sich über dich geärgert.

f. ....? Deine Adresse habe ich von Thomas bekommen.

g. ....? Sie wohnt jetzt bei ihren Eltern.

ADVÉRBIOS

OS ADVÉRBIOS INTERROGATIVOS *WOHER*, *WO* E *WOHIN*

• A: **Woher** kommt ihr? • B: Aus Portugal./Aus dem Theater.	• A: De onde é que vocês são/vêm? • A: De Portugal/Do teatro.

O advérbio interrogativo **woher** (*de onde*) refere-se sempre à procedência ou à origem.

• A: **Wo** ist der Chef? • B: In seinem Büro. • A: **Wo** arbeitet ihr? • B: In Lissabon.	• A: Onde está o chefe? • B: No escritório dele. • A: Onde é que vocês trabalham? • B: Em Lisboa.

• A: **Wohin** gehst du? • B: In den Supermarkt. • A: **Wohin** bringst du das? • B: In die Bibliothek.	• A: Aonde vais? • B: Ao supermercado. • A: Aonde levas isso? • B: À biblioteca.

Deve distinguir-se entre **wo** (*onde*) e **wohin** (*aonde*), o que também se verifica em português, com verbos de movimento. ⓘ

A forma interrogativa **wo** pergunta sempre pela localização do sujeito (**Wo ist der Chef?**) ou pelo lugar onde se desenrola a ação (**Wo arbeitet ihr?**).

Por outro lado, a forma **wohin** pergunta pelo destino da deslocação realizada pelo sujeito (**Wohin gehst du?**) ou pelo destino do complemento direto (**Wohin bringst du das?**).

EXERCÍCIOS

6. Sublinhe o advérbio interrogativo correto. [A1]

a. <u>Wo</u> Wohin Woher wohnst du?   In Évora.

b. Wo Wohin Woher kommst du?   Aus Berlin.

c. Wo Wohin Woher fährst du?   Nach Bragança

d. Wo Wohin Woher kennst du ihn?   Ich habe ihn im Facebook kennengelernt.

e. Wo Wohin Woher hast du das gekauft? Im Supermarkt.

f. Wo Wohin Woher gehst du jetzt?   Nach Hause.

g. Wo   Wohin   Woher   hast du das gelesen?   Im Internet.

h. Wo   Wohin   Woher   hast du das?   Vom Markt.

OUTROS ADVÉRBIOS INTERROGATIVOS

• **Wann** kommst du? • Bis **wann** kannst du bleiben? • Seit **wann** arbeitest du in Brasilia?	• Quando é que vens? • Até quando podes ficar? • Desde quando é que trabalhas em Brasília?

Como o *quando* português, **wann** pode aparecer antecedido pela preposição adequada em cada ocasião (**bis wann, seit wann**).

• **Wie** heißt du? • **Wie** ist deine Telefonnummer? • **Wie lange** bleibt ihr in Köln? • **Wie oft** gehst du ins Theater? • **Wie viel** kostet das? • **Wie spät** ist es?	• Como te chamas? • Qual é o teu número de telefone? • Quanto tempo é que vocês vão ficar em Colónia? • Com que frequência vais ao teatro? • Quanto custa isto? • Que horas são?

O advérbio interrogativo **wie** (*como*) pode ser combinado com outros elementos (**wie lange, wie spät, wie viel, wie oft**).

• A: **Warum** kommst du nicht mit? • B: Weil ich morgen früh aufstehen muss.	• A: Porque não vens connosco/comigo? • B: Porque amanhã tenho de me levantar cedo.

Deve ter em conta que a forma interrogativa do português, *porque*, corresponde, em alemão, a **warum**, enquanto a forma de resposta *porque* equivale à conjunção subordinante **weil** (→ pp. 289 e ss.).

EXERCÍCIOS

7. Pergunte pelo elemento sublinhado. [A1]

wie viel – wie – wann – wie spät – wie oft – wie lange

a. *Wie ist dein Name?*   *Mein Name ist <u>Michael</u>.*

b. ....? <u>Im August</u> habe ich Urlaub.

c. ....? Das Handy kostet <u>180 Euro</u>.

d. ....? Es ist <u>Viertel vor zwölf</u>.

e. ....? Er geht <u>dreimal pro Woche</u> ins Sportstudio.

f. ....? Der Film dauert <u>zwei Stunden</u>.

g. ....? Meine Adresse ist <u>Goethestraße 55</u>.

WO(R) + PREPOSIÇÃO

• **Wovon** handelt das Buch?	• Do que trata o livro?
• **Worüber** sprecht ihr?	• De que é que vocês estão a falar?

Nos casos em que, por lógica, o advérbio interrogativo **was** deve ser antecedido por uma preposição (por exemplo, **von was** ou **über was**), em vez desta combinação, que é típica da linguagem coloquial, deve ser utilizada a combinação de **wo(r)-** e a preposição correspondente.

• **Wofür** brauchst du es?	(1)	• Para que é que o necessitas?
• **Womit** hast du das gemacht?	(1)	• Com que é que fizeste isso?
• **Worauf** wartest du?	(2)	• Do que estás à espera?
• **Woran** merkt man das?	(2)	• Como é que se nota?

(1) Com preposições que começam por consoante, o elemento interrogativo correspondente constrói-se com **wo-**.

(2) Com preposições que começam por vogal, o elemento interrogativo correspondente constrói-se com **wor-**.

• **Für wen** ist das Geschenk?	• Para quem é o presente?
• **Mit wem** gehst du in die Oper?	• Com quem vais à ópera?

Tenha em conta que ao perguntar por pessoas se utiliza, como em português, a fórmula preposição + **wer** no caso correspondente.

EXERCÍCIOS

8. *Wo(r)* + preposição ou preposição + *wen* ou *wem*? [B1]

a. **A** : *Worauf wartest du?*   **B** : *Auf den Bus.*

b. **A** : .... interessierst du dich?   **B** : Für Fußball.

c. **A** : .... freust du dich?   **B** : Auf das Wochenende.

d. **A** : .... denkst du gerade?   **B** : An meine Freundin.

e. **A** : .... ärgerst du dich?   **B** : Über meinen Computer.

f. **A** : .... handelt der Film?   **B** : Von einer Reise nach Italien.

g. **A** : .... wartest du?   **B** : Auf meine Kollegin.

h. **A** : .... hattest du Angst?   **B** : Vor meinem Mathelehrer.

11. AS PARTÍCULAS MODAIS

11. AS PARTÍCULAS MODAIS

• Was machst du **denn** hier?	(1)	• O que é que estás aqui a fazer?	
• Das ist **aber** interessant!	(2)	• Que interessante que isto é!	
• Setzen Sie sich **doch**!	(3)	• Vá lá, sente-se!	

Denn, **aber** e **doch** pertencem a uma categoria de palavras que não são imprescindíveis do ponto de vista gramatical, mas que têm um valor comunicativo importante: são as chamadas partículas modais.

As partículas modais são utilizadas sobretudo na linguagem oral e são o reflexo de uma determinada atitude do falante: seja relativamente ao que diz (por exemplo, supresa, como em (1) e em (2)) ou ao interlocutor (por exemplo, delicadeza, como em (3)). Em português, muitas vezes isto é indicado pela entoação, mas também através da utilização de alguns advérbios (*afinal*, *sempre*, por exemplo) que, nesses casos, não desempenham a sua função habitual, e do *que* de reforço.

Em alemão, as partículas modais são invariáveis e, geralmente, são átonas.

ABER

• Das ist **aber** teuer!	• Que caro que isto é!

É utilizada em orações declarativas exclamativas antes de adjetivos, para indicar espanto. Não deve ser confundida com a conjunção coordenativa (= *mas*) (→ p. 282).

DENN

• Was ist das **denn**?	(1)	• Mas o que é isto?!
• Wo wohnst du **denn**?	(2)	• Onde é que moras?

(1) É utilizada em orações interrogativas parciais para indicar surpresa; nestes casos, em português, muitas vezes utilizamos *mas*.

(2) Realmente, em caso de tratamento informal, pode aparecer em qualquer interrogativa parcial. O falante tenta mostrar interesse pelo próprio interlocutor, estabelecendo um ambiente relaxado na conversa.

DOCH

• Schenk ihm **doch** einen Computer.	(1)	• Então dá-lhe um computador.
• Steh **doch** auf!	(2)	• Levanta-te (, pá)!
• Setzen Sie sich **doch**.	(3)	• (Vá,) Sente-se (, por favor).

É muito utilizada em orações imperativas para indicar um conselho (1).
Conforme a entoação, em orações imperativas pode servir para indicar irritação/censura (2) ou um
convite feito com delicadeza (3).

• A: Max hat schon wieder abgeschrieben. • B: Das macht er **doch** immer.	• A: O Max voltou a copiar. • B: Mas é o que (ele) faz sempre.

Em orações declarativas serve fundamentalmente para indicar que o interlocutor já deveria saber
o que é dito.

• Das Hemd ist **doch** zu groß für dich! Ich verstehe nicht, warum du es kaufen willst.	• A camisa é (demasiado) grande para ti! (Não vês?). Não entendo porque é que a queres comprar.

Em alguns casos, **doch** indica também uma certa recriminação. No exemplo anterior, o falante
recrimina o seu interlocutor por não se aperceber de uma coisa muito evidente.

JA

• A: Schade, dass Max nicht hier ist. Er könnte uns helfen. • B: Er kommt **ja** am Wochenende. Und er hilft uns bestimmt.	• A: É pena que o Max não esteja. Podia ajudar-nos. • B: Mas se vem no fim de semana (, não te lembras?). E de certeza que nos vai ajudar.

Em orações declarativas serve fundamentalmente para indicar que o interlocutor já deveria saber
o que é dito. Ao contrário de **doch**, nunca indica recriminação.

MAL

• Gib mir **mal** dein Wörterbuch. (1) • Kannst du mir **mal** dein Wörterbuch geben? (2)	• Dá-me (cá) o teu dicionário. (Sim?) • Podes dar-me o teu dicionário (num instante)?

É utilizada em orações imperativas (1) ou em interrogativas totais (2), quando se considera que
o que se pede ao interlocutor pode ser levado a cabo pelo mesmo de forma imediata e sem que
exija um esforço.

VIELLEICHT

• Können Sie mir **vielleicht** sagen, wie spät es ist?	• Por ventura, podia dizer-me as horas?

AS PARTÍCULAS MODAIS

É frequentemente utilizada em orações interrogativas totais com o verbo **können** (*poder*), que na verdade representam um pedido feito com delicadeza. Não deve ser confundida com o advérbio **vielleicht** (*talvez*). (→ p. 202).

WOHL

• Er ist **wohl** der Chef.	• Deve ser o chefe.
• Sie ist **wohl** eingeschlafen.	• Terá adormecido (ela).

É utilizada em orações declarativas no presente para indicar suposições.

• Er wird **wohl** der Chef sein.	(1)	• Será o chefe./Deve ser o chefe.
• Er war **wohl** sehr wütend, als er es gesagt hat.	(2)	• Devia estar muito enervado quando o disse.

Pode ser utilizada com a mesma função com o verbo no futuro (1) mas também com tempos do passado (2).

EXERCÍCIOS

1. **As seguintes orações refletem que atitude do falante? [B1]**

   a. Kommen Sie doch herein!   1. surpresa   2. delicadeza   3. espanto

   b. Sie spricht wohl kein Deutsch.   1. suposição   2. surpresa   3. irritação

   c. Der ist aber dumm!   1. delicadeza   2. suposição   3. espanto

   d. Hör doch zu!   1. surpresa   2. irritação   3. espanto

   e. Wer ist das denn?   1. irritação   2. suposição   3. surpresa

2. **Que partícula modal utilizaria para exprimir o que se indica entre parêntesis? [B1]**

aber – denn – doch – wohl

   a. Sprecht .... nicht so laut! (irritação)

   b. Diese Übung ist .... langweilig! (espanto)

   c. Die Kuh ist .... krank. (suposição)

   d. Lern .... Deutsch! (conselho)

   e. Ziehen Sie .... Ihren Mantel aus! (delicadeza)

   f. Hast du das .... allein gemacht? (surpresa)

3. **Que partículas modais utilizaria nas seguintes situações? [B1]**

> doch – ja – mal – vielleicht – wohl

a. O seu marido fica muito tempo em frente à montra de uma sapataria. Diz-lhe com impaciência: „Jetzt komm .... weiter!"

b. É meia-noite. Tocam à campainha e pergunta-se a si próprio: „Wer wird das .... sein?"

c. Um colega diz-lhe que a nova colega fala alemão perfeitamente. Responde-lhe: „Das wundert mich nicht, sie kommt .... aus Deutschland!"

d. Estão a preparar o jantar e pede ao seu namorado: „Gib mir .... das Messer!"

e. Ficou sem bateria no telemóvel mas o seu amigo tem o dele. Diz-lhe: „Kann ich .... mit deinem Handy telefonieren?"

4. **Que partícula modal utilizaria? [B1]**

> aber – denn – doch – vielleicht

a. **A**: Ich nehme ein Glas Wein. Du auch? **B**: Ich trinke .... keinen Alkohol!

b. **A**: Hast du das .... nicht gewusst? **B**: Nein, ich hatte keine Ahnung!

c. **A**: Wer ist .... dieser Mann da hinten? **B**: Das ist .... der neue Mathe-Lehrer!

d. **A**: Martin, du sprichst .... schon gut Spanisch! Wie lange lebst du .... schon in Spanien? **B**: Schon zwei Jahre!

e. **A**: Es ist kalt hier. Könntest du .... das Fenster zumachen? **B**: Ja, natürlich!

f. **A**: Der Salat ist .... lecker! **B**: Dann nimm .... noch etwas!

12. A NEGAÇÃO

12. A NEGAÇÃO

NEIN OU *NICHT*?

• A: Rauchst du? • B: **Nein** (, ich rauche **nicht**).	• A: Fumas? • B: Não (, não fumo).

Na resposta em português, aparece duas vezes a palavra *não*. Pelo contrário, em alemão aparecem dois elementos negativos distintos. O primeiro (**nein**) é o *não* que pode ser utilizado, por si só, como resposta negativa a uma pergunta. O segundo (**nicht**) é o que nega um determinado elemento da oração (no exemplo, o verbo **rauchen** (*fumar*)).

NICHT OU *KEIN-*?

• Ich rauche nicht. • Dieses Wörterbuch ist nicht gut. • Das ist nicht mein Wörterbuch.	• (Eu) Não fumo. • Este dicionário não é bom. • Este não é o meu dicionário.

Em princípio, em alemão, a negação é feita através de **nicht**.

• Das ist **eine Birne**. / Das ist **keine Birne**. (1) • Das sind **Birnen**. / Das sind **keine Birnen**. (2) • Ich möchte **Bier**. / Ich möchte **kein Bier**. (3)	• Isto é uma pera./Isto não é uma pera. • Isto são peras./Isto não são peras. • Quero cerveja./Não quero cerveja.

Há apenas duas exceções, nas quais se deve utilizar **kein-**. Para compreendê-las, deve imaginar como seria a afirmação correspondente. Se nessa afirmação houver um nome comum antecedido pelo artigo indefinido **ein-** (1) ou um nome comum sem determinante (2-3), na negação deve utilizar-se obrigatoriamente **kein-**.

Trata-se de casos em que o nome costuma ser não contável, uma vez que se refere a matérias ou substâncias (3) ou a plurais nos quais não se utiliza nenhum determinante (2). Tenha em conta que o artigo indefinido **ein-** (*um/uma/uns/umas*) não tem formas para o plural.

• Trinkst du **das Bier**? • Ich brauche **meinen Pass**. • Wir möchten **diesen Tisch**. • Er hat **viele Freunde** in Italien.	• Bebes a cerveja? • Preciso do meu passaporte. • Queremos esta mesa. • (Ele) Tem muitos amigos em Itália.

Negação:

• Trinkst du **das Bier nicht?**	• Não bebes a cerveja?
• Ich brauche **meinen Pass nicht.**	• Não preciso do meu passaporte.
• Wir möchten **diesen Tisch nicht.**	• Não queremos esta mesa.
• Er hat **nicht viele Freunde** in Italien.	• (Ele) Não tem muitos amigos em Itália.

Em qualquer outra situação, a negação é feita através de **nicht**. Repare que nos exemplos anteriores, na versão afirmativa correspondente, o nome tem sempre um determinante que não é artigo indefinido. Quanto à colocação de **nicht**, consulte as páginas 199 e s.

• A: Ist er **Arzt?**	• (Ele) É médico?
• B: Nein, er ist **nicht/kein** Arzt.	• Não, não é médico.

Com nomes sem determinante em função de predicativo do sujeito, pode-se utilizar tanto **nicht**, como **kein-**.

• Ich habe **kein** Geld.	• Não tenho dinheiro.
• Ich habe **überhaupt kein** Geld.	• Não tenho dinheiro nenhum.
• Ich bin **nicht** müde.	• Não estou cansado/cansada.
• Ich bin **überhaupt nicht** müde.	• Não estou nada cansado/cansada.

Tanto **kein-** como **nicht** podem aparecer antecedidos de **überhaupt**, a fim de enfatizar a negação. Na maior parte dos casos, a expressão equivale às fórmulas portuguesas nome + *nenhum* ou *nada* + adjetivo.

EXERCÍCIOS

1. *nicht* ou *kein?* [A1]

a. Kommt Angela aus Deutschland?   Nein, Angela kommt **nicht** aus Deutschland.

b. Ist 'Million Dollar Baby' ein Lied?   Nein, 'Million Dollar Baby' ist .... Lied.

c. Sind die Erdbeeren heute billig?   Nein, die Erdbeeren sind heute .... billig.

d. Isst du heute Obst?   Nein, heute esse ich .... Obst.

e. Ist Herr Schuhmacher der Chef?   Nein, Herr Schuhmacher ist .... der Chef.

f. Ist Hannes dein Freund?   Nein, Hannes ist .... mein Freund.

g. Hast du ein Fahrrad?   Nein, ich habe .... Fahrrad.

h. Isst du gern Kartoffeln?   Nein, ich esse .... gern Kartoffeln.

A NEGAÇÃO

i. Magst du Fleisch?   Nein, ich mag .... Fleisch.

j. Möchtest du tanzen?   Nein, ich möchte .... tanzen.

2. Espírito de contradição [A1]

a. **A** : *Das ist korrekt.*   **B** : *Nein, das ist **nicht** korrekt.*

b. **A** : Da hinten ist ein Hotel.   **B** : Nein, da hinten ist **kein** Hotel!

c. **A** : Das Wetter ist schön.   **B** : Nein, das Wetter ist .... schön!

d. **A** : Guck mal, ein Kamel!   **B** : Das ist .... Kamel!

e. **A** : Hier kann man gut Rad fahren.   **B** : Nein, hier kann man .... gut Rad fahren!

f. **A** : Das Kind möchte ein Eis essen. **B** : Nein, das Kind möchte .... Eis essen!

g. **A** : Wir müssen jetzt gehen.   **B** : Nein, wir müssen jetzt .... gehen!

h. **A** : Das ist eine gute Idee!   **B** : Nein, das ist .... gute Idee!

i. **A** : Er möchte einen Tee.   **B** : Nein, er möchte .... Tee!

j. **A** : Es regnet.   **B** : Nein, es regnet ....

3. *não: nicht* ou *kein*? Traduza as seguintes orações. [A2]

a. O Max não está doente.   ....

b. Não queres um café?   ....

c. Não sou da Alemanha.   ....

d. Não quero comprar um carro. ....

e. A Marta não tem namorado. ....

f. Não trabalhas?   ....

OUTROS ELEMENTOS NEGATIVOS

• Ich rauche **auch nicht**.	• Eu também não fumo.
• Ich trinke auch **keinen Wein**.	• Eu também não bebo vinho.
• Ich habe **nie** mit ihr gesprochen.	• Nunca falei com ela.
• **Nirgends** gab es portugiesische Zeitungen.	• Não havia jornais portugueses em lado nenhum.
• **Niemand** konnte mir helfen.	• Ninguém podia ajudar-me.
• **Nichts** ist so wichtig wie das.	• Nada é tão importante quanto isto.

Existem outros elementos negativos para além dos já referidos:

auch nicht *(também não),* **auch kein-** *(também não),* **nie(mals)** *(nunca),* **nirgends/nirgendwo** *(em lado/sítio/lugar algum/nenhum),* **niemand** *(ninguém),* **nichts** *(nada).*

EXERCÍCIOS

4. *auch nicht* ou *auch kein-*? [A2]

a. Tu também não leste o livro?   Hast du das Buch .... gelesen?

b. O Max também não pode vir.   Max kann .... kommen.

c. Nós também não temos tempo   Wir haben .... Zeit.

d. O meu marido também não sabe cozinhar.   Mein Mann kann .... kochen.

e. Eu também não gosto de carne.   Ich mag .... Fleisch.

f. Eu também não tenho carro.   Ich habe .... Auto.

NEGAÇÃO MÚLTIPLA EM PORTUGUÊS – NEGAÇÃO SIMPLES EM ALEMÃO

- Ich habe es **nie** jemandem gezeigt.
- Nunca o mostrei a ninguém.

Em português, podem aparecer ao mesmo tempo vários elementos negativos (p. ex., *nunca* e *ninguém*). Em alemão, apenas se pode utilizar um único elemento negativo (**nie**, neste caso). ⓒⓓ

- Ich habe **nie eins** gesehen.
- Ich habe **nirgendwo etwas** gekauft.

- Nunca vi nenhum.
- Não comprei nada em lado nenhum.

Quando na oração portuguesa aparece um elemento negativo de tempo ou de lugar, como *nunca* (**nie**) ou em *lado algum/nenhum* (**nirgendwo**), é este que aparece, em alemão, como elemento negativo, enquanto os restantes aparecem na sua forma positiva (**eins** e **etwas**).

- Ich habe es **nie irgendwo** gesehen.
- Nunca o vi em lado nenhum.

Quando em português se utiliza, na mesma oração, um elemento negativo de tempo e outro de lugar, é o primeiro (**nie**) que aparece na sua forma negativa em alemão:

- **Niemand** hat mir **etwas** erklärt.
- Ninguém me explicou nada.

A NEGAÇÃO

Se não aparecer nenhum elemento negativo de tempo ou de lugar na oração portuguesa, em alemão transforma-se sempre em negativo apenas o elemento de pessoa (**niemand**), enquanto o que se refere a coisas aparece na sua forma positiva.

EXERCÍCIOS

5. Traduza as seguintes orações. [B1]

a. Não vi nada.   Ich habe .... gesehen.

b. Não te disse nada (ela)?   Hat sie dir .... gesagt?

c. O Stefan nunca me explica nada.   Stefan erzählt mir ....

d. Nós também não temos plano nenhum.   Wir haben .... Plan.

e. Nunca a vi.   Ich habe sie .... gesehen.

f. Ninguém nos disse nada.   .... hat uns .... gesagt.

g. Nunca estiveste em Berlim?   Bist du .... in Berlin gewesen?

13. A ORAÇÃO

13. A ORAÇÃO

ORAÇÕES DECLARATIVAS, INTERROGATIVAS E IMPERATIVAS

• Das Wörterbuch ist nicht teuer.	• Quanto custa o dicionário?

A função principal das orações declarativas é constatar alguma coisa.

• Wie viel kostet das Wörterbuch?	• O dicionário é caro?

Com as orações interrogativas parciais, perguntamos alguma coisa concreta que queremos saber. Caracterizam-se por começarem com um elemento interrogativo: **wie viel** *(quanto)*, **wo** *(onde)*, **wohin** *(aonde)*, **woher** *(de onde)*, **wann** *(quando)*, **was** *(que)*, **wer** *(quem)*, **wie** *(como)*, etc.

• Ist das Wörterbuch teuer?	• O dicionário é caro?

Com as interrogativas totais, pretende-se sobretudo que o interlocutor confirme ou não aquilo que perguntamos. Não têm, regra geral, nenhum elemento interrogativo.

• Kaufen Sie das neue Wörterbuch! Es ist sehr gut.	• Compre o novo dicionário! É muito bom.

As orações imperativas utilizam-se fundamentalmente para induzir o interlocutor a fazer ou não fazer alguma coisa. Consulte, para mais detalhes, as páginas 41 e ss.

• **Ich** brauche ein Wörterbuch.	• Preciso de um dicionário.
• Was brauchst **du**?	• De que precisas?
• Brauchst **du** ein Wörterbuch?	• Precisas de um dicionário?

Ao contrário do que acontece em português, em alemão, quando o sujeito é um pronome pessoal, este deve aparecer obrigatoriamente em todas as orações referidas. São exceções algumas orações. (→ pp. 42 e ss.). ⓪

A COLOCAÇÃO DO VERBO CONJUGADO NA ORAÇÃO

NAS ORAÇÕES PRINCIPAIS

	I	II	III
oração declarativa	Ich	**wohne**	in Faro.
	Jetzt	**wohne**	ich in Faro.

O lugar ocupado pelo verbo é determinado pelo tipo de oração:

Nas orações declarativas ocupa sempre a segunda posição. Antes do verbo, pode aparecer o sujeito (**ich**) ou, salvo poucas exceções, qualquer outro complemento (**jetzt**). Quando se verifica esta última situação, o sujeito é normalmente colocado imediatamente depois do verbo.

oração interrogativa parcial	I	II	III
	Wo	**wohnst**	du?

Nas interrogativas parciais, o verbo conjugado também ocupa sempre a segunda posição. Antes do verbo coloca-se sempre o elemento interrogativo. O sujeito costuma ser colocado depois do verbo.

	I	II	III
oração interrogativa total	**Wohnst**	du	in Faro?
oração imperativa	**Kommen**	Sie	nach Faro!

Nas interrogativas totais, o verbo conjugado ocupa sempre o primeiro lugar e o sujeito aparece a seguir.

Nas orações imperativas, o verbo conjugado também é colocado na primeira posição. O sujeito (se estiver expresso) é colocado a seguir (pp. 42 e ss.).

NAS ORAÇÕES SUBORDINADAS

• Diese Kamera gefällt mir, weil sie ein starkes Zoom **hat**.

• Gosto desta câmara porque tem um zoom potente.

Na maioria de orações subordinadas, o verbo conjugado é colocado no final (→ pp. 286 e ss.).

EXERCÍCIOS

1. **Comece a oração declarativa com o complemento sublinhado. Lembre-se de que ao fazê-lo, verifica-se a inversão da ordem dos elementos. [A1]**

   a. Wir gehen <u>morgen</u> ins Theater.　Morgen gehen wir ins Theater.

   b. Anna hat <u>in Hamburg</u> eine Tante.　..................................... .

   c. Ich habe <u>dieses Buch</u> nicht gelesen.　..................................... .

   d. Florian wohnt <u>jetzt</u> in Rom.　..................................... .

   e. Mein Vater hat <u>am Sonntag</u> Geburtstag.　..................................... .

f. Ich habe <u>meinem Freund</u> einen Schal ....
geschenkt.

2. **Formule as perguntas. Nas interrogativas parciais, pergunte pelos elementos sublinhados.
Nas interrogativas totais, utilize a forma de cortesia. [A1]**

a. *Was* ist sie von Beruf?   Sie ist <u>Lehrerin</u> von Beruf.

b. ....?   Anna wohnt <u>in Hamburg</u>.

c. ....?   <u>Anna</u> wohnt in Hamburg.

d. ....?   Ja, Anna wohnt in Hamburg.

e. ....?   Ich komme <u>aus Berlin</u>.

f. ....?   Nein, ich kann nicht gut singen.

g. ....?   Der Film beginnt <u>um 20 Uhr</u>.

h. ....?   Nein, ich habe keine Kinder.

i. ....?   Ja, ich studiere Informatik.

3. **Ordene os elementos conforme o tipo de oração. Comece as declarativas pelo sujeito. [A1]**

a. du – zu Hause – bleibst (?)   *Bleibst du zu Hause?*

b. Sie – Faro – besuchen (!)   .... !

c. Sie – jetzt – wo – arbeiten (?)   .... ?

d. ich – einen Kaffee – möchte   ....

e. Michael – aus München – kommt   ....

f. du – im Sommer – wohin – fährst (?)   .... ?

g. du – gehen – jetzt – möchtest (?)   .... ?

A ORDEM DOS COMPLEMENTOS NA ORAÇÃO

No capítulo anterior, viu que há umas normas muito estritas quanto à posição ocupada pelo verbo conjugado na oração. A colocação dos complementos também segue determinadas normas, que em seguida explicamos. Os exemplos dados são de orações declarativas, mas as normas descritas são válidas para qualquer tipo de oração.

A PRIMEIRA POSIÇÃO NAS ORAÇÕES DECLARATIVAS

• **Marta** war gestern im Museum. (1) • **Gestern** war Marta im Museum. (2) • **Marta** hat ihrem Vater eine Uhr geschenkt. (3) • **Ihrem Vater** hat Marta eine Uhr geschenkt. (4)	• A Marta esteve ontem no museu. • Ontem a Marta esteve no museu. • A Marta deu um relógio ao pai. • Ao pai, a Marta deu um relógio.

A primeira posição na oração declarativa é ocupada, na maioria das vezes, pelo sujeito (1) (3). Mas, salvo raras exceções, pode ser ocupada por qualquer outro complemento (2) (4). Normalmente, trata-se dos mesmos complementos que, seja pelo motivo que for, também seriam colocados no início, em português.

Ao contrário do que acontece em português (2) (4), em alemão, a posição anterior ao verbo conjugado só pode ser ocupada por apenas um complemento. ⊕

• Ich möchte **ihn** einladen. (1) • **Ihn** möchte ich einladen. (2) • Er hat **mir** alles erzählt. (3) • **Mir** hat er alles erzählt. (4)	• Quero convidá-lo. • A ele quero convidá-lo. • Contou-me tudo. • A mim contou-me tudo.

Os pronomes pessoais em acusativo (complemento direto) ou dativo (complemento indireto) não se colocam, normalmente, na primeira posição (1) (3). Isso só se verifica se a correspondente oração portuguesa começar com preposição + pronome pessoal tónico, como em (2) (*a ele)* ou em (4) (*a mim*).

A dupla representação do complemento direto ou indireto que às vezes se verifica em português, como em (2) (*a ele, -lo)* ou em (4) (*a mim, -me*) não é possível em alemão. ⊕

ELEMENTOS COM POSIÇÃO FIXA NO FIM (NO INTERIOR DA ORAÇÃO)

Devem ser colocados obrigatoriamente no fim:

• Sie ist ab heute **die neue Chefin**. • Silvia ist seit einem Monat **krank**.	• Ela é, a partir de hoje, a nova chefe. • A Sílvia está doente desde há um mês.

Os predicativos do sujeito (**die neue Chefin, krank**).

• Ich gehe mit meinen Freunden **ins Kino**. • Wir wohnen seit 1990 **in Köln**. • Erik interessiert sich nur **für seine Arbeit**.	• Vou ao cinema com os meus amigos. • Vivemos em Colónia desde 1990. • O Erik só se interessa pelo seu trabalho.

A ORAÇÃO

Todos os complementos circunstanciais de direção (**ins Kino**), os complementos circunstanciais de lugar que sejam **obrigatórios** (sem **in Köln**, a oração não teria sentido) e todos os complementos preposicionais ou de regime verbal (**für seine Arbeit**).

• Ich **rufe** dich morgen aus Lissabon **an**. • Jürgen **hat** am Sonntag eine Party **gegeben**. • Morgen **muss** ich um zwölf Uhr im Büro **sein**.	• Ligo-te amanhã de Lisboa. • O Jürgen fez uma festa no domingo. • Amanhã tenho de estar no escritório ao meio-dia.

Quando a oração contém um verbo separável conjugado (**rufe ... an**), a posição final é ocupada pela partícula separável (**an**); quando a oração apresenta uma forma verbal composta, como por exemplo, o **Perfekt** (**hat ... gegeben**), ou uma perífrase como a constituída pelo verbo modal + infinitivo (**muss ... sein**), a posição final é ocupada pelo Partizip II (**gegeben**) e pelo infinitivo (**sein**), respetivamente. Os complementos referidos ocupam, então, a posição imediatamente anterior.

EXERCÍCIOS

4. **Construa orações, colocando o sujeito em primeiro lugar. [A2]**

   a. finde – sehr sympathisch – sie – ich

   Ich ....

   b. in der Schweiz – lebt – Christina – jetzt

   ....

   c. denke – ich – sehr oft – an ihn

   ....

   d. unsere Gäste – heute – seid – ihr

   ....

   e. manchmal – nicht sehr freundlich – ist – mein Chef

   ....

   f. auf dem Küchenschrank – immer – die Schlüssel – liegen

   ....

   g. nicht gern – sie – wartet – auf ihn

   ....

   h. nett – ist – deine Kollegin – wirklich

   ....

i. gestern – beim Frisör – ich – war

....

5. Construa orações, colocando o sujeito em primeiro lugar. [B1]

a. nach Hause – gegangen – sie – ist

....

b. um 12.30 Uhr – ab – der Zug – fährt

....

c. trinken – möchte – ich – einen Kaffee

....

d. nichts – hat – er – gegessen

....

e. würde gern – Albert – mitkommen

....

f. bald – der neue Flughafen – gebaut – wird

....

ELEMENTOS COM POSIÇÃO FIXA DEPOIS DO VERBO CONJUGADO (NO INTERIOR DA ORAÇÃO)

- Gestern hat **sie** ein Handy gekauft.
- Sicher will **sie es** ihrem Vater schenken.
- Oder vielleicht will **sie es mir** zum Geburtstag schenken.

- Ontem (ela) comprou um telemóvel.
- Certamente quer oferecê-lo ao pai.
- Ou talvez mo queira oferecer a mim no meu aniversário.

Os pronomes pessoais com função de sujeito-nominativo (**sie**), complemento direto-acusativo (**es**) ou complemento indireto-dativo (**mir**) colocam-se sempre imediatamente depois do verbo conjugado. Quando aparecem simultaneamente (os três ou dois deles), a ordem é sempre: nominativo – acusativo – dativo (**sie – es – mir**) (→ p. 124).

- Hier kann **man** gut parken.
- Deshalb hat **man** es mir nicht sofort gesagt.

- Aqui pode-se estacionar bem.
- Por isso não mo disseram logo.

O pronome indefinido **man** ocupa a mesma posição que o pronome pessoal em função de sujeito.

A ORAÇÃO

• Deshalb hat **mich der Chef** angerufen.
• Deshalb hat **es mir der Chef** gesagt.

• Por isso me telefonou o chefe.
• Por isso mo disse o chefe.

Quando o sujeito não é pronominal (isto é, não é um pronome mas sim um substantivo ou um nome próprio), os pronomes pessoais em acusativo ou dativo podem até ser colocados antes do sujeito. Não é obrigatório, mas é habitual.

• Hoffentlich hat er **sich** gut informiert.

• Oxalá se tenha informado bem.

Os pronomes reflexivos (**sich**) colocam-se na mesma posição que o pronome pessoal em acusativo ou dativo.

EXERCÍCIOS

6. Coloque os elementos entre parêntesis na ordem correta. [A2]

a. Leider hat .... nicht gut informiert. (uns – man)

b. Hat .... geärgert? (sie – sich)

c. Sicher hat .... nicht erklärt. (es – ihnen – sie)

d. Wann hat .... angerufen? (dich – er)

e. Heute möchte .... sagen. (dir – ich – es)

ELEMENTOS SEM POSIÇÃO FIXA (NO INTERIOR DA ORAÇÃO)

O SUJEITO NÃO PRONOMINAL

• **Marta** hatte gestern eine Prüfung.
• Gestern hatte **Marta** eine Prüfung.

• A Marta ontem teve um exame.
• Ontem a Marta teve um exame.

O sujeito, quando não é um pronome, é frequentemente colocado antes do verbo conjugado. Quando esta posição é ocupada por outro complemento, o sujeito é colocado depois do verbo conjugado, no interior da oração.

• Vielleicht hat **ihn Marta** schon gesehen.
• Das hat **mir Marta** gesagt.

• Talvez a Marta já o tenha visto.
• Isto disse-me a Marta.

No entanto, tal como se explicou na secção anterior, este sujeito não pronominal pode ser deslocado desta posição quando na oração aparece um pronome pessoal em acusativo (**ihn**) ou dativo (**mir**).

O COMPLEMENTO DIRETO E INDIRETO ENTRE SI (NO INTERIOR DA ORAÇÃO)

• Ich habe **es ihm** sofort gesagt.	• Disse-lho imediatamente.

Quando ambos são pronomes pessoais (**es**, **ihm**), a ordem obrigatória é acusativo – dativo. Neste caso, têm posição fixa.

• Ich habe **es meinem Vater** sofort gesagt. • Ich habe **ihm alles** gesagt.	• Disse-o logo ao meu pai. • Disse-lhe tudo.

Quando apenas um deles é um pronome pessoal, este é colocado antes.

• Ich habe **Stefan mein Auto** geliehen. • Wir haben **dem Kunden deine Adresse** gegeben.	• Emprestei o meu carro ao Stefan. • Demos o teu endereço ao cliente.

Quando nenhum dos dois é um pronome pessoal, a ordem habitual é complemento indireto (dativo) – complemento direto (acusativo).

EXERCÍCIOS

7. **Coloque os elementos entre parêntesis na ordem correta. [A2]**

   a. Hast du .... gekauft?   (sie – ihm)

   b. Unsere Lehrerin erklärt ....   (uns – es)

   c. Hat er .... geschenkt?   (seiner Freundin – es)

   d. Ich habe .... erzählt.   (ihr – eine Geschichte)

   e. Gib ....!   (einen Euro – dem Mann)

8. **Substitua os elementos sublinhados pelo pronome pessoal correspondente. Tenha em conta que ao fazê-lo, pode variar a ordem dos elementos. [A2]**

   a. Sie haben Anna einen Hund geschenkt.   ....

   b. Geben Sie dem Chef die Dokumente?   ....

   c. Ich habe meiner Schwester ein Buch mitgebracht. ....

   d. Er hat seiner Freundin Blumen gekauft.   ....

   e. Er hat seiner Freundin Blumen gekauft.   ....

   f. Er hat seiner Freundin Blumen gekauft.   ....

A ORAÇÃO

g. Bringt ihr uns die Bücher mit? ....

h. Er hat den Eskimos Kühlschränke verkauft. ....

OS COMPLEMENTOS CIRCUNSTANCIAIS ENTRE SI (NO INTERIOR DA ORAÇÃO)

• Die Kinder haben **gestern im Garten** gespielt. (te-lo)	• Ontem as crianças brincaram no quintal.
• Die Kinder haben **gestern wegen des Regens drinnen** gespielt. (te-ca-lo)	• Ontem, por causa da chuva, as crianças brincaram dentro de casa.

Podemos estabelecer a seguinte ordem habitual: temporais (**te**) – causais (**ca**) – de lugar (**lu**).

• Man kann **in diesem Restaurant sehr gut** essen. (lo-mo)	• Neste restaurante pode-se comer muito bem.

Quando aparecem complementos circunstanciais de modo (**sehr gut**), estes costumam ser colocados no final.

EXERCÍCIOS

9. **Construa orações, colocando o sujeito em primeiro lugar, nas declarativas. [A2]**

   a. im Garten – wir – am Sonntag – essen

   ....

   b. ihr – am Wochenende   fahrt – an den Strand (?)

   .... ?

   c. bleiben – zu Hause – wir – wegen des schlechten Wetters

   ....

   d. spielt – im Park – sie – nachmittags

   ....

   e. wegen seiner Kopfschmerzen – er – geht – jetzt – zum Arzt

   ....

   f. fantastisch – die Mannschaft – heute – spielt

   ....

g. gegangen – ihr – seid – in die Disko – gestern (?)

....?

A COLOCAÇÃO DE *NICHT*

Consulte as páginas 199 e ss.

EXERCÍCIOS

10. Exercício global: construa orações, colocando o sujeito em primeiro lugar, nas declarativas. [A2]

    a. ihr – es – erklärt – er – hat

    ....

    b. jetzt – in Berlin – wohnen – sie

    ....

    c. interessiert – sich – er – für Fußball (?)

    ....?

    d. Herr Großkopf – jetzt – ist – Politiker

    ....

    e. um 7 Uhr – sie – aufgestanden – ist

    ....

    f. findest – nett – sie – du (?)

    ....?

    g. pünktlich – müssen – wir – ankommen

    ....

    h. ins Konzert – ich – heute Abend – gehe

    ....

    i. seiner Frau – er – hat – nichts – geschenkt (?)

    ....?

A ORAÇÃO

A COORDENAÇÃO

• **Wir kaufen die Eintrittskarten** und **ihr wartet hier,** ja?	• Nós compramos os bilhetes e vocês esperam aqui, está bem?

Falando de orações, a coordenação serve para ligar orações do mesmo nível entre si. No exemplo, a conjunção **und** (e) coordena duas orações principais.

• Anna liest die Zeitung **und** Tim sieht fern. (1)	• A Ana lê o jornal e o Tim vê televisão.
• Bleibst du **oder** gehst du nach Hause? (2)	• Ficas ou vais para casa?
• Ich wohne hier, **aber** ich bin aus Vic. (3)	• Vivo aqui, mas sou Rio de Janeiro.
• Wir gehen **nicht** ins Restaurant, **sondern** wir essen zu Hause. (4)	• Não vamos almoçar ao restaurante, mas sim em casa.
• Dieses Jahr mache ich **keinen** Urlaub, **sondern** ich bleibe zu Hause. (5)	• Este ano não vou de férias, fico antes em casa.
• Ich muss jetzt gehen, **denn** es ist schon spät. (6)	• Tenho de ir embora, pois já é tarde.

(1) **und** *(e)*: serve fundamentalmente para indicar enumerações.

(2) **oder** *(ou)*: apresenta uma alternativa.

(3) **aber** *(mas)*: introduz uma contraposição/limitação. Aparece sempre antecedida de uma vírgula.

(4) (5) **sondern** *(mas sim, ... antes,)*: indica uma alternativa. Na oração principal aparece sempre um elemento negativo, como **nicht** ou **kein-**. As duas orações coordenadas são separadas através de uma vírgula. Não deve confundir esta conjunção com o advérbio condicional **sonst** *(senão)*: **Ich muss gehen, sonst verpasse ich den Zug.** *(Tenho de ir embora, senão perco o comboio.)* (→ p. 208 e 216) ⓒ

(6) **denn** *(pois)*: indica causa. Aparece sempre antecedida de uma vírgula.

Com estas conjunções coordenativas, a oração que se segue não apresenta qualquer alteração relativamente à colocação dos seus elementos. É como se a conjunção não estivesse lá.

• Er arbeitet in Köln **und sie (arbeitet) in Bonn.** (1)	• Ele trabalha em Colónia e ela (trabalha) em Bona.
• Franz hat viel Geld, **aber (er hat) wenig Zeit.** (2)	• O Franz tem muito dinheiro, mas (tem) pouco tempo.
• Ich heiße Ina **und (ich) bin 18 Jahre alt.** (3)	• Chamo-me Ina e tenho 18 anos.

(1) (2) Com **und, oder, aber** e **sondern** (não com **denn**), se as orações coordenadas tiverem o mesmo verbo, este e todos os restantes elementos que tiverem em comum podem ser elididos.

(3) Com as mesmas conjunções, se o único elemento que tiverem em comum for o sujeito, este pode ser elidido.

• **Entweder ich komme allein oder** ich bringe meinen neuen Freund mit. (1) • **Entweder komme ich allein oder** ich bringe meinen neunen Freund mit. (2)	• Ou venho sozinha ou levo o meu novo namorado. • Ou venho sozinha ou levo o meu novo namorado.

Entweder ... oder *(ou ... ou)* é uma locução que indica alternativas que se excluem entre si. Quando a primeira parte é colocada no início da primeira oração, verificam-se duas possibilidades: pode colocar-se primeiro o sujeito, seguido do verbo conjugado (1), ou pode aparecer primeiro o verbo conjugado e depois o sujeito (2).

• Sie kommt **entweder** mit dem Auto **oder** (sie) nimmt den Bus.	• Ou vem de carro ou apanha o autocarro.

Entweder também pode aparecer no interior da primeira oração. Nesse caso, se o sujeito for o mesmo, pode ser elidido na segunda oração.

• Sie heißen **Daniel und Maria.** • Das Konzert ist nicht **am Freitag, sondern am Samstag.** • Ich nehme **entweder** Spaghetti **oder** eine Pizza.	• Chamam-se Daniel e Maria. • O concerto não é na sexta, mas sim no sábado. • Vou comer esparguete ou uma piza.

Salvo **denn**, as conjunções anteriormente referidas também podem coordenar elementos simples.

Consulte também "Os conectores de orações: advérbios e conjunções" (→ pp. 216 e ss.).

EXERCÍCIOS

11. Complete com as conjunções que faltam: *aber, denn, oder* **ou** *und.* **[A1]**

a. Wann fängt das Kino an, um acht .... um neun Uhr?

b. Ich möchte ihn anrufen, ... ich habe seine Handynummer nicht.

c. Ist der Chef noch da, ... ist er schon nach Hause gegangen?

d. Wir sind zu Hause geblieben .... haben ferngesehen.

e. Fred kann nicht kommen, ... sein Auto ist kaputt.

f. Die Schuhe sind schön, ... leider zu teuer.

12. Faça a combinação adequada. [A1]

a. Maria ist zufrieden,	1. und	A. kommst du mit?
b. Sie haben den ganzen Abend gegessen	2. denn	B. getrunken.
c. Ich habe ihn gefragt,	3. aber	C. er bleibt zu Hause.
d. Sie geht ins Kino,	4. oder	D. er hat nicht geantwortet.
e. Bleibst du hier,	5. und	E. sie hat eine Wohnung gefunden.

13. Construa orações com os elementos dados. [A1]

a. *Buch – Anna – ein – und – im Internet – Maria – surft*

Anna liest ein Buch, und Maria surft im Internet.

b. habe – ich – den Text – gelesen – aber – nichts verstanden – ich – habe

Ich ....

c. heute – arbeite – aber – morgen – Tennis – ich – spiele – ich

Heute ....

d. gehen – wir – nach Hause – gehen – schon spät – ist – denn – es

Wir ....

e. eine Bratwurst – er – und – ein Bier – trinkt – er – isst

Er isst ....

f. wir – Schach – spielen – sehen – einen Film – wir – oder (?)

Spielen .... ?

14. Complete com as conjunções que faltam: *aber, denn, entweder, oder, sondern* ou *und*. [B1]

a. Er geht in die Küche .... bereitet das Abendessen vor.

b. Ich habe Hunger, ... ich habe noch gar nichts gegessen.

c. Alex hatte viel Zeit, ... er wollte mir nicht helfen.

d. Möchtest du lieber einen Hund .... eine Katze?

e. Er möchte .... Zoodirektor oder Feuerwehrmann werden.

f. Sie studiert nicht Spanisch, ... Portugiesisch.

15. Coordene as orações através de *aber, denn, oder, sondern* ou *und*. Prescinda dos elementos comuns que podem ser elididos. [B1]

a. *Wir gehen ins Kino, und danach gehen wir essen.*

Wir gehen ins Kino und danach essen.

b. Er kommt allein. Er kommt mit seiner Freundin.

c. Ich kann dich nicht anrufen. Mein Telefon funktioniert nicht.

d. Sie möchten an den Strand gehen. Das Wetter ist nicht gut.

e. Am Wochenende bleibt sie nicht zu Hause. Sie geht aus.

f. Ich bin einkaufen gegangen. Ich habe eine Jacke gekauft.

g. Im Urlaub fahren wir nicht nach Schweden. Wir fahren nach Dänemark.

16. Construa enunciados com *entweder ... oder*. Comece primeiro pelo sujeito e depois por *entweder*. [B1]

a. ich – ein Fahrrad – entweder – kaufe – oder – ein Motorrad

Ich kaufe entweder ein Auto oder ein Motorrad.

Entweder kaufe ich ein Auto oder ein Motorrad.

b. einen Laptop – oder – schenken – wir – ihr – ein Tablet – entweder

.... ein Tablet.

.... ein Tablet.

c. oder – kommt – er – morgen – entweder – übermorgen

....

....

d. nehme – ein Taxi – oder – entweder – gehe – ich – zu Fuß

Ich nehme ....

....

e. in die USA – wir – im Urlaub – entweder – fahren – nach Mexiko – oder

....

....

A ORAÇÃO

A SUBORDINAÇÃO

• Sie möchte Dolmetscherin werden, **weil sie Sprachen mag.** (1) • Sie arbeitet jetzt in London, **um Englisch zu lernen.** (2) • Ich weiß, **dass du wenig Zeit hast.** (3)	• Quer ser intérprete porque gosta de línguas. • Agora trabalha em Londres para aprender inglês. • Sei que tens pouco tempo.

As orações subordinadas constituem, regra geral, um complemento da oração da qual dependem (oração subordinante).

Assim, as subordinadas em (1) e (2) representam, respetivamente, um complemento circunstancial de causa e um complemento circunstancial de fim, e a subordinada em (3) representa um complemento direto (oração completiva).

Normalmente, as orações subordinadas são introduzidas por uma conjunção subordinante (**weil**, **dass**, etc.), ocupando o verbo conjugado (**bin**, **hast**, etc.) o último lugar.

No entanto, como veremos nas duas secções seguintes, também há subordinadas sem elemento introdutório.

• Wenn es nicht regnet, **essen** wir draußen. (1) • Dann **essen** wir draußen. (2)	• Quando não chove, comemos fora. • Então comemos fora.

Quando a subordinada antecede a oração da qual depende, esta última aparece introduzida, regra geral, pelo verbo conjugado (1). Na verdade, é como se no primeiro lugar estivesse, por exemplo, um advérbio (2). Consulte também o tema "Os elementos conectores de orações: advérbios e conjunções" (→ pp. 216 e ss.).

A SUBORDINAÇÃO: ORAÇÕES SEM *DASS*

• Emma sagt, **dass sie später kommt.** • Emma sagt, **sie kommt später.**	• A Emma diz que vem mais tarde. • A Emma diz que vem mais tarde.

Os dois enunciados têm o mesmo significado. No entanto, no primeiro aparece, como na tradução em português, a conjunção subordinante **dass** (*que*), que não está presente no segundo.

No primeiro, o verbo conjugado da subordinada ocupa o último lugar. Mas no segundo ocupa o lugar que ocuparia em qualquer oração declarativa.

• Ich glaube, **sie kommt nicht mehr.**
• Ich habe gehört, **Thomas hat eine neue Freundin.**

• Acho que (ela) já não vem.
• Ouvi dizer que o Tomás tem uma nova namorada.

Este fenómeno verifica-se com verbos da esfera de "dizer" e de "pensar", como **antworten** *(responder)*, **denken** *(pensar)*, **erzählen** *(contar)*, **glauben** *(acreditar, crer, achar)*, **hoffen** *(esperar)*, **meinen** *(pensar, opinar)*, **sagen** *(dizer)*, **schreiben** *(escrever)*, etc., bem como com verbos de perceção, como **hören** *(ouvir)* e **sehen** *(ver)*.

EXERCÍCIOS

17. Transforme os seguintes enunciados seguindo o exemplo. [A2]

a. *Ich bin sicher, dass sie morgen kommt.*

   Ich bin sicher, sie kommt morgen.

b. Ich habe gesehen, dass er gerade weggegangen ist.

   ....

c. Anna schreibt, dass sie uns im Sommer besuchen will.

   ....

d. Er hat mir erzählt, dass er in Deutschland arbeiten möchte.

   ....

e. Wir hoffen, dass es euch gut geht.

   ....

f. Glaubst du, dass du das allein schaffen kannst?

   .... ?

A SUBORDINAÇÃO: ORAÇÕES DE INFINITIVO COM *ZU*

• Es ist wichtig, **Sprachen zu lernen.** (1)	• É importante aprender línguas.
• Ich habe versucht, **die Datei zu öffnen.** (2)	• Tentei abrir o ficheiro.
• Ich bin dafür, **es noch einmal zu versuchen.** (3)	• Acho que se deve tentar outra vez.

Neste tipo de orações sem elemento introdutório, o infinitivo aparece antecedido sempre de **zu**. Normalmente, representam, como em português, o sujeito (1), um complemento direto (2) ou um complemento preposicional ou de regime verbal (3). Consulte o tema "Outros verbos com infinitivo"

A ORAÇÃO

(→ pp. 76 e ss.). Tenha em conta que o infinitivo não aparece sempre com **zu** (consulte sobre este assunto "Os verbos modais" (→ pp. 65 e ss.)).

A SUBORDINAÇÃO: SUBORDINADAS COM *DASS*

• Es ist gut, **dass** du Sprachen lernst. (1) • Er hat mir gesagt, **dass** er morgen kommt. (2) • Bist du auch dafür, **dass** alle mitkommen? (3) • Ich bin sicher, **dass** er einverstanden ist. (4)	• É bom que aprendas línguas. • (Ele) Disse-me que vem amanhã. • Também estás a favor de que venham todos? • Tenho a certeza de que (ele) está de acordo.

Normalmente, as subordinadas com **dass** são utilizadas, como as que em português utilizam a conjunção *que*, quando representam o sujeito (1), um complemento direto (2), um complemento preposicional ou de regime verbal (3) ou depois de estruturas constituídas por sujeito + **sein** + adjetivo (4) (**Ich bin sicher**).

EXERCÍCIOS

18. O que diz sempre não. Responda com „Nein, ich glaube nicht, dass ... ." [A2]

a. *Ist Deutsch eine schwierige Sprache?*

Nein, ich glaube nicht, dass Deutsch eine schwierige Sprache ist.

b. Gewinnt Benfica die Liga?

....?

c. Ist Frau Kreuz eine geniale Schauspielerin?

....?

d. Gibt es Ufos?

....?

e. Haben die Wikinger Amerika entdeckt?

....?

f. Scheint morgen die Sonne?

....?

19. Transforme os seguintes enunciados seguindo o exemplo. Depois de *dass*, coloque o elemento que aparece em primeiro lugar na oração sem *dass*. [A2]

a. *Ich habe gehört, Herr Müller hat gekündigt.*

Ich habe gehört, dass Herr Müller gekündigt hat.

b. Ich glaube, ich habe es nicht richtig verstanden.

....

c. Er hat mir erzählt, er will Informatik studieren.

....

d. Ich hoffe, ihr gewinnt das Spiel!

.... !

e. Meinst du, sie ist mit deinem Plan einverstanden?

.... ?

f. Ich bin sicher, übermorgen scheint wieder die Sonne.

....

A SUBORDINAÇÃO: SUBORDINADAS CAUSAIS COM *WEIL* E *DA*

* Er konnte sie nicht abholen, **weil** sein Wagen kaputt war. (1)
* **Da** sein Wagen kaputt war, konnte er sie nicht abholen. (2)

* Não pôde ir buscá-los porque o seu carro estava avariado.
* Uma vez que o seu carro estava avariado, não pôde ir buscá-los.

As orações com **weil** (*porque*) e **da** (*já que/uma vez que*) indicam a causa do que é dito na oração subordinante. Quando a oração subordinada aparece depois da subordinante, é mais habitual que seja introduzida por **weil** (1). Se, pelo contrário, se antepõe a subordinada à subordinante, o uso de **da** (2) costuma ser preferencial.

* A: Warum kannst du nicht kommen?
* B: **Weil** mein Auto kaputt ist.

* A: Porque é que não podes vir?
* B: Porque o meu carro está avariado.

Quando a subordinada causal, por si só, constitui a resposta a uma pergunta, só é possível o uso de **weil**. O mesmo acontece em português: as subordinadas introduzidas por *já que/uma vez que* também não podem constituir, por si, a resposta a uma pergunta.

EXERCÍCIOS

20. Responda com *weil*. [A2]

a. *Warum isst du nichts? (keinen Hunger haben)*

Weil ich keinen Hunger habe.

b. Warum kommst du nicht mit ins Kino? (den Film schon kennen)

....

c. Warum gehen wir nicht tanzen? (zu müde sein)

....

d. Warum rufst du mich nicht an? (keine Zeit haben)

....

e. Warum isst du kein Fleisch? (Vegetarier sein)

....

f. Warum gehst du so oft ins Restaurant? (nicht gern kochen)

....

21. Como terminaria o enunciado? [A2]

Anton hat Geburtstag. – ~~Sie ist krank.~~ – Er hat kein Auto. – Der Bus ist nicht gekommen. –
Der FC Bayern hat gewonnen. – Es ist sehr kalt.

a. Anna kommt heute nicht, *weil sie krank ist.*

b. Ich bin zu spät gekommen, weil ....

c. Sie kauft ein Geschenk, weil ....

d. Sie zieht einen Mantel an, weil ....

e. Er fährt immer mit dem Fahrrad, weil ....

f. Wir sind sehr zufrieden, weil ....

22. Transforme os seguintes enunciados seguindo o exemplo. [A2]

a. *Ich gehe zu Fuß. Ich habe kein Auto.*

Ich gehe zu Fuß, weil ich kein Auto habe. - Weil ich kein Auto habe, gehe ich zu Fuß.

b. Er kann keine Reise machen. Er hat kein Geld.

....

c. Ihr versteht nichts. Ihr hört nicht zu.

....

d. Ich habe dich nicht angerufen. Ich habe mein Handy vergessen.

....

e. Sie ist glücklich. Sie hat die Prüfung bestanden.

....

f. Er kann nicht mitspielen. Sein Bein tut weh.

....

A SUBORDINAÇÃO: SUBORDINADAS CONDICIONAIS COM *WENN*

• **Wenn** du Zeit hast, können wir ins Kino gehen. (1)
• **Wenn** du Zeit hättest, könnten wir ins Kino gehen. (2)

• Se tiveres tempo, podemos ir ao cinema.
• Se tivesses tempo, podíamos ir ao cinema.

Indicam, como em português, a condição que deve ser cumprida para que se possa verificar o que se indica na oração subordinante.

(1) O verbo aparece no indicativo em ambas as orações, quando em português está no futuro do conjuntivo e no presente do indicativo.

(2) O verbo aparece no **Konjunktiv II** em ambas as orações, quando em português se verifica a seguinte estrutura: pretérito imperfeito do conjuntivo (*tivesses*) na subordinada e pretérito imperfeito (*podíamos*) na subordinante (→ pp. 49 e ss.).

A diferença de significado entre os enunciados (1) e (2) é a mesma que se verifica entre os respectivos enunciados portugueses.

• **Wenn** Maria kommt, können wir beginnen.

• Se a Maria vier, podemos começar/ Quando a Maria vier, podemos começar.

Quando se utiliza com o verbo no indicativo, a conjunção **wenn** pode ter significado condicional (*se*) ou temporal (*quando*) (ver seguinte secção). Nestes casos, a correta interpretação costuma ser dada pelo contexto. ⓪ Não deve ser confundido com **ob** (→ p. 301).

EXERCÍCIOS

23. Comece o enunciado com a subordinada condicional correspondente. Dê atenção à colocação do verbo conjugado na oração subordinante que lhe segue. [A2]

Du ziehst keinen Mantel an. – ~~Ich finde meine Brille nicht.~~ – Du hörst ihr nicht zu. –

Er bekommt den Job. – Du rufst ihn nicht an. – Ich sehe sie.

a. Ich kann den Text nicht lesen.

Wenn ich meine Brille nicht finde, kann ich den Text nicht lesen.

b. Er macht im Sommer eine Reise.

....

c. Er ärgert sich.

....

d. Du erkältest dich.

....

e. Ich frage sie.

....

f. Du verstehst sie nicht.

....

A SUBORDINAÇÃO: SUBORDINADAS TEMPORAIS

• **Als ich jung war**, bin ich viel gereist. (1)	• Quando era novo, viajava muito.
• **Damals** bin ich viel gereist. (2)	• Naquela altura viajava muito.

As subordinadas temporais (1) indicam uma circunstância temporal da ação referida na oração subordinante. Podem ser substituídas por um advérbio/locução adverbial de tempo (2). São várias as conjunções que podem introduzir uma subordinada temporal.

WENN *(QUANDO)*

• **Wenn** er kommt, fangen wir an.	• Quando vier, começamos/vamos começar.

Faz-se referência a algo situado no futuro. O que é indicado na oração subordinada é anterior ao que é indicado na subordinante. Em alemão, o verbo aparece no indicativo em ambas as orações, o que não se verifica em português. ⓪

Quanto ao uso do presente em vez do futuro, consulte o tema "O futuro: uso", na página 41.

• **(Immer/Jedes Mal) Wenn** ich das Foto sehe, denke ich an meinen Urlaub in Vietnam. (1) • **Wenn** sie aufsteht, schlafe ich noch. (2)	• Sempre/De cada vez que/Quando vejo esta fotografia, penso nas minhas férias no Vietname. • Quando ela se levanta, eu ainda estou a dormir.

Nestes exemplos, com **wenn** *(quando)*, **immer wenn** *(sempre que)* ou **jedes Mal wenn** *(de cada vez que)* faz-se referência a algo repetido em geral. Pode acontecer que o que se indica na oração subordinada seja anterior ao que se indica na subordinante (1) ou que ambas as ações tenham lugar simultaneamente (2).

• **(Immer/Jedes Mal) Wenn** ich das Foto sah, dachte ich an meinen Urlaub in Vietnam. (1) • **Wenn** sie aufstand, schlief ich noch. / **Wenn** sie aufgestanden ist, habe ich noch geschlafen. (2)	• Sempre/De cada vez que/Quando via a fotografia, pensava nas minhas férias no Vietname. • Quando ela se levantava, eu ainda estava a dormir.

A única diferença entre estes e os exemplos anteriores é que neste caso, a ação repetida em geral ocorre no passado. Em ambas as orações aparece o **Präteritum** ou o **Perfekt**.

ALS *(QUANDO)*

• **Als** er anrief, schliefen wir noch alle.	• Quando telefonou, ainda estávamos todos a dormir.

Com **als**, faz-se sempre referência a uma ação única (que não se repete) no passado.

• **Als** ich nach Portugal kam/gekommen bin, konnte ich noch kein Portugiesisch.	• Quando vim para Portugal, ainda não sabia português.

As ações da subordinada e da subordinante têm lugar simultaneamente. Relativamente ao uso do **Präteritum** ou do **Perfekt**, consulte o tema as páginas 31 e ss.

• **Als** wir die Koffer gepackt hatten, bestellten wir ein Taxi.	• Quando tínhamos as malas feitas, chamámos um táxi.

A ação da oração subordinada é anterior à da subordinante. Na primeira, aparece o mais-que-perfeito e na segunda, o **Präteritum**. Neste caso, em vez de **als**, também se pode utilizar **nachdem** (consulte a secção seguinte).

• **Als** wir ankamen, hatte der Film schon begonnen.	• Quando chegámos, o filme já tinha começado.

A ação da oração subordinada é posterior à da subordinante.

• **Als** das Kind ihn sah, versteckte es sich. (1)	• Quando a criança o viu, escondeu-se.
• **Wenn** das Kind ihn sah, versteckte es sich. (2)	• Quando a criança o via, escondia-se.

Para não confundir **als** (*quando*) e **wenn** (*quando*) tenha em conta o seguinte:

(1) Com **wenn** (*quando/sempre que*) apenas é possível referir o passado quando se indica uma ação repetida.

(2) Com **als** (*quando*) faz-se sempre referência ao passado e o que se indica é uma ação não repetida. ⑩

EXERCÍCIOS

24. **Substitua o sintagma preposicional sublinhado por uma oração subordinada introduzida por** *als.* **[B1]**

a. *Meine Oma hat <u>mit 19 Jahren</u> geheiratet.*

Als meine Oma 19 Jahre alt war, hat sie geheiratet.

b. Katia hat <u>mit vier Jahren</u> Englisch gelernt.

....

c. <u>Mit zwei Jahren</u> konnte er schon sprechen.

....

d. <u>Mit 17 Jahren</u> hat er das Abitur gemacht.

....

e. Sie ist <u>mit 40 Jahren</u> nach Amerika emigriert.

....

f. Ich habe <u>mit 18 Jahren</u> den Führerschein gemacht.

....

25. *als* ou *wenn*? [B1]

a. Ich habe immer einen Regenschirm mitgenommen, ... ich nach Deutschland fuhr.

b. .... ich 1988 in Berlin war, hat die DDR noch existiert.

c. .... das Wetter gut war, fuhren wir jeden Sonntag an den Strand.

d. Sie waren beide 17 Jahre alt, ... sie sich kennen lernten.

e. .... ich ein Kind war, musste ich immer nach Hause gehen, ... es dunkel wurde.

f. .... wir im letzten Sommer in Frankreich waren, haben wir Schnecken probiert.

NACHDEM *(DEPOIS DE + INFINITIVO PESSOAL)*

• **Nachdem** er gefrühstückt hatte, fing er an zu arbeiten.	• Depois de tomar o pequeno-almoço/ Depois de ter tomado o pequeno almoço, começou a trabalhar.
• **Nachdem** ich mit ihm gesprochen habe, verstehe ich das Problem besser.	• Depois de falar com ele/Depois de ter falado com ele, entendo melhor o problema.

Enquanto em português *depois de* seleciona infinitivo, em alemão o verbo tem de estar sempre conjugado. ⚭

BEVOR *(ANTES DE + INFINITIVO PESSOAL)*

• Wir müssen alles aufräumen, **bevor** meine Eltern kommen. (1)	• Temos de arranjar tudo antes de virem os meus pais.
• **Bevor** ich umziehe, lade ich euch ein/ werde ich euch einladen. (2)	• Antes de mudar de casa, convido-vos/vou convidar-vos.
• **Bevor** der Krieg begann, lebten wir in Bremen. (3)	• Antes de a guerra começar, vivíamos em Bremen.
• Ich habe da gelebt, **bevor** ich nach Italien gezogen bin. (4)	• Eu vivia lá antes de ir para Itália.

A ação da subordinada é sempre posterior à da subordinante, tanto se se refere a factos do futuro (1) (2), como do passado (3) (4). Relativamente ao uso do **Präteritum** ou do **Perfekt** para referências ao passado, consulte o tema "*Perfekt* ou *Präteritum?*" nas páginas 31 e ss.

Enquanto em português *antes de* seleciona um infinitivo, em alemão o verbo tem de estar sempre conjugado. ⚭

A ORAÇÃO

BIS *(ATÉ (QUE))*

• Wir warten hier, **bis** ihr kommt.	• Esperamos aqui até que vocês venham/ vocês virem.

O que se indica na oração subordinante acaba no momento em que ocorre o que se diz na subordinada.

SEIT(DEM) *(DESDE QUE)*

• **Seit(dem)** ich die Medikamente nehme, geht es mir besser. • **Seit(dem)** er in Bonn lebt, hat er uns nicht mehr besucht.	• Desde que tomo os medicamentos, estou melhor. • Desde que vive em Bona, não nos visitou.

Tudo o que se indica no enunciado tem início no passado e dura até ao presente.

EXERCÍCIOS

26. Faça a combinação adequada. [B1]

a. Zieh dir einen Jacke an,

b. Seit sie zwei Kinder hat,

c. Er hat nicht gewartet,

d. Nachdem sie die Mail geschrieben hatte,

e. Bevor er einkaufen geht,

f. Als ich sie kennen lernte,

g. Sie bestellte ein Taxi,

1. nachdem sie den Koffer gepackt hatte.

2. studierte sie noch in Berlin.

3. macht er immer eine Liste.

4. bevor du aus dem Haus gehst.

5. bis ich fertig war.

6. hat sie keine Zeit mehr.

7. klickte sie auf „senden".

27. *Bevor* ou *seit?* [B1]

a. .... der Sommer beginnt, wollen wir eine Klimaanlage installieren lassen.

b. .... er Sport macht, raucht er nicht mehr.

c. .... die ersten Touristen kamen, war die Insel noch ein Paradies.

d. Mach bitte das Fenster zu, ... du aus der Wohnung gehst.

e. .... sie ein Baby haben, gehen sie nur noch selten aus.

28. Substitua os sintagmas preposicionais sublinhados por subordinadas introduzidas por *bis* ou *seit*, seguindo o exemplo. [B1]

a. <u>Bis zum Ende des Unterrichts</u> darf man das Handy nicht benutzen. *(enden)*

Man darf das Handy nicht benutzen, bis der Unterricht endet.

b. <u>Seit seiner Arbeit in Athen</u> interessiert er sich sehr für Archäologie. (arbeiten)

....

c. <u>Bis zum Anfang der Ferien</u> muss ich noch viel arbeiten. (anfangen)

....

d. <u>Seit ihrer Heirat</u> wohnt sie in Amerika. (geheiratet haben)

....

e. <u>Bis zur Abfahrt des Zuges</u> haben wir noch eine halbe Stunde Zeit. (abfahren)

....

f. <u>Seit dem Beginn des Frühlings</u> ist es viel wärmer geworden. (begonnen haben)

....

WÄHREND *(ENQUANTO)*

• **Während** du die Koffer packst, bestelle ich ein Taxi.	• Enquanto tu fazes as malas, eu chamo um táxi.

As ações da oração subordinada e da subordinante ocorrem simultaneamente. No entanto, a duração das mesmas não é necessariamente idêntica. Na verdade, o que se indica na subordinada com **während** é o contexto temporal que tem lugar a ação da oração subordinante. Consulte também o tema "Os conectores de orações: advérbios e conjunções" (→ p. 218).

EXERCÍCIOS

29. Indique a conjunção correta. [B1]

a. Bevor   Nachdem   Während   der Direktor redete, hörten alle aufmerksam zu.

b. Nachdem   Während   Bevor   sie alle gegessen hatten, bestellten sie die Rechnung.

c. Während   Nachdem   Bevor   man mit der U-Bahn fährt, muss man eine Fahrkarte kaufen.

A ORAÇÃO

d. Nachdem Bevor   Während   sie heiratete, lebte sie bei ihren Eltern.

e. Bevor   Nachdem   Während   er das Licht ausgemacht hatte, ging er aus dem Zimmer.

f. Während Bevor   Nachdem er unter der Dusche steht, singt er immer.

g. Bevor   Während   Nachdem sie schlafen ging, las sie immer noch eine halbe Stunde.

A SUBORDINAÇÃO: SUBORDINADAS FINAIS COM *DAMIT* E *UM ... ZU*

• Wir haben jahrelang gespart, **damit** unsere Tochter studieren kann. (1)	• Poupámos durante anos para que a nossa filha pudesse/para a nossa filha poder tirar um curso.
• Ich brauche mehr Zeit, **um** diese Arbeit **zu** schreiben. (2)	• Preciso de mais tempo para redigir este trabalho.

Através das subordinadas finais, indica-se a finalidade com a qual se realiza a ação da oração subordinante.

(1) Regra geral, utiliza-se **damit** + verbo conjugado (*para que* + conjuntivo/*para* + infinitivo) quando o sujeito da oração subordinada não é o mesmo que o da oração subordinante (aqui, **wir** na subordinante e **unsere Tochter** na subordinada).

(2) Utiliza-se, geralmente, **um ... zu** + infinitivo (para + infinitivo) quando o sujeito da oração subordinada é o mesmo que o da oração subordinante (aqui, **ich**).

EXERCÍCIOS

30. Transforme a segunda oração numa subordinada final de infinitivo com *um ... zu*. [B1]

a. *Wir fahren an den Strand. Wir möchten schwimmen.*

Wir fahren an den Strand, um zu schwimmen.

b. Er spricht mit dem Chef. Er möchte eine Gehaltserhöhung bekommen.

....

c. Hermann isst weniger. Er möchte schlanker werden.

....

d. Ich lerne Deutsch. Ich möchte in Deutschland studieren.

....

e. Anna isst viel Obst. Sie möchte gesund bleiben.

....

f. Sie ist nach Frankfurt gefahren. Sie möchte ihre Tante besuchen.

....

31. *damit* ou *um ... zu*? [B1]

a. *Er arbeitet jetzt weniger (er: mehr Zeit für seine Familie haben).*

Er arbeitet jetzt weniger, um mehr Zeit für seine Familie zu haben.

Ihr Vater hat ihr Geld gegeben (sie: Bücher kaufen können).

Ihr Vater hat ihr Geld gegeben, damit sie Bücher kaufen kann.

b. Ich hole dich ab (du: kein Taxi nehmen müssen).

....

c. Sie hat Geld gespart (sie: im Sommer eine Reise machen können).

....

d. Ich beeile mich (wir: zusammen ins Kino gehen können).

....

e. Sie spielt Tennis (sie: in Form bleiben).

....

f. Ich fahre mit dem Auto (ich: Zeit sparen).

....

g. Wir bringen Oma zum Bahnhof (sie: den Koffer nicht allein tragen müssen).

....

32. Traduza as seguintes orações com *damit* ou con *um ... zu*. [B1]

a. Dou-te o meu número de telefone para que me possas ligar.

....

b. Preciso de óculos para ler a carta.

....

c. Deixo-te sozinho para poderes trabalhar.

....

d. Aponta o nome para não te esqueceres.

Schreib dir den Namen auf, ...

e. De que é que precisamos para fazer uma feijoada?

.... ?

A SUBORDINAÇÃO: SUBORDINADAS CONCESSIVAS COM *OBWOHL*

• **Obwohl** er wenig Geld verdiente, war er zufrieden.	• Embora ganhasse pouco dinheiro, estava satisfeito.

As subordinadas concessivas com **obwohl** *(embora/apesar de)* fazem referência a um obstáculo que poderia impedir que a ação da subordinante se realizasse, mas que em realidade não impede.

EXERCÍCIOS

33. Transforme a primeira oração numa oração concessiva introduzida por *obwohl*. [B1]

a. Sie ist krank. Trotzdem geht sie arbeiten.

Obwohl sie krank ist, geht sie arbeiten.

b. Er hat wenig Geld. Trotzdem lädt er uns oft ein.

....

c. Es regnet. Trotzdem gehen wir spazieren.

....

d. Ich war sehr müde. Trotzdem konnte ich nicht schlafen.

....

e. Wir sind früh aufgestanden. Trotzdem sind wir zu spät gekommen.

....

f. Sie hat einen besseren Job als früher. Trotzdem ist sie nicht zufrieden.

....

A SUBORDINAÇÃO: SUBORDINADAS CONSECUTIVAS COM *SODASS/SO DASS* E *SO ...*

• Er fühlte sich nicht wohl, **sodass/so dass** er nicht arbeiten ging. (1) • Der Film war **so** langweilig, **dass** er einschlief. (2)	• Não se sentia bem, de maneira que não foi trabalhar. • O filme era tão aborrecido que adormeceu.

As subordinadas consecutivas indicam a consequência do que se indica na subordinante.

(1) Normalmente, a subordinada é introduzida por **sodass/so dass** *(portanto, de maneira/forma que).*

(2) Quando na oração subordinante há um adjetivo ou um advérbio de frequência ou de quantidade, coloca-se **so** *(tão)* antes dos mesmos e a subordinada é introduzida apenas por **dass** *(que).*

A SUBORDINAÇÃO: SUBORDINADAS ADVERSATIVAS COM *(AN)STATT DASS* E *(AN)STATT ... ZU*

• **Anstatt dass** er mir half, ging er ins Kino. (1) • **Anstatt** mir **zu** helfen, ging er ins Kino. (2)	• Em vez de me ajudar, foi ao cinema. • Em vez de me ajudar, foi ao cinema.

Estas subordinadas indicam uma alternativa não realizada relativamente ao que se indica na oração subordinante.

Em português, a locução *em vez de* introduz sempre uma oração com infinitivo. Em alemão, pelo contrário, também se pode optar pela fórmula **(an)statt dass** + verbo conjugado (1). No entanto, é mais habitual a estrutura **anstatt ... zu** + infinitivo (2).

A SUBORDINAÇÃO: SUBORDINADAS COM ELEMENTO INTERROGATIVO OU COM *OB*

• Wo ist Daniel? (1) • Ich weiß nicht, **wo** Daniel ist. (2) • Ist Daniel in seinem Büro? (3) • Ich weiß nicht, **ob** Daniel in seinem Büro ist. (4)	• Onde está o Daniel? • Não sei onde está o Daniel. • O Daniel está no escritório? • Não sei se o Daniel está no escritório.

Nos exemplos (1) e (3) o falante indica uma pergunta direta. Nos exemplos (2) e (4) realiza a mesma pergunta mas de forma indireta. É por isso que este tipo de subordinadas se chama habitualmente interrogativas indiretas.

Quando a interrogativa indireta corresponde a uma interrogativa parcial (1), começa com o mesmo elemento interrogativo (2). Quando corresponde a uma interrogativa total (3), é introduzida por **ob** *(se)* (4). Não deve confundir esta conjunção com a condicional **wenn** (→ p. 291).

EXERCÍCIOS

34. Não sabe. Responda com *ob*. [B1]

a. Heißt er Max?   Ich weiß nicht, ob er Max heißt.

b. Kommt der Zug pünktlich?   ....

c. Muss man lange warten?   ....

d. Möchte Anna auch mitkommen?   ....

e. Beißt der Hund?   ....

f. Ist der Film interessant?   ....

35. *Dass* ou *ob*? Indique a conjunção correta. [B1]

a. Ich weiß noch nicht,   ob   dass   ich mitkommen kann.

b. Ich habe gehört,   dass   ob   Moritz geheiratet hat.

c. Schade,   ob   dass   du es nicht weißt.

d. Ich habe keine Ahnung,   dass   ob   er noch hier wohnt.

e. Glaubst du,   dass   ob   es morgen regnet?

f. Ich frage mich,   dass   ob   das eine gute Idee ist.

36. Responda com *Ich weiß nicht, ...* . [B1]

a. War Kolumbus Portugiese?

Ich weiß nicht, ob Kolumbus Portugiese war.

Wer hat das Penizillin erfunden?

Ich weiß nicht, wer das Penizillin erfunden hat.

b. Wann ist Ostern?

....

c. Ist Finnisch eine schwere Sprache?

....

d. Welcher Film hat die Berlinale gewonnen?

....

e. Gibt es Leben auf dem Mars?

....

f. War Bertolt Brecht Österreicher?

....

g. Hat Frau Flasche ein fantastisches Buch geschrieben?

....

h. Wie macht man Kartoffelsalat?

....

37. Transforme as perguntas diretas em indiretas. [B1]

    a. Anna weiß nicht: „Wo ist der Bahnhof?"

    Anna weiß nicht, wo der Bahnhof ist.

    b. Marta fragt Berta: „Gefällt dir die Musik von Shakira?"

    ....

    c. Ich möchte wissen: „Kommt Leonhard auch zum Abendessen?"

    ....

    d. Ich bin nicht sicher: „Wie schreibt man das?"

    ....

    e. Er weiß nicht: „Darf man hier parken?"

    ....

    f. Sie fragt: „Wie viel kostet das?"

    ....

38. Se: *ob* ou *wenn*? Traduza as seguintes orações. [B1]

    a. A Anna não me disse se está de acordo.

    .... gesagt, ... einverstanden ist.

    b. Se quiseres, podemos ir juntos.

    ....

    c. Não sei se vêm hoje.

    .... kommen.

    d. Sabes se já chegou o comboio?

    .... angekommen ist?

e. Se tivesse tanto dinheiro, ia de viagem.

.... eine Reise machen.

___

A SUBORDINAÇÃO: SUBORDINADAS RELATIVAS

• Wie hieß der Film, **den** wir neulich gesehen haben? (1) • Ist das die Frau, **von der** du gestern gesprochen hast? (2) • Ist das der Laden, **wo** du die Ohrringe gekauft hast? (3)	• Como se chamava o filme que vimos há pouco/no outro dia? • Esta é a mulher da qual falavas ontem? • Esta é a loja onde compraste os brincos?

As subordinadas relativas dão informação acerca de um nome referido anteriormente (**Film, Frau, Laden**). Estas orações subordinadas podem ser introduzidas por pronomes relativos (1) (2) ou por advérbios relativos (3). Consulte a este respeito as páginas 144-149.

ÍNDICE TEMÁTICO E DE PALAVRAS

Em letra normal aparecem os termos; em *itálico*, as *palavras*.

SOLUÇÕES

1. OS VERBOS

1. b. trinke c. spielt d. wohnen e. gehst f. kocht g. kaufen h. Kommt i. studiert
   j. verkaufen
2. b. Sie c. wir d. Sie e. du f. du g. ich h. sie (eles, elas) i. sie (eles, elas)
3. a. du wohnst er/sie/es wohnt wir wohnen ihr wohnt sie wohnen Sie wohnen
   b. ich studiere du studierst er/sie/es studiert ihr studiert sie studieren Sie studieren
   c. ich arbeite du arbeitest wir arbeiten ihr arbeitet sie arbeiten
   d. ich heiße er/sie/es heißt wir heißen ihr heißt sie heißen Sie heißen
   e. ich frage du fragst er/sie/es fragt wir fragen ihr fragt
   f. ich tanze du tanzt er/sie/es tanzt wir tanzen sie tanzen Sie tanzen
4. a. wohnen b. Kommt c. kauft d. macht e. lerne f. Verstehst
5. a. kostet b. heißt c. findet d. arbeitest studierst e. bedeutet f. tanzt
6. a. du liest er/sie/es liest b. du wäschst er/sie/es wäscht c. du siehst er/sie/es sieht
   d. du gibst er/sie/es gibt e. du hilfst er/sie/es hilft
7. a. fährt b. Isst c. schläft d. Sprichst e. gefällt
8. a. läuft b. nimmst c. Trefft d. hält e. vergisst
9. a. A: Hast B: weiß b. A: bist B: bin c. A: Habt B: haben d. A: Weißt B: habe
   e. A: Ist B: hat f. A: weiß B: ist g. A: bin B: bist
10. a. wird b. wird c. werde d. wirst e. werdet
11. a. Morgen komme ich nicht. b. Was macht ihr am Sonntag? c. Am Wochenende besuche
    ich meine Eltern. d. Heute essen wir bei Laura. e. Gehst du morgen ins Kino?
12. a. David telefoniert gerade. b. Die Kinder frühstücken gerade. c. Ich schreibe gerade
    eine E-Mail.
13. a. Hoffentlich geht er zum Arzt. b. Hoffentlich finde ich bald Arbeit. c. Hoffentlich sind
    sie zu Hause.
14. a. Wahrscheinlich kommt er am Sonntag. b. Wahrscheinlich machen wir die Prüfung
    nicht. c. Wahrscheinlich hat sie viel Arbeit.
15. a. du es/das machst b. er nicht krank ist c. du unterschreibst d. du kommst
16. a. glaubt b. arbeitet gearbeitet c. gelernt d. fragt e. macht gemacht f. gebraucht
    g. geöffnet
17. a. kocht b. gebadet c. reist gereist d. spielt gespielt f. wartet gewartet
    g. getanzt h. sucht gesucht i. antwortet
18. a. abgeholt b. aufgehört c. zugehört d. mitgemacht e. ausgepackt
19. a. ferngesehen b. eingeladen c. aufgestanden d. mitgenommen e. angeboten
    f. abgeschlossen g. ausgestiegen
20. a. gehört b. bezahlt c. eingestiegen d. ausgemacht e. erklärt f. entschuldigt
    g. angemacht h. mitgebracht i. versprochen j. abgefahren
21. b. hat c. sind d. bist e. ist f. haben g. sind h. bist i. bin j. hat

22. b. ist   c. seid   d. hat   e. habe   f. sind   g. habe   h. hat   i. bist   j. haben

23. b. Lisa hat zwei Tassen Kaffee getrunken.   c. Hast du den Film gesehen?
d. Um 10 Uhr sind wir nach Hause gefahren.   e. Hast du das Buch gelesen?
f. Ich habe gestern eine Pizza gegessen.   g. Habt ihr gut geschlafen?
h. Moritz ist ein Jahr in Deutschland geblieben.   i. Heute hat Anna nicht gearbeitet.
j. Was haben Sie nicht verstanden?

24. a. Wir sind um 10 Uhr nach Hause gegangen.   b. Ich habe mit Julia gesprochen.
c. Was habt ihr im Restaurant getrunken?   d. Bist du (noch) nie in Berlin gewesen?
e. Wann ist deine Freundin gekommen?   f. David hat deine Schlüssel gefunden.

25. a. Choveu.   b. ficámos em casa.   c. ainda estudava alemão.   d. liam mais.
e. trabalhei até às nove.

26. a. Moritz hat sein Zimmer aufgeräumt.   b. Dann ist der Lehrer gekommen.
c. Heute Morgen habe ich den Direktor angerufen.   d. Gestern habe ich einen Computer
gekauft.   e. Damals haben wir in Paris studiert.   f. Ist der Zug schon angekommen?
g. Hast du den Aufsatz geschrieben?   h. 1985 hat er in Berlin gelebt/gewohnt.
i. Heute bin ich um sechs (Uhr) aufgestanden.   j. Gestern haben wir Fußball gespielt.

27. b. Jonas isst ein Eis.   c. Liest du die Zeitung?   d. Am Sonntag schläft sie bis zwölf Uhr.
e. Siehst du das?   f. Michael fährt im Urlaub nach Österreich.   g. Das verstehe ich nicht.
h. Trinkt ihr Alkohol?

28. a. Hast   gegessen   b. bin   geblieben   c. hat   gehabt   d. Habt   gelesen
e. ist   gefahren   f. hast   geschlafen   g. habe   gesehen   h. ist   passiert
i. hat   getrunken   j. habe   verstanden

29. a. Edu ist um 7 Uhr aus dem Haus gegangen.   b. Er hat nach links und nach rechts
gesehen.   c. Dann ist er zum Auto gegangen und (ist) eingestiegen.   d. Er ist ins Zentrum
gefahren und hat vor der Bank geparkt.   e. Er ist nicht ausgestiegen, er hat gewartet.
f. Nichts ist passiert.   g. Er hat sein Handy genommen und (hat) telefoniert.
h. Eine Frau ist aus der Bank gekommen.

30. b. A: Räumst du bitte die Wohnung auf?   B: Ich habe sie schon aufgeräumt!
c. A: Bringst du bitte den Mantel in die Reinigung?   B: Ich habe ihn schon in die
Reinigung gebracht!   d. A: Kaufst du bitte die Konzertkarten?   B: Ich habe sie schon
gekauft!   e. A: Rufst du bitte Onkel Feuerstein an?   B: Ich habe ihn schon angerufen!
f. A: Machst du bitte die Heizung an?   B: Ich habe sie schon angemacht!
g. A: Machst du bitte die Zigarette aus?   B: Ich habe sie schon ausgemacht!

31. a. ist   gegangen   b. bin   aufgestanden   c. hat   bezahlt   d. habe   repariert
e. hast   gesagt   f. hat   geantwortet   g. hast   geputzt   h. haben   abgeholt
i. bist   mitgekommen

32. a. aufgestanden.   b. das Fenster aufgemacht und (ich habe/habe) auf die Straße gesehen.
c. Ich bin in die Küche gegangen und habe Butter und Milch aus dem Kühlschrank geholt.
d. Ich habe drei Brötchen gegessen und (ich habe/habe) zwei Tassen Kaffee getrunken.
e. Dann habe ich die Zeitung aus dem Briefkasten geholt und (ich habe sie/habe sie/sie)
in meine Aktentasche gesteckt.   f. Ich habe auf die Uhr gesehen.
g. Dann habe ich ein Taxi bestellt.   h. Ich habe den Koffer mit dem Geld genommen und
(ich) bin aus dem Haus gegangen.

33. a. du kochtest   er/sie/es kochte   wir kochten   ihr kochtet   sie/Sie kochten
b. ich kaufte   du kauftest   er/sie/es kaufte   ihr kauftet   sie/Sie kauften

c. ich flirtete   du flirtetest   wir flirteten   ihr flirtet   sie/Sie flirteten
d. ich studierte   er/sie/es studierte   wir studierten   ihr studiertet   sie/Sie studierten
e. ich wartete   du wartetest   er/sie/es wartete   wir warteten   ihr wartetet
f. ich redete   du redetest   er/sie/es redete   wir redeten   sie/Sie redeten
g. du lerntest   er/sie/es lernte   wir lernten   ihr lerntet   sie/Sie lernten

34.   b. Er besuchte sie oft.   c. Ich wartete zwei Stunden.   d. Die Kinder spielten den ganzen Tag auf der Straße.   e. Meine Oma heiratete mit 18 Jahren.   f. Er sagte nichts. g. Sie lebten in Berlin.

35.   a. du kamst   er/sie/es kam   wir kamen   ihr kamt   sie/Sie kamen
b. ich las   du lasest   er/sie/es las   wir lasen   ihr last   sie/Sie lasen
c. ich ging   du gingst   wir gingen   ihr gingt   sie/Sie gingen
d. ich half   er/sie/es half   wir halfen   ihr halft   sie/Sie halfen
e. ich blieb   du bliebst   er/sie/es blieb   wir blieben   ihr bliebt
f. ich sah   du sahst   er/sie/es sah   wir sahen   sie/Sie sahen
g. ich lud ein   du ludst ein   er/sie/es lud ein   ihr ludet ein   sie/Sie luden ein
h. du fielst   er/sie/es fiel   wir fielen   ihr fielt   sie/Sie fielen
i. ich schlief   du schliefst   er/sie/es schlief   wir schliefen   ihr schlieft   sie/Sie schliefen

36.   b. Montags stand er immer früh auf.   c. Sie bekam mit 18 Jahren ein Kind.
d. Samstags blieb er nie zu Hause.   e. Wir sahen den ganzen Abend fern.
f. Ich ging zu Fuß zur Schule.   g. Er sprach nicht viel.

37.   ich war in Berlin. Alles war phantastisch! Auch das Hotel war super, und mein Zimmer hatte einen Balkon und Internet. Und sogar das Wetter war gut!

38.   b. hatte   c. war   d. hattest   e. hattet   f. waren   g. waren

39.   b. hatten   c. war   d. waren   e. hatten   f. wart   g. hattest   h. hatte   i. hatte

40.   b. ihr   c. ihr   d. er   e. Sie

41.   a. wollte   b. durfte   c. sollte   d. musste   e. konnte

42.   b. Hier durfte man nicht rauchen.   c. Du solltest es allein machen.
d. Wolltet ihr mitkommen?   e. Anna durfte nicht ins Kino gehen.   f. Konntet ihr das machen?   g. Thomas musste früh aufstehen.   h. Ich wollte keinen Spinat essen.
j. Ich musste noch arbeiten.

43.   a. waren   b. war   c. konnte   d. war   e. waren   f. durfte   g. wollten   h. musste
i. sollten   j. war   k. hatten   l. war   m. wollte

44.   b. Wusstest du das?   c. Sie wussten nichts.   d. Ich wusste es nicht.
e. Wusstet ihr das wirklich nicht?   g. Herr Müller, wussten Sie das?

45.   a. ging   b. sah   c. war   d. nahm   e. dachte   f. steckte   g. ging   h. machte
i. öffnete   j. setzte   k. tranken   l. kam   m. stiegen   n. sprachen   o. bekam

46.   a. Manuel Fidalgo fand in Portugal keine Arbeit.   b. 1963 ging er nach Deutschland.
c. Er wollte einige Jahre dort arbeiten und so bald wie möglich nach Portugal zurückfahren.
d. Seine Familie blieb in Portugal.   e. Sein Sohn war zwei Jahre alt.
f. Von 1963 bis 1966 arbeitete und wohnte er allein in Frankfurt.   g. Er fühlte sich dort wohl, aber (er) vermisste seine Familie.   h. 1966 kamen seine Frau und sein Sohn nach Deutschland.   i. 1977 fuhren alle drei nach Portugal zurück.
j. Sein Sohn war 16 Jahre alt.

47.   a. A: Damals habe ich in Frankfurt gelebt.   B: Und hat es dir dort gefallen?
b. A: Ja, aber ohne meine Frau und meinen Sohn war ich nicht glücklich.

B: Wolltest du nach Portugal zurückkommen?   c. A: Ja, aber ich konnte nicht. Ich musste
Geld verdienen, und in Portugal habe ich keine Arbeit gefunden. B: Und was ist passiert?
d. A: Meine Frau und mein Sohn sind nach Deutschland gekommen. Meine Frau hat
sofort Arbeit gefunden, und mein Sohn konnte in die Schule gehen.   B: Hat ihnen
Deutschland gefallen?   e. Ja. Mein Sohn hatte dort sogar viele Freunde. Und meine Frau
war auch zufrieden.

48.   a. Damals lebte Manuel Fidalgo in Frankfurt.   b. Es gefiel ihm dort, aber ohne seine Frau
und seinen Sohn war er nicht glücklich.   c. Er wollte nach Portugal zurückfahren/
zurückgehen, aber er konnte nicht.   d. Er brauchte Geld für seine Familie, und in Portugal
fand er keine Arbeit.   e. Dann kamen seine Frau und sein Sohn nach Deutschland.
f. Seine Frau fand sofort Arbeit, und sein Sohn konnte in die Schule gehen.
g. Deutschland gefiel ihnen.   h. Sein Sohn hatte dort sogar viele Freunde.
i. Und seine Frau war auch zufrieden.

49.   b. A: Musstet ihr am Wochenende arbeiten?   B: Nein, wir hatten frei.
c. A: Hat er mit dem Direktor gesprochen?   B: Ja, er hat ihn angerufen.
d. A: Warum bist du nicht mitgekommen?   B: Ich hatte keine Lust.
e. A: Wart ihr gestern in der Disko?   B: Nein, wir sind zu Hause geblieben.
f. A: Warum hast du mir nicht geschrieben?   B. Ich habe es vergessen.

50.   b. A: Wolltest du nicht mit dem Chef sprechen?   B: Doch, ich habe schon mit ihm
gesprochen.
c. A: Um wie viel Uhr bist du aufgestanden?   B: Um fünf. Und um sechs ist der Bus
abgefahren.
d. A: Früher hast du mehr gearbeitet, nicht?   B: Ja, denn ich hatte wenig Geld.
e. A: Habt ihr schon angefangen?   B: Ja, wir mussten um acht anfangen.
f. A: Wo warst du gestern? Ich habe dich zigmal angerufen.   B: Im Büro. Ist etwas
passiert?

51.   a. Ontem fomos à praia.   b. Hoje de manhã levantei-me cedo.   c. Quando era pequeno
lia muito.   d. Casámo-nos há dois anos.   e. (Ela) Foi para casa há dez minutos.

52.   b. Sie hatten den ganzen Abend ferngesehen.   c. Ihr wart noch nicht aufgestanden.
d. Sie hatte mit ihrem Freund telefoniert.   e. Er hatte den Kindern ein Märchen erzählt.

53.   b. Ich hatte gesprochen.   c. Wir waren ausgestiegen.   d. Du hattest geschrieben.
e. Ihr hattet gewartet.   f. Du warst gegangen.   g. Sie hatte gebadet.
h. Ich war aufgewacht.   i. Sie hatten gegessen.

54.   b. hatte   c. war   d. hatte   e. hatte   f. Hattet   g. war   h. war

55.   b. Nachdem ich eine SMS geschrieben hatte, machte ich das Handy aus.
c. Nachdem sie nach Hause gekommen war, rief sie gleich ihren Freund an.
d. Nachdem wir viele Souvenirs gekauft hatten, hatten wir kein Geld mehr.
e. Nachdem sie im Hotel zu Abend gegessen hatten, gingen sie in die Disco.
f. Nachdem er eingeschlafen war, verließ sie heimlich die Wohnung.

56.   b. geschlossen   c. hatten   gegessen   d. hatte   angefangen   e. war   gegangen
f. waren   eingeschlafen   g. hatte   abgewaschen   h. hatte   aufgeräumt

57.   b. Ich hatte den Brief schon gelesen, als sie mich anrief.   c. Wir hatten noch nicht zu
Abend gegessen, als wir die Nachricht hörten.   c. Als er abgewaschen hatte, ging er
ins Bett.   d. Nachdem Marta mit ihrer Freundin gesprochen hatte, rief sie ihren Freund an.

58.   b. Ich werde Sport machen.   c. Ich werde immer früh aufstehen.   d. Ich werde jeden
Tag Obst und Gemüse essen.   e. Ich werde weniger telefonieren.   f. Ich werde früher

schlafen gehen. g. Ich werde jeden Abend meinen Schreibtisch aufräumen.

59. b. Wir werden das Auto verkaufen. c. Morgen werde ich schwimmen gehen.
d. Wirst du mich anrufen? e. Ich werde dich zum Bahnhof bringen.
f. Werdet ihr das Haus kaufen? g. Wann wirst du es machen? h. Werden Sie uns helfen?

60. b. Ihr werdet wohl müde sein. c. Der Computer wird wohl noch kaputt sein.
d. Marta und Tom werden wohl nicht kommen. e. Wir werden wohl nicht viel Zeit haben.
f. Du wirst wohl zu Hause bleiben, nicht? g. Der Zug wird wohl spät ankommen.

61. a. Kommen Sie sofort! b. Macht doch die Hausaufgaben. c. Kaufen Sie das nicht!
d. Wartet hier! e. Stehen Sie auf! f. Essen Sie, bitte! g. Raucht doch nicht.

62. a. Gehen Sie bitte noch nicht. b. Sprecht lauter! c. Sagen Sie nichts!
d. Trinkt nicht zu viel! e. Vergesst es/das nicht! f. Macht doch bitte das Fenster auf!
g. Schließen Sie die Tür!

63. a. Kauf das nicht! b. Heirate mich! c. Mach die Hausaufgaben! d. Antworte mir!
e. Schreib mir! f. Rauch nicht! g. Nimm die Schlüssel mit!

64. a. Nimm ein Taxi! b. Fahr langsam! c. Lauf nicht! d. Hilf mir! e. Fang an!
f. Gib mir das Buch! g. Sprich mit Maria!

65. a. Mach die Tür auf! b. Sag es mir! c. Streite nicht mit deinem Bruder! d. Lüg nicht!
e. Setz dich! f. Hör mir zu! g. Wein nicht!

66. a. Lies das Buch! b. Wirf es weg! c. Gib nicht so viel Geld aus! d. Nimm es mit!
e. Lass mich in Ruhe! f. Versprich es mir! g. Vergiss es/das nicht!

67. a. Sprich Sprecht Sprechen Sie b. Sieh Seht Sehen Sie c. Geh Geht Gehen Sie
d. Sei Seid Seien Sie e. Fahr Fahrt Fahren Sie f. Hör Hört Hören Sie
g. Warte Wartet Warten Sie h. Bleib Bleibt Bleiben Sie i. Lies Lest Lesen Sie

68. b. Räumt den Keller auf! c. Schließen Sie bitte die Tür ab! d. Übersetz bitte den Brief!
e. Beginnt bitte! f. Reservier einen Tisch! g. Macht das Fenster zu!
h. Warten Sie nicht! i. Steigen Sie bitte ein! j. Versprich nichts!

69. b. Lies die E-Mails! c. Iss nicht nur Pizza! d. Geh mit dem Hund spazieren!
e. Hol Oma vom Bahnhof ab! f. Rauch nicht! g. Sieh nicht zu viel fern!
h. Reparier das Fahrrad! i. Mach abends das Licht aus! j. Verlier die Schlüssel nicht!

70. a. ich wäre du wär(e)st er/sie/es wäre ihr wär(e)t sie/Sie wären
b. du würdest er/sie/es würde wir würden ihr würdet sie/Sie würden
c. ich könnte du könntest er/sie/es könnte wir könnten ihr könntet
d. ich wüsste er/sie/es wüsste wir wüssten ihr wüsstet sie/Sie wüssten
e. ich hätte du hättest er/sie/es hätte wir hätten ihr hättet
f. ich sollte du solltest wir sollten ihr solltet sie/Sie sollten

71. b. Könnten c. würdest hättest d. Wär(e)st e. hätte f. könnte würde g. wäre
h. würdet i. würde könnte

72. b. Hättest du gern eine Katze? c. Maria würde gern in Berlin wohnen/leben.
d. Ich wäre gern bei dir. e. Würdet ihr gern eine Pause machen? f. Martin wäre gern
der Chef. g. Mein Sohn hätte gern eine Schildkröte. h. Würdest du gern Deutsch lernen?
i. Und Sie? Was hätten Sie gern?

73. b. Sie würde gern schon an der Universität studieren. c. Er würde gern in Ruhe die
Zeitung lesen. d. Sie würde gern draußen Mäuse fangen. e. Sie würden gern allein
wohnen. f. Er hätte gern ein neues Motorrad. g. Sie hätte gern einen interessanteren Beruf.

74. b. Könntest/Würdest du mir bitte die Butter geben? c. Könntet/Würdet ihr bitte pünktlich kommen? d. Könnten/Würden Sie mich bitte anrufen? e. Könntest/Würdest du bitte das Fenster zumachen? f. Könnten/Würden Sie mir bitte Ihre Adresse geben? g. Könntest/Würdest du bitte die Zigarette ausmachen? h. Könntet/Würdet ihr mir bitte zuhören? i. Könntest/Würdest du bitte langsamer fahren?

75. a. Könntest du mir bitte helfen? b. Könnten Sie mir bitte diesen Computer zeigen? c. Könnten Sie mich bitte zum Flughafen bringen? d. Könntet ihr bitte die Tür zumachen/schließen? e. Könnten Sie mir bitte den Dativ erklären? f. Könntest du mich bitte morgen anrufen?

76. b. Wenn ich gut Deutsch sprechen würde, könnte ich in Deutschland arbeiten. c. Wenn ich kochen könnte, könnte ich meine Freunde zum Abendessen einladen. d. Wenn ich nicht zu viel essen würde, wäre ich nicht zu dick. e. Wenn ich gut/besser aussehen würde, würde ich eine Freundin finden. f. Wenn ich nicht immer zu spät aufstehen würde, würde ich nicht jeden Tag zu spät zur Arbeit kommen. g. Wenn ich Talent hätte, könnte ich zeichnen.

77. b. Wenn du nicht reich wär(e)st, würde sie dich nicht heiraten. Sie würde dich nicht heiraten, wenn du nicht reich wär(e)st. c. Wenn ich Deutsch könnte, könnte ich in Deutschland arbeiten. Ich könnte in Deutschland arbeiten, wenn ich Deutsch könnte. d. Wenn ich im Lotto gewinnen würde, würde ich nie wieder arbeiten. Ich würde nie wieder arbeiten, wenn ich im Lotto gewinnen würde. e. Wenn ihr mir zuhören würdet, würdet ihr mich verstehen. Ihr würdet mich verstehen, wenn ihr mir zuhören würdet. f. Wenn du kommen könntest, wäre ich sehr froh. Ich wäre sehr froh, wenn du kommen könntest. g. Wenn ich mehr Geld hätte, würde ich dich einladen. Ich würde dich einladen, wenn ich mehr Geld hätte.

78. c. Dann würde ich auch in Ruhe frühstücken und schwimmen gehen. d. Danach hätte ich auch Tenniskurs, und mittags würde ich auch im Hotel essen. e. Nachmittags wäre ich auch immer am Strand, denn das Wetter wäre fantastisch. f. Ich wäre auch sehr zufrieden.

79. separáveis: a. d. f. i. j. k. l. inseparáveis: c. e. g. n.

80. b. Der Film fängt um 20 Uhr an. c. Rufst du den Chef an? d. Martin zieht im Sommer um. e. Ich stehe um 7 Uhr auf. f. Das sieht interessant aus. g. Wo fährt der Zug ab? h. Wir sehen heute Abend fern. i. Er bringt ihr Blumen mit. j. Nimmst du einen Mantel mit?

81. a. begonnen b. eingekauft d. gewonnen e. abgefahren f. ferngesehen g. angefangen h. erzählt i. ausgemacht j. weitergefahren k. mitgekommen m. zugehört n. entschuldigt

82. b. A: Schließt du die Tür ab? B: Aber ich habe sie schon abgeschlossen! c. A: Räumst du die Küche auf? B: Aber ich habe sie schon aufgeräumt! d. A: Bezahlst du die Rechnung? B: Aber ich habe sie schon bezahlt! e. A: Ziehst du die Kinder aus? B: Aber ich habe sie schon ausgezogen! f. A: Machst du das Fenster zu? B: Aber ich habe es schon zugemacht! g. A: Gibst du das Buch zurück? B: Aber ich habe es schon zurückgegeben! h. A: Verkaufst du das Auto? B: Aber ich habe es schon verkauft!

83. a. stehe auf b. beeile c. verpasse d. vergesse e. mitzunehmen f. zurückgehen g. steige ein h. komme an i. beginnt j. mache an k. rufe an l. erkläre m. nehme teil n. bestelle o. bezahle p. mache aus q. räume auf

84. b. A: Zieht ihr bald um? B: Ja, wir haben vor, bald umzuziehen. c. A: Verstehst du den Text?

B: Ich brauche ein Wörterbuch, um den Text zu verstehen.   d. A: Wann kommt der
Zug an? B: Ich habe keine Ahnung, wann der Zug ankommt.   e. A: Findet die Konferenz
heute statt? B: Ich bin nicht sicher, ob die Konferenz heute stattfindet.
f. A: Rufst du ihn an? B: Ich kann versuchen, ihn anzurufen.   g. A: Wie viel verdient Paul?
B: Ich weiß nicht, wie viel Paul verdient.

85. a. Ich bin gefallen.   b. Ist das Kind schon aufgewacht?   c. Du musst dich beeilen.
d. Wann haben sie geheiratet?   e. Er ist nervös geworden.   f. Wir haben uns beschwert.
g. Du irrst dich.   h. Lach nicht!

86. a. mir   b. dir   d. dich   e. mich   f. dich   h. dich

87. b. Ich kaufe mir morgen ein Fahrrad.   c. Ich erinnere mich gern an den letzten Urlaub.
d. Ich habe mich schon gewaschen.   e. Ich ziehe mir den blauen Pullover an.
f. Ich habe mich über den Kellner beschwert.   g. Ich wasche mir jeden Tag die Haare.
h. Ich kämme mir nicht gern die Haare.   i. Ich habe mich beeilt.   j. Ich interessiere mich
nicht für Sport.   k. Ich habe mich über das Thema informiert.   l. Ich kann mir das nicht
vorstellen.

88. a. dich   mich   b. dich   mich   c. dir   mir   d. dich   mich   e. dich   mich   f. dir   mir
g. dich   mich   h. dir   mir

89. b. dir   mir   c. mir   dir   d. sich   euch   e. euch   uns   f. mich   dich   g. dich   mich

90. b. euch   c. uns   d. euch   e. sich   f. uns   g. sich

91. a. ich kann   du kannst   er/sie/es kann   ihr könnt   sie/Sie können
b. du darfst   er/sie/es darf   wir dürfen   ihr dürft   sie/Sie dürfen
c. ich muss   du musst   er/sie/es muss   wir müssen   ihr müsst   sie/Sie müssen
d. ich soll   er/sie/es soll   wir sollen   ihr sollt   sie/Sie sollen
e. ich will   du willst   er/sie/es will   wir wollen   ihr wollt
f. ich möchte   du möchtest   wir möchten   ihr möchtet   sie/Sie möchten

92. a. möchtet   b. will   c. soll   d. muss   e. darf

93. a. möchtest   b. möchte   d. möchten   e. möchten

94. a. ich kann   er/sie/es kann   b. wir dürfen   sie/Sie dürfen   d. du sollst   e. du willst
g. ich darf   er/sie/es darf   h. ich muss   er/sie/es muss   i. wir sollen   sie/Sie sollen
j. ihr müsst   k. ihr könnt

95. a. sollst   b. sollen   c. soll   d. soll   e. sollt

96. a. Warum darf ich hier nicht parken?   b. Ich möchte heute Abend ins Kino gehen.
c. Können Sie mir helfen?   d. Man darf im Flugzeug nicht rauchen.   e. Wie lange musst
du heute arbeiten?   f. Kannst du die Kinder abholen?

97. a. Wann musst du heute aufstehen?   b. Er möchte eine Pause machen.   c. Kannst du
den Chef anrufen?   d. Sie dürfen im Museum nicht fotografieren.   e. Ich will am Samstag
ins Konzert gehen.   f. Möchtet ihr noch etwas essen?

98. a. möchte/will   b. möchten/wollen   c. möchtest/willst   d. möchtet/wollt   e. möchten/
wollen   f. möchte/will

99. a. (2)   b. (1)   c. (2)   d. (1)   e. (1)   f. (2)   g. (1)

100. a. muss   b. müssen   c. dürfen   d. darf   e. muss   f. dürfen   g. müssen

101. a. müssen   b. darf   c. dürfen   d. dürfen   e. dürfen   f. muss   g. dürfen   h. dürfen

102. b. Heute brauche ich nicht früh aufzustehen.   c. Du brauchst mir nicht zu helfen.
d. Am Samstag brauchen wir keine Hausaufgaben zu machen.

e. Ihr braucht mich nicht so oft anzurufen.   f. Anna braucht nur nachmittags zu arbeiten.

103. a. Du musst nicht warten. Du brauchst nicht zu warten.   b. Wenn du nicht willst/möchtest, musst du nicht kommen. Wenn du nicht willst/möchtest, brauchst du nicht zu kommen.   c. Du musst es mir nur sagen. Du brauchst es mir nur zu sagen.   d. Du musst es mir nicht sagen. Du brauchst es mir nicht zu sagen.   e. Anna muss nur von Montag bis Donnerstag arbeiten. Anna braucht nur von Montag bis Donnerstag zu arbeiten.

104. a., b., e., f.

105. a. A: Müsst   B: dürfen/können   b. A: Möchtest/Willst   B: möchte/will/darf
c. A: Kannst   d. A: Darf/Kann   B: möchte/will

106. b. ..., ich soll weniger essen.   c. ..., ich soll nicht so viel arbeiten.   d. ..., ich soll dieses Medikament nehmen.   e. ..., ich soll mich ausruhen.   g. ..., ich soll meine Schwester mitnehmen.   h. ..., ich soll nicht so viel Schokolade essen.   i. ..., ich soll nicht zu spät nach Hause kommen.   j. ..., ich soll endlich aufstehen.

107. b. anzurufen   c. zu bestehen   d. einzuladen   e. zu schreien   f. schneiden
g. zu essen   h. zu sehen   i. zu machen   j. einkaufen   k. aufräumen

108. b. B: ..., ich lasse ihn waschen.   c. A: ..., den Wagen (zu) waschen?
c. B: ..., ihm schon wieder zu helfen.   d. A: ..., das Fahrrad reparieren zu lassen?
d. B: ..., es selbst zu machen.   e. B: ..., und er lernt gerade laufen.
f. A: Gehen wir morgen zusammen schwimmen? f. B: Ich habe keine Lust, schon wieder schwimmen zu gehen.

109. a. Du musst nur diesen Text kopieren. Du brauchst nur diesen Text zu kopieren.
b. Ihr müsst nicht kommen. Ihr braucht nicht zu kommen.   c. Du musst nicht warten. Du brauchst nicht zu warten.   d. Sie müssen nur hier unterschreiben. Sie brauchen nur hier zu unterschreiben.   e. Wir müssen das Zimmer nicht reservieren. Wir brauchen das Zimmer nicht zu reservieren.

110. Incorrectas: b., e., h.

111. b. Die Hemden werden gebügelt.   c. Die Fenster werden geputzt.   d. Das Geschirr wird gespült.   e. Die Pflanzen werden gegossen.   f. Der Tisch wird gedeckt.
g. Die Küche wird aufgeräumt.

112. b. Dann werden die Kartoffeln geschält und in Scheiben geschnitten.   c. Danach werden die Eier gekocht und klein geschnitten.   d. Auch die Gurken und die Zwiebel werden in kleine Stücke geschnitten.   e. Dann wird die Zwiebel in Butter gebraten.   f. Die Majonäse wird mit dem Senf verrührt.   g. Zum Schluss wird alles zusammen in eine Schüssel getan und mit Salz, Pfeffer und ein bisschen Zucker gewürzt.   h. Der Kartoffelsalat wird noch warm gegessen.

2. OS CASOS

1. a. ihm   b. mir   c. dich   d. sie   e. dir   f. mich   g. mir   h. Sie   i. ihn

2. a. es   b. dich   du   c. Ihnen   d. Sie   e. dir   f. Ihnen   g. dich   h. ihn

3. a. dir   dir   b. Sie   mich   c. ihm   d. ihn   e. du   mich   f. ihnen   g. dir   h. ihr

4. a. ihn   b. er   c. ihnen   d. Sie   e. sie   f. es   g. es   ihm   h. sie   i. ihn

5. a. der b. den c. den d. die e. die f. die g. dem h. die i. das

6. a. einer b. ein c. einem einen d. eine e. eine f. einem g. ein

7. a. seiner b. meiner c. meine d. unseren e. ihrem f. Ihre g. seinen h. deinen

8. a.7. b.8. c.6. d.5. e.4. f.3. g.1. h.2.

9. a. an b. an c. auf d. für e. über f. von g. über

10. b. ihn c. einer Party d. den Erfolg e. mein Geschenk f. meinen Hausaufgaben
g. seinen Sommerurlaub h. den Hund

11. a. an den Titel des Buches b. nach seiner Adresse c. über dieses Thema
d. auf ihre Nachricht e. von einer Karriere als Schauspielerin f. auf meine E-Mail
g. für deine Hilfe h. über das Problem

3. OS NOMES

1. der: c., d., g., h., p., q. s., w. die: a., e., f., i., l., m., u., v., x. das: b., j., n., r.

2. b. Mutter c. Architektin d. Königin f. Schwiegermutter g. Tante h. Philosophin
i. Fußballspielerin j. Deutschlehrerin l. Freundin m. Präsidentin n. Hausfrau
o. Nichte p. Kellnerin

3. b. der Schachspieler c. die Computertastatur d. das Türschloss e. die Zahnärztin
f. die Wohnzimmerlampe g. das Mittagessen

4. −n: c., k., l. r. −en: j., n. −s: d., g., h., o., p. sem terminação: b., f., q.

5. a. Das Kind hat 39 Grad Fieber. b. Viele Leute verstehen das nicht. c. Das kostet
200 Euro. d. Wir brauchen zwei Kilo Tomaten. e. Ich habe zwei Stück Torte gegessen.
f. Meine Eltern sind in Italien. g. Ich habe zwei Geschwister. Sie heißen Monika und
Thomas.

6. a. Restaurants b. Hauses c. Maus d. Detektivs e. Wagens f. Busses g. Frau

7. a. Affen b. Mann c. Studenten d. Neffen e. Nachbar f. Junge g. Katalanen
h. Polizisten i. Elefanten

4. OS DETERMINANTES E OS PRONOMES

1. b. das c. den d. die e. den f. die g. die h. das die

2. a. den Touristen den Weg c. dem Kind die Hausaufgaben d. dem Chef das Büro
e. der Kundin die Waschmaschine f. den Gästen die Karte g. dem Opa den Mantel

3. b. die der c. den des d. die der e. das der f. die des g. die der

4. b. eine Taschenlampe c. einen Schirm d. ein Buch e. eine Prüfung
f. ein Architekturbüro g. einen Computer

5. b. einen c. ein d. einer e. - f. eine g. - h. einem i. eine j. –

6. b. einer Schauspielerin c. eines Schriftstellers d. eines Konzepts e. eines Kindes
f. eines Filmes g. einer Hausfrau

7. a. - b. - - c. Der d. - e. - f. Der g. Das h. - i. - - j. den

8. a. einen b. - c. eine d. - e. ein f. einen g. –

9. a. keine b. kein c. keine d. kein e. keine f. keinen g. keine h. kein i. keinen

10. a. nicht b. keine c. nicht d. nicht e. kein f. keinen g. kein h. nicht

11. a. welche b. eins c. keiner d. keins e. einem f. welches g. keine h. welchen

12. a. Man hört nichts. b. Wie kommt man zum Bahnhof? c. In Österreich isst man sehr gut. d. Man hat dich schlecht informiert. e. Man kann ihm nichts sagen. f. Hier spricht man Deutsch.

13. a. niemand b. jemand(en) c. jemand d. niemand(en) e. niemand

14. nominativo: du sie es wir sie Sie
acusativo: mich dich ihn es euch sie
dativo: mir dir ihm ihr uns ihnen Ihnen

15. a. ihn b. sie c. sie d. sie e. sie f. es g. ihn h. ihn i. sie j. ihn

16. a. ihr b. ihm c. ihnen d. ihr e. ihnen f. ihm g. uns h. ihnen

17. a. Er liebt sie. b. Er gibt ihr einen Kuss. c. Bring es bitte in die Bibliothek. d. Sie hat ihn auf der Straße gefunden. e. Kommst du mit ihm? f. Es heißt Elsa. g. Hast du sie gesehen? h. Sie wohnen nicht in Rio de Janeiro. i. Suchst du sie? j. Sie hat ihm ein Buch geschenkt. k. Sie sind gesund. l. Ich habe ihnen nichts geschenkt. m. Er ist von IDEA.

18. a. sie b. du ihn c. Sie d. Ich sie e. es f. Er g. euch h. euch i. ihnen

19. a. Woher sind/kommen Sie? b. Woher sind/kommen Sie? c. Wir gehen ins Kino. d. Wir gehen ins Theater. e. Ich habe ihm ein Buch geschenkt. f. Ich habe ihr eine Rose geschenkt. g. Seid/Kommt ihr aus Coimbra? h. Und woher seid/kommt ihr?

20. a. Onde está (ela)? b. Onde estão (eles, elas)? c. Onde está (o senhor/a senhora)? / Onde estão (os senhores/as senhoras)? d. Conheço-o(s)/Conheço-a(s). e. Conheço-o(s)/ Conheço-a(s). f. O senhor/A senhora é muito elegante. / Os senhores/As senhoras são muito elegantes. / Eles/Elas são muito elegantes.

21. b. Ihr mein c. Ihre meine d. Ihr mein e. Ihre meine f. Sein mein g. meine h. Seine meine i. Seine j. Ihr k. meine l. Ihre meine m. Ihre meine

22. b. eure c. sein e. ihre f. unser g. eure h. ihr i. euer j. dein k. ihre m. seine n. deine o. ihr

23. b. seine c. sein d. ihre e. ihr f. ihr g. sein h. sein i. ihr

24. a. ihre b. Ihr c. ihre d. ihr e. ihre f. seine g. seinen

25. a. ihrem b. seinem c. Ihrer d. seinem e. ihren

26. a. meinen b. meine c. meine d. meine e. meine f. meinen

27. a. meinen b. Meiner c. meinem d. Meinem e. meinen f. Meiner

28. b. meinen Eltern c. meinen Kindern d. meinem Schwager e. meiner Schwiegermutter f. meiner Frau

29. a. meiner b. dein(e)s/Ihres c. unserer d. ihre e. sein(e)s f. ihres g. meine

30. a. Die b. Den c. Die/Das d. denen e. Dem f. Das g. der

31. a. Diese b. diesem c. dieser d. diesen e. dieser f. diesen g. dieses h. Dieses

32. a. denselben   b. derselben   c. denselben   d. dasselbe   e. denselben   f. dieselbe
g. derselbe   h. dieselben

33. a. Das kann jeder sagen.   b. Paul fährt jeden Tag mit dem Fahrrad in die Universität.
c. Jeder Laptop kostet 500 Euro.   d. Ich möchte mit den Eltern jedes Schülers sprechen.
e. Sie haben jeder eine Blume geschenkt.   f. Jeder von euch muss 20 Euro bezahlen.

34. a. Alles ist fertig.   b. Anna ist am intelligentesten von allen.   c. Ich habe mit allen
Schülern gesprochen.   d. Alle Gäste kommen aus Deutschland.   e. Funktionieren alle
Computer?   f. Sie vergisst immer alles.

35. a. Einige   b. Manche   c. einige   d. manchen   e. einige   f. Manche   g. einigen
h. einige

36. a. viel   wenig   b. etwas/viel   c. ein paar/wenige   d. nichts/wenig   e. viele   ein paar
f. ein paar/viele   g. etwas

37. a. Was für   b. Was für einen   c. Wie viele   d. welchem   e. Welchen   f. Was für   g. Wie
viel   h. Wie viel

38. a. welchem   b. Was für eins   c. Was für welche   d. Welche   e. Wie viel   f. Wie viele

39. a.3.   b.5.   c.4.   d.2.   e.6.   f.1.

40. a. der   b. die   c. die   d. der   e. die   f. die

41. b. ..., der mit einer Italienerin verheiratet ist.   c. ..., der früher viele Reisen gemacht hat.
d. ..., der jetzt eine Weltreise machen möchte.   e. ..., die gut Spaghetti kocht.
f. ..., die oft in Italien gewesen ist.   g. ..., die Italienisch gelernt hat.   h. ..., die am
liebsten in Italien leben würde.

42. a. die   b. die   c. das   d. den   e. die   f. die   g. den

43. b. Das ist der Film, den wir sehen möchten.   c. Das ist die Torte, die Anna gebacken hat.
d. Das ist der neue Computer, den ich gestern gekauft habe.   e. Das ist die Katze, die er
auf der Straße gefunden hat.   f. Das ist das elegante Kleid, das Marta im Internet bestellt
hat.   g. Das sind die Fotos, die Oliver gemacht hat.

44. a. der   b. dem   c. dem   d. dem   e. dem   f. denen

45. a. die   b. das   c. die   d. dem   e. den   f. die   g. der   h. der   i. die   j. das

46. a.3.   b.5.   c.1.   d.6.   e.4.   f.2.

47. a. dem   b. das   c. der   d. das   e. dem   f. den   g. den   h. den

48. b. ..., von dem ich dir gestern erzählt habe.   c. ..., dem wir schon oft geholfen haben.
d. ..., den ich gut kenne.   e. ..., an den ich mich gern erinnere.   f. ..., der klassische
Musik gefällt.   g. ..., mit der ich manchmal ins Kino gehe.   h. ..., für die Klaus sich
interessiert/..., für die sich Klaus interessiert.   i. ..., die aus Italien kommt.
j. ..., die ich liebe.

49. a. es   b. -   c. es   d. Es   e. -   f. es   g. es   h. es   es   i. -   j. es   k. Es   l. -

5. OS ADJETIVOS

1. a. kleine   b. schlecht   c. netten   d. eleganter   unmodern   e. gut   f. sympathisch
g. italienische   h. nett   i. deutsche   interessant

2. a. heißen   b. neue   c. Russischer   d. kleine   e. deutsches   f. kalte   g. Frisches
h. süße

3. b. deutsches   deutsches   c. italienische   italienische   d. katalanischer   katalanischen
e. holländisches   holländisches   f. englische   englische   g. spanische   spanische
h. portugiesischer   portugiesischen

4. a. Junge   seriöse   interessantem   b. Deutsche   schönes   großer   c. Ruhige
billiges   kleinem   d. Spanischer   neuen   innovativen   e. Brasilianisches   deutsche
interessantem   f. Sportliche   netten   tollen   g. Amerikanische   portugiesische   großem
h. Junges   liebe   großer

5. a. italienische   b. spanischen   c. reife   d. frisches   e. einige   holländische

6. a. Thomas ist groß.   b. Der große Junge heißt Thomas.   c. Sie ist krank.
d. Das kranke Mädchen bleibt zu Hause.   e. Er sieht sehr alt aus.   f. Der alte Mann ist
mein Großvater.   g. Das Handy ist neu.   h. Das neue Handy ist schon kaputt.
i. Sie ist blond.   j. Wer ist die blonde Frau?   k. Seid ihr müde?   l. Die müden Schüler
schlafen.

7. b. alten   c. deutsche   d. grüne   e. neue   f. italienische   g. roten

8. a. neue   b. italienischen   c. deutschen   d. englische   e. interessante   f. nette
g. frischen   h. grüne

9. a. A: grüne   roten   B: grüne   rote   b. A: roten   weißen   B: roten   weißen
c. A: braunen   schwarzen   B: braune   schwarze   d. A: gelbe   blauen   B: gelbe   blaue

10. a. interessante   b. amerikanischen   c. blaue   d. neue   e. alten   f. kleinen   g. neuen

11. b. gemischten   c. biologische   d. leckeres   e. schönes   f. billige   g. deutscher

12. b. altmodischen   c. alte   d. schönes   e. neuen   f. billige   g. tolles   h. interessante
j. altmodischer   k. alte   l. schönes   m. neuer   n. billige   o. tolles   p. interessante

13. a. neues   b. leichten   c. schnelles   d. große   e. eleganten   f. moderne   g. bequeme
h. interessante

14. a. kleinen   b. langen   c. sportlichen   d. alten   e. großen   f. blauen   g. großen
h. kurzes   i. elegante   j. neuen   k. kleines   l. rote

15. a. elegante   b. großen   c. neue   d. großer   e. spannendes   f. weißes   g. heißes
h. großen

16. a. neue   neue   neuen   b. neues   neues   neuen   c. neuen   neuen   neuen
d. neuer   neuen   neuen

17. b. weiße   c. fabelhafte   d. schön   e. weiße   f. verhängnisvolle   g. amerikanische
h. wunderbar   i. toten   j. Grüne   k. kleine   chinesische   l. wunderbare   m. Echte
n. verrückte   griechische

18. a. kleine   b. frisch   c. große   d. italienische   Italienische   e. roter   f. spanische
spanischen   gut   g. saure   sauren

19. b. ein krankes Kind   c. kaputte Computer   d. frisches Gemüse   e. eine interessante Frau
f. portugiesischer Wein   g. der amerikanische Freund   h. die elegante Frau   i. die neuen
Filme   j. ein netter Mann   k. das kleine Kind   l. das schnelle Motorrad

20. a. lange   b. rote   c. grüne   d. große   e. breiten   f. klein   g. runden   h. kurze   i. blaue
j. rotes   k. gelbe   l. grünen   m. schmutzigen   n. braunen   o. kaputt   p. alten   q. große
r. weiße

21. a. interessanten b. interessanten c. interessanten d. interessante e. interessanten
f. interessante g. interessante h. interessanten i. interessanten j. interessanten
k. interessanten l. interessante m. interessanten n. interessantes o. interessanten
p. interessanten q. interessanten r. interessant

22. a. rentables b. teu(e)re c. saub(e)res d. akzeptable e. sau(e)re f. flexiblen
g. dunklen

23. a. ärmer b. besser c. langsamer d. sensibler e. schneller f. saub(e)rer g. schlechter
h. reicher i. wärmer j. interessanter

24. a. schneller b. teurer c. sympathischer d. höher e. besser f. größer g. schöner

25. a. wie b. als c. als d. wie e. wie f. als g. als h. wie

26. b. interessantere Bücher c. einen besseren Computer d. ein schöneres Sofa e. ein
schnelleres Fahrrad f. einen größeren Koffer g. einen eleganteren Wagen h. bequemere
Schuhe i. eine billigere Wohnung

27. a. kleineres b. besserer c. teurere d. stärkeren e. interessantere f. kleinere
g. ruhigeres h. besseren

28. b. am besten c. am größten d. am heißesten e. am intelligentesten f. am kältesten
g. am teuersten

29. b. am interessantesten c. am schwersten d. am nettesten e. am besten f. am
billigsten g. am kürzesten

30. b. höchsten c. billigsten d. längste e. kürzeste schnellste f. netteste g. größten
h. ältesten

31. a. Michael ist der älteste meiner Söhne. b. Ich habe das billigste Notebook gekauft.
c. Anna ist die jüngste Studentin. d. Sie sind auf den höchsten Berg gestiegen.
e. Die teuersten Handys sind nicht immer die besten.

32. a. Die ältere b. Der älteste c. die nettere d. Das interessantere e. das billigere

33. a. jünger am jüngsten b. frischer am frischesten c. hübsch am hübschesten
d. dunkel dunkler e. saurer am sauersten f. höher am höchsten g. sympathisch
am sympathischsten h. leichter am leichtesten i. interessant am interessantesten
j. groß größer

34. a. schnell schneller schnellsten b. teuer teurer teuersten c. langsam langsamer
langsamsten d. alt älter ältesten e. groß größer größten f. hoch höher
höchsten

35. a. schnellste b. teuerste c. langsamste d. ältester e. größte f. höchste

36. b. die Arbeitslose eine Arbeitslose c. der Bekannte ein Bekannter d. die Deutsche
eine Deutsche e. der Freiwillige ein Freiwilliger f. die Fremde eine Fremde

37. a. Verwandten b. Reichen Schönen c. Freiwilligen d. Angestellter e. Arbeitslose

38. a. für b. mit c. von d. für e. gegen f. mit g. mit h. für

39. a. mir b. die c. deinen d. dem e. Mir

40. a. Harald ist fast zwei Meter groß. b. Der Turm ist 100 Meter hoch. c. Der Tisch ist
einen Meter breit. d. Das Bett ist zwei Meter lang. e. Die Mauer ist einen Meter dick.
f. Helmut ist 95 kg schwer. g. Mein Sohn ist schon einen Monat alt. h. Der See war fünf
Meter tief.

6. OS NUMERAIS

1. b. 12   c. 16   d. 0   e. 11   f. 30   g. 17
2. b. 76 21 14   c. 20 50 77   d. 55 15 34   e. 81 98 18   f. 42 24 70   g. 96 19 90
3. b. 620   c. 202   d. 3450   e. 1319   f. 523 470   g. 2 398 746
4. b. fünfundfünfzig (35 + 20 = 55)   c. fünfundzwanzig (18 + 7 = 25)   d. einunddreißig (55 – 24 = 31)   e. dreiundneunzig (82 + 11 = 93)   f. fünfzig (62 – 12 = 50) g. achtzehn (36 – 18 = 18)
5. b. siebenundsechzig   c. sechsundsiebzig   d. einundvierzig   e. sechzehn   f. dreißig g. siebzehn
6. b. siebenhundertzwanzig Euro   c. zweihundertsechzehn Euro d. viertausendfünfhundertsechsundsiebzig Euro   e. siebentausendsiebenhundertsiebzig Euro   f. sechsundzwanzigtausendsechshundertsechzehn Euro. g. sechshundertsiebzigtausendzweihundertelf Euro.
7. b. 625,- €   c. 57,- €   d. 21,98 €   e. 45,80 €   g. 28,90 €
8. b. fünfundneunzig Cent   c. einen Euro fünfundfünfzig   d. zwei Euro zehn e. einen Euro dreißig   g. drei Euro fünfundneunzig
9. a. Viertel vor fünf   b. sechs nach sieben   c. halb acht   d. Viertel nach zwölf e. sechs vor sieben   f. neunzehn nach sieben   g. sieben nach halb zwei
10. b. 5.15 Uhr / 17.15 Uhr   c. 8.00 Uhr / 20.00 Uhr   d. 12.24 Uhr / 0.24 Uhr e. 7.13 Uhr / 19.13 Uhr   f. 8.40 Uhr / 20.40 Uhr   g. 11.30 Uhr / 23.30 Uhr h. 3.45 Uhr / 15.45 Uhr   i. 1.32 Uhr / 13.32 Uhr
11. b. Es ist Viertel vor zwölf.   c. Es ist ein Uhr. / Es ist eins.   d. Es ist Viertel nach acht. e. Es ist halb drei.   f. Es ist fünf nach halb acht.   g. Es ist sieben nach acht. h. Es ist fünf vor halb vier.   i. Es ist fünf (Uhr).
12. b. Es ist halb zwei.   c. Es ist zehn vor zehn.   d. Es ist neun (Uhr). e. Es ist Viertel nach vier.   f. Es ist fünf vor halb sechs.   g. Es ist acht nach halb acht. h. Es ist ein Uhr. / Es ist eins.   i. Es ist Viertel vor elf.
13. b. Der Zug fährt um drei Uhr dreißig ab.   c. Der Zug fährt um dreiundzwanzig Uhr neunundzwanzig ab.   d. Der Zug fährt um neunzehn Uhr fünfundvierzig ab. e. Der Zug fährt um vierundzwanzig Uhr ab.   f. Der Zug fährt um sechs Uhr vierzig ab. g. Der Zug fährt um fünfzehn Uhr fünfundfünfzig ab.   h. Der Zug fährt um zweiundzwanzig Uhr fünfzehn ab.   i. Der Zug fährt um dreizehn Uhr zwanzig ab.
14. b. 1564 fünfzehnhundertvierundsechzig   c. 1910 neunzehnhundertzehn d. 742 siebenhundertzweiundvierzig   e. 1136 elfhundertsechsunddreißig f. 1749 siebzehnhundertneunundvierzig   g. 1879 achtzehnhundertneunundsiebzig h. 1926 neunzehnhundertsechsundzwanzig
15. b. Heute ist der erste neunte.   c. Heute ist der dreizehnte achte. d. Heute ist der dritte fünfte.   e. Heute ist der einunddreißigste erste. f. Heute ist der einundzwanzigste zweite.   g. Heute ist der achtundzwanzigste siebte. h. Heute ist der fünfzehnte fünfte.   i. Heute ist der achte zehnte.
16. b. Heute ist der zweiundzwanzigste Mai. / Heute ist der 22.5.   c. Heute ist der siebte September. / Heute ist der 7.9.   d. Heute ist der erste Januar. / Heute ist der 1.1. e. Heute ist der fünfzehnte Februar. / Heute ist der 15.2.   f. Heute ist der dreißigste

August. / Heute ist der 30.8.   g. Heute ist der achtzehnte November. /
Heute ist der 18.11.   h. Heute ist der dritte Dezember. / Heute ist der 3.12.
i. Heute ist der sechzehnte April. / Heute ist der 16.4.

17.   b. Am 11.7.2010   Am elften siebten zweitausendzehn
c. Am 20.7.1969   Am zwanzigsten siebten neunzehnhundertneunundsechzig
d. Am 20.1.2009   Am zwanzigsten ersten zweitausendneun
e. Am 23.10.1940   Am dreiundzwanzigsten zehnten neunzehnhundertvierzig
f. Am 1.1.2001   Am ersten ersten zweitausendeins

18.   b. 17.10.2006 / siebzehnter zehnter zweitausendsechs
c. 7.4.1876 / siebter vierter achtzehnhundertsechsundsiebzig
d. 23.1.2010 / dreiundzwanzigster erster zweitausendzehn
e. 9.8.1555 / neunter achter fünfzehnhundertfünfundfünfzig
f. 27.12.2001 / siebenundzwanzigster zwölfter zweitausendeins

7. OS ADVÉRBIOS

1.   b. Nein   c. Nein   d. Ja   e. Doch   f. Ja   g. Doch   h. Nein   i. Doch

2.   b. Nein, sie leben nicht in Hamburg.   c. Nein, sie heißt nicht Berta.
d. Nein, ich helfe ihm nicht.   e. Nein, ich bin nicht in Facebook.   f. Nein, ich bringe das
Paket nicht zur Post   g. Nein, das ist nicht meine Tasche.   h. Nein, wir fahren nicht an
den Strand.   i. Nein, ich telefoniere nicht.   j. Nein, der Wagen fährt nicht schnell.
k. Nein, ich bezahle die Rechnung nicht.

3.   b. Sie interessiert sich nicht für Sport.   c. Ich weiß es nicht.   d. Freust du dich nicht?
e. Ich lade ihn vielleicht nicht ein.   f. Hier kann man nicht schwimmen.   g. Ich erinnere
mich nicht.   h. Sie frühstückt morgens nicht.   i. Das funktioniert natürlich nicht.
j. Ich warte nicht auf dich.   k. Hast du es nicht gesehen?

4.   b. Ich liebe dich nicht.   c. Ich kaufe nicht die Jacke. Ich kaufe den Mantel.
d. Warum hilfst du mir nicht?   e. Ich arbeite nicht zu Hause, sondern in der Bibliothek.
f. Sie liebt nicht dich, sondern deinen Bruder.   g. Wir kommen nicht morgen, sondern am
Dienstag.   h. Marta hilft nicht David, sondern Michael.   i. Ich habe den Mantel
nicht gekauft.

5.   a. Hoffentlich haben wir genug Geld.   b. Endlich haben sie etwas gesagt.
c. Das ist wirklich ein Problem.   d. Vielleicht sehen wir uns bald.   e. Leider kann ich dir
nicht helfen.   f. Natürlich können wir auch mit dem Auto fahren.

6.   b. Wann   c. Wie oft   d. Wann   e. Wann   f. Wie lange

7.   a. Ich bin gerade aufgestanden.   b. Stefan bereitet gerade das Abendessen vor.
c. Er ist gerade angekommen.   d. Ich bin gerade nicht zu Hause.   e. Nein, er ist gerade
(weg)gegangen.   f. Ich telefoniere gerade.

8.   b. Woher   c. Wo   d. Wohin   e. Woher   f. Wo

9.   a. hier   b. dahin   c. hierher   d. da   e. dahin   f. hier

10.   a.4.   b.5.   c.1.   d.3.   e.2.

11.   a. Trotzdem   b. Sonst   c. Also   d. Deshalb   e. Dann

12.   a. Trotzdem   b. Deshalb   c. Dann   d. Also   e. Sonst

13.   b. Ich tanze gern.   c. Ich gehe gern ins Theater.   d. Ich spiele gern Fußball.
      e. Ich fahre gern Fahrrad.   f. Ich kaufe gern ein. / Ich gehe gern einkaufen.
      g. Ich sehe gern Filme.

14.   a. Mein Vater kocht gern.   b. Meine Mutter liest lieber.   c. Meine Schwester hört lieber
      Musik.   d. Mein Bruder sieht am liebsten fern.   e. Mein Opa bleibt gern zu Hause.
      f. Meine Oma geht lieber ins Kino.   g. Ich reise am liebsten.

15.   a. Ich habe viel gelernt.   b. Ich liebe dich sehr.   c. Hast du viel gegessen?
      d. Das tut mir sehr leid.   e. Das gefällt mir sehr.   f. Er arbeitet immer zu viel.

16.   a. Ich arbeite erst fünf Tage hier.   b. Ana hat nur zwei Monate als Sekretärin gearbeitet.
      c. Ich habe es nur einmal versucht.   d. Astrid ist erst fünf Jahre alt.
      e. Ich wohne/lebe erst ein Jahr in Berlin.   f. Ich habe nur ein Jahr in Berlin gelebt.

17.   a. A: schon   B: erst   b. A: noch   B: nur   c. A: schon   B: schon   A: erst
      d. A: noch   schon   B: noch   nur

8. OS CONECTORES DE ORAÇÕES: ADVÉRBIOS E CONJUNÇÕES

1.   a. sondern   b. sonst   c. sonst   d. sondern   e. sondern   f. sonst

2.   a. 2.   b. 8.   c. 5.   d. 4.   e. 6.   f. 1.   g. 3.   h. 7.

3.   a. weil   b. trotzdem   c. so dass   d. da   e. deswegen

4.   a. denn   b. obwohl   c. sondern   d. trotzdem   e. deshalb   f. weil

5.   b. Ich kann leider nicht mitkommen, weil ich heute Abend Besuch habe.   c. Kirsten trinkt
      gern Mojito, weil sie Minze liebt.   d. Marc lernt Deutsch, denn er möchte in Deutschland
      arbeiten.   e. Christina macht Urlaub in der Schweiz, weil sie die Berge mag.
      f. Er hat das Telefon nicht gehört, denn er hat geschlafen.

6.   b. Er hatte keine Zeit, deshalb ist er nicht ins Kino gegangen/er ist deshalb nicht ins Kino
      gegangen.   c. Sie ist zu spät gekommen, weil sie den Wecker nicht gehört hat.
      d. Ich muss sparen, denn ich möchte im Sommer nach Argentinien fahren.
      e. Er geht oft zu Fuß, obwohl er ein Auto hat.   f. Ich rufe dich an, oder ich schicke dir
      eine SMS.

7.   a. weil   b. deshalb   c. denn   d. obwohl   e. trotzdem   f. aber

8.   a. weil   b. obwohl   c. sonst   d. deshalb   e. wenn   f. aber   g. oder

9.   a. Wenn   b. wann   c. Als   d. als   e. Wenn   f. wann

10.   a. nach   b. bevor   c. danach   d. vorher   e. nachdem   f. vor

11.   b. Bevor sie schlafen ging, räumte sie die Küche auf.   c. Nachdem sie gegessen
      hatten, tranken sie einen Kaffee.   d. Bevor ich in den Supermarkt gehe, muss ich eine
      Einkaufsliste machen.   e. Nachdem sie das Abitur gemacht hatte, arbeitete sie ein Jahr
      als Au-Pair-Mädchen.

12.   a. Während   b. Inzwischen   c. Während   d. während   e. inzwischen

13.   b. Obwohl es sehr stark geregnet hat, haben wir einen langen Spaziergang gemacht.
      c. Er hilft mir nicht, also muss ich alles allein machen/ich muss also alles allein machen.
      e. Ich konnte dich nicht anrufen, denn ich hatte mein Handy zu Hause vergessen.
      e. Sie wohnt auf dem Land, darum muss sie jeden Morgen mit dem Zug zur Arbeit fahren/

sie muss darum jeden Morgen mit dem Zug zur Arbeit fahren.

14. a.2 b.1 c.4 d.1 e.2 f.3 g.4

9. AS PREPOSIÇÕES

1. a. auf b. An c. in d. auf e. in f. in g. auf h. in

2. a. A: auf den B: auf dem b. A: ins B: im c. A: an die B: an der d. A: in den B: im
e. A: ins B: im

3. a. Im Sommer fahren wir in die Schweiz. b. Fahren wir an den Strand? c. Die Uhr hängt
an der Wand. d. Heute gehe ich ins Kino. e. Meine Schwester arbeitet in Deutschland.
f. Wir wohnen in einem alten Haus. g. Setz dich auf den Stuhl! h. Heute essen wir auf
der Terrasse.

4. b. an c. zwischen d. neben e. über f. hinter g. In h. vor

5. a.6. b.3. c.4. d.5. e.7. f.1. g.2

6. a. ans b. an der c. im d. dem e. der f. in den g. den h. den

7. a. den dem b. das dem c. die den d. die der

8. a. dem b. ans c. die d. den e. der

9. a. ins b. neben die c. auf der d. im e. in den

10. a. deine b. dem c. die d. meinem e. einen f. den

11. a. vor der b. hinter dem c. neben/(hinter, vor) d. unter den/zwischen den
e. Über dem f. unter der g. an der h. im i. auf dem

12. a. Bist du zu Hause? b. Ich fahre mit der U-Bahn nach Hause. c. Heute essen wir bei
meinen Großeltern. d. Wohnst/Lebst du (immer) noch bei deinen Eltern?
e. Gehst du zu Ana? f. Ich habe ein Haus am Strand. g. Gestern war ich bei Ana.
h. Mein Haus ist groß.

13. a. nach b. nach c. zum d. zu e. nach f. zum g. zum

14. a. aus b. vom c. aus dem d. vom e. vom f. aus

15. a. Bist du zum Zahnarzt gegangen? b. Gestern bin ich zum Frisör gegangen.
c. Gestern waren wir bei meiner Schwester (sie ist im Krankenhaus). d. Ich gehe zu Jörg.
e. Ich muss die Katze zum Tierarzt bringen. f. Gehst du zum Rathaus?
g. Am Wochenende fahren/fliegen wir nach Berlin. h. Du musst zum Arzt gehen.
i. Gestern war ich beim Arzt.

16. 1. a. nach b. in die c. in die d. nach e. an den f. ans g. in den h. nach
2. a. in b. in der c. in den d. in e. am f. am g. im h. in

17. 1. a. auf den b. zu c. an den d. auf den e. nach f. zum
2. a. auf dem b. bei c. am d. auf dem e. zu f. beim

18. a. einer b. des c. einem d. dem e. eine f. einem g. der h. einen i. das

19. a. Am b. Am c. Im d. am e. im

20. a. vor b. seit c. vor d. vor e. vor f. seit

21. a. im b. am c. in der d. um e. am f. am g. um h. im i. in der j. im k. um
l. am m. am n. in

22. a. Im b. Im c. Am d. Um e. Zu f. Am g. Vor h. Am i. Seit

23. a. um b. nach c. um d. von bis e. Ab f. vor

24. a. Um b. Vor c. Um d. Von e. bis f. in g. Am h. in i. Während j. mit
k. Nach l. um m. nach n. Am o. zu p. im q. in

25. a. Bis b. Im c. Am d. Von bis e. Am

26. a. Am b. Während c. seit d. Ab e. In

27. a. zwischen b. Zu c. vor d. vor e. Nach

28. a. Meine Tante Maria kommt im Winter. b. Oskar kommt am Sonntag an.
c. Mein Geburtstag ist am ersten Januar. d. Der Film beginnt um acht.
e. Im Oktober kommt Anna aus Berlin. f. Ich rufe dich am Nachmittag/am Abend an.

29. a. einen b. der c. einer d. meiner e. dem

30. a. der b. nächsten c. dem d. dem e. einer

31. a. Willst du mit mir sprechen? b. Morgen bin ich bei meiner Oma.
c. Anna ist beim Chef. d. Warum bleibst du nicht bei deinen Eltern?
e. Ich würde gern mit Martha sprechen. f. Mit wem gehst du zur Ausstellung?

32. a. dem b. meinen c. deiner d. einer e. seinen f. den g. einem

33. a. einem b. ihrem c. einen d. einer e. einen f. einer

34. a. in b. auf c. nach d. seit e. nach f. zu g. Um

35. a. beim b. in c. mit d. in e. bei f. an g. am

10. OS ELEMENTOS INTERROGATIVOS

1. b. Was ist das? c. Wer hat das Fenster kaputt gemacht? d. Was ist gesund?
e. Wer ist das? f. Was steht an der Tür? g. Was ist das? h. Wer hat geheiratet?
i. Wer ist das?

2. b. Wen c. Wen d. Was e. Wer f. Wem g. Wer h. Wer i. Wen j. Wem k. Wer
l. Wem m. Was

3. a. Wer ist das? b. Wen hast du angerufen? c. Wer ist das? d. Wer ist das?
e. Wem hast du das Buch gegeben? f. Wer kann nicht kommen?

4. b. Wen sucht Marta? c. Wem schenkt sie eine CD? d. Wen ruft Robert an?
e. Wem kauft sie ein Eis? f. Was zeigt er seinen Freunden? g. Wem zeigt er die Stadt?
h. Was kauft Anna?

5. b. Für wen habt ihr/haben wir das gekauft? c. Neben wem hast du/haben Sie im
Sprachkurs gesessen? d. Auf wen hast du/haben Sie gewartet? e. Über wen hat sie
sich geärgert? f. Von wem hast du/haben Sie meine Adresse bekommen? g. Bei wem
wohnt sie jetzt?

6. b. Woher c. Wohin d. Woher e. Wo f. Wohin g. Wo h. Woher

7. b. Wann hast du/haben Sie Urlaub? c. Wie viel kostet das Handy? d. Wie spät ist es? e.
Wie oft geht er ins Sportstudio? f. Wie lange dauert der Film? g. Wie ist deine/
Ihre Adresse?

8. b. Wofür c. Worauf d. An wen e. Worüber f. Wovon g. Auf wen h. Vor wem

11. AS PARTÍCULAS MODAIS

1.   a.2.   b.1.   c.3.   d.2   e.3

2.   a. doch   b. aber   c. wohl   d. doch   e. doch   f. denn

3.   a. doch   b. wohl   c. doch/ja   d. mal   e. mal/vielleicht

4.   a. doch   b. denn   c. denn   doch   d. aber   denn   e. vielleicht   f. aber   doch

12. A NEGAÇÃO

1.   b. kein   c. nicht   d. kein   e. nicht   f. nicht   g. kein   h. nicht   i. kein   j. nicht

2.   b. kein   c. nicht   d. kein   e. nicht   f. kein   g. nicht   h. keine   i. keinen   j. nicht

3.   a. Max ist nicht krank.   b. Möchtest du keinen Kaffee?   c. Ich bin/komme nicht aus Deutschland.   d. Ich möchte kein Auto kaufen.   e. Marta hat keinen Freund. f. Arbeitest du nicht?

4.   a. Hast du das Buch auch nicht gelesen?   b. Max kann auch nicht kommen. c. Wir haben auch keine Zeit.   d. Mein Mann kann auch nicht kochen. e. Ich mag auch kein Fleisch.   f. Ich habe auch kein Auto.

5.   a. Ich habe nichts gesehen.   b. Hat sie dir nichts gesagt?   c. Stefan erzählt mir nie etwas. d. Wir haben auch keinen Plan.   e. Ich habe sie nie gesehen.   f. Niemand hat uns etwas gesagt.   g. Bist du nie in Berlin gewesen?

13. A ORAÇÃO

1.   b. In Hamburg hat Anna eine Tante.   c. Dieses Buch habe ich nicht gelesen. d. Jetzt wohnt Florian in Rom.   e. Am Sonntag hat mein Vater Geburtstag. f. Meinem Freund habe ich einen Schal geschenkt.

2.   b. Wo wohnt Anna?   c. Wer wohnt in Hamburg?   d. Wohnt Anna in Hamburg? e. Woher kommen Sie?   f. Können Sie (nicht) gut singen?   g. Wann beginnt der Film? h. Haben Sie (keine) Kinder?   i. Studieren Sie Informatik?

3.   b. Besuchen Sie Faro!   c. Wo arbeiten Sie jetzt?   d. Ich möchte einen Kaffee.   e. Michael kommt aus München.   f. Wohin fährst du im Sommer?   g. Möchtest du jetzt gehen?

4.   a. Ich finde sie sehr sympathisch.   b. Christina lebt jetzt in der Schweiz.   c. Ich denke sehr oft an ihn.   d. Ihr seid heute unsere Gäste.   e. Mein Chef ist manchmal nicht sehr freundlich.   f. Die Schlüssel liegen immer auf dem Küchenschrank.   g. Sie wartet nicht gern auf ihn.   h. Deine Kollegin ist wirklich nett.   i. Ich war gestern beim Frisör.

5.   a. Sie ist nach Hause gegangen.   b. Der Zug fährt um 12.30 Uhr ab.   c. Ich möchte einen Kaffee trinken.   d. Er hat nichts gegessen.   e. Albert würde gern mitkommen. f. Der neue Flughafen wird bald gebaut.

6.   a. man uns   b. sie sich   c. sie es ihnen   d. er dich   e. ich es dir

SOLUÇÕES

7. a. sie ihm b. es uns c. es seiner Freundin d. ihr eine Geschichte e. dem Mann einen Euro

8. a. Sie haben ihn Anna geschenkt. b. Geben Sie ihm die Dokumente? c. Ich habe es ihr mitgebracht. d. Er hat ihr Blumen gekauft. e. Er hat sie seiner Freundin gekauft. f. Er hat sie ihr gekauft. g. Bringt ihr sie uns mit? h. Er hat sie ihnen verkauft.

9. a. Wir essen am Sonntag im Garten. b. Fahrt ihr am Wochenende an den Strand? c. Wir bleiben wegen des schlechten Wetters zu Hause. d. Sie spielt nachmittags im Park. e. Er geht jetzt wegen seiner Kopfschmerzen zum Arzt. f. Die Mannschaft spielt heute fantastisch. g. Seid ihr gestern in die Disko gegangen?

10. a. Er hat es ihr erklärt. b. Sie wohnen jetzt in Berlin. c. Interessiert er sich für Fußball? d. Herr Großkopf ist jetzt Politiker. e. Sie ist um 7 Uhr aufgestanden. f. Findest du sie nett? g. Wir müssen pünktlich ankommen. h. Ich gehe heute Abend ins Konzert. i. Hat er seiner Frau nichts geschenkt?

11. a. oder b. aber c. oder d. und e. denn f. aber

12. a.2.E.
b.1.B.
c.3.D.
d.5.C.
e.4.A.

13. b. Ich habe den Text gelesen, aber ich habe nichts verstanden. c. Heute arbeite ich, aber morgen spiele ich Tennis./Heute spiele ich Tennis, aber morgen arbeite ich. d. Wir gehen nach Hause, denn es ist schon spät. e. Er isst eine Bratwurst, und er trinkt ein Bier. f. Spielen wir Schach, oder sehen wir einen Film?

14. a. und b. denn/aber c. aber d. oder e. entweder f. sondern

15. b. Er kommt allein oder mit seiner Freundin. c. Ich kann dich nicht anrufen, denn mein Telefon funktioniert nicht. d. Sie möchten an den Strand gehen, aber das Wetter ist nicht gut. e. Am Wochenende bleibt sie nicht zu Hause, sondern geht aus. f. Ich bin einkaufen gegangen und habe eine Jacke gekauft. g. Im Urlaub fahren wir nicht nach Schweden, sondern nach Dänemark.

16. b. Wir schenken ihr entweder einen Laptop oder ein Tablet. Entweder schenken wir ihr einen Laptop oder ein Tablet. c. Er kommt entweder morgen oder übermorgen. Entweder kommt er morgen oder übermorgen. d. Ich nehme entweder ein Taxi oder gehe zu Fuß. Entweder nehme ich ein Taxi oder gehe zu Fuß. e. Wir fahren im Urlaub entweder in die USA oder nach Mexiko. Entweder fahren wir im Urlaub in die USA oder nach Mexiko.

17. b. Ich habe gesehen, er ist gerade weggegangen. c. Anna schreibt, sie will uns im Sommer besuchen. d. Er hat mir erzählt, er möchte in Deutschland arbeiten. e. Wir hoffen, es geht euch gut. f. Glaubst du, du kannst das allein schaffen?

18. b. Nein, ich glaube nicht, dass Benfica die Liga gewinnt. c. Nein, ich glaube nicht, dass Frau Kreuz eine geniale Schauspielerin ist. d. Nein, ich glaube nicht, dass es Ufos gibt. e. Nein, ich glaube nicht, dass die Wikinger Amerika entdeckt haben. f. Nein, ich glaube nicht, dass morgen die Sonne scheint./Nein, ich glaube nicht, dass die Sonne morgen scheint.

19. b. Ich glaube, dass ich es nicht richtig verstanden habe. c. Er hat mir erzählt, dass er Informatik studieren will. d. Ich hoffe, dass ihr das Spiel gewinnt! e. Meinst du, dass sie mit deinem Plan einverstanden ist? f. Ich bin sicher, dass übermorgen wieder die Sonne scheint.

20. b. Weil ich den Film schon kenne. c. Weil ich zu müde bin. d. Weil ich keine Zeit habe. e. Weil ich Vegetarier bin. f. Weil ich nicht gern koche.

21. b. ..., weil der Bus nicht gekommen ist. c. ..., weil Anton Geburtstag hat. d. ..., weil es sehr kalt ist. e. ..., weil er kein Auto hat. f. ..., weil der FC Bayern gewonnen hat.

22. b. Er kann keine Reise machen, weil er kein Geld hat. Weil er kein Geld hat, kann er keine Reise machen. c. Ihr versteht nichts, weil ihr nicht zuhört. Weil ihr nicht zuhört, versteht ihr nichts. d. Ich habe dich nicht angerufen, weil ich mein Handy vergessen habe. Weil ich mein Handy vergessen habe, habe ich dich nicht angerufen. e. Sie ist glücklich, weil sie die Prüfung bestanden hat. Weil sie die Prüfung bestanden hat, ist sie glücklich. f. Er kann nicht mitspielen, weil sein Bein weh tut. Weil sein Bein weh tut, kann er nicht mitspielen.

23. b. Wenn er den Job bekommt, macht er im Sommer eine Reise. c. Wenn du ihn nicht anrufst, ärgert er sich. d. Wenn du keinen Mantel anziehst, erkältest du dich. e. Wenn ich sie sehe, frage ich sie. f. Wenn du ihr nicht zuhörst, verstehst du sie nicht.

24. b. Als Katia vier Jahre alt war, hat sie Englisch gelernt. c. Als er zwei Jahre alt war, konnte er schon sprechen. d. Als er 17 Jahre alt war, hat er das Abitur gemacht. e. Als sie 40 Jahre alt war, ist sie nach Amerika emigriert. f. Als ich 18 Jahre alt war, habe ich den Führerschein gemacht.

25. a. wenn b. Als c. Wenn d. als e. Als wenn f. Als

26. a.4. b.6. c.5. d.7. e.3. f.2. g.1.

27. a. Bevor b. Seit c. Bevor d. bevor e. Seit

28. b. Seit er in Athen arbeitet, interessiert er sich sehr für Archäologie. c. Bis die Ferien anfangen, muss ich noch viel arbeiten. d. Seit sie geheiratet hat, wohnt sie in Amerika. e. Bis der Zug abfährt, haben wir noch eine halbe Stunde Zeit. f. Seit der Frühling begonnen hat, ist es viel wärmer geworden.

29. a. Während b. Nachdem c. Bevor d. Bevor e. Nachdem f. Während g. Bevor

30. b. Er spricht mit dem Chef, um eine Gehaltserhöhung zu bekommen. c. Hermann isst weniger, um schlanker zu werden. d. Ich lerne Deutsch, um in Deutschland zu studieren. e. Anna isst viel Obst, um gesund zu bleiben. f. Sie ist nach Frankfurt gefahren, um ihre Tante zu besuchen.

31. b. Ich hole dich ab, damit du kein Taxi nehmen musst. c. Sie hat Geld gespart, um im Sommer eine Reise machen zu können. d. Ich beeile mich, damit wir zusammen ins Kino gehen können. e. Sie spielt Tennis, um in Form zu bleiben. f. Ich fahre mit dem Auto, um Zeit zu sparen. g. Wir bringen Oma zum Bahnhof, damit sie den Koffer nicht allein tragen muss.

32. a. Ich gebe dir meine Telefonnummer, damit du mich anrufen kannst. b. Ich brauche eine Brille, um den Brief zu lesen. c. Ich lasse dich allein, damit du arbeiten kannst. d. ..., damit du ihn nicht vergisst. e. Was brauchen wir, um eine Feijoada zu machen?

33. b. Obwohl er wenig Geld hat, lädt er uns oft ein. c. Obwohl es regnet, gehen wir spazieren. d. Obwohl ich sehr müde war, konnte ich nicht schlafen. e. Obwohl wir früh aufgestanden sind, sind wir zu spät gekommen. f. Obwohl sie einen besseren Job als früher hat, ist sie nicht zufrieden.

34. b. Ich weiß nicht, ob der Zug pünktlich kommt. c. Ich weiß nicht, ob man lange warten muss. d. Ich weiß nicht, ob Anna auch mitkommen möchte. e. Ich weiß nicht, ob der Hund beißt. f. Ich weiß nicht, ob der Film interessant ist.

35. a. ob b. dass c. dass d. ob e. dass f. ob

36. b. Ich weiß nicht, wann Ostern ist. c. Ich weiß nicht, ob Finnisch eine schwere Sprache ist. d. Ich weiß nicht, welcher Film die Berlinale gewonnen hat. e. Ich weiß nicht, ob es Leben auf dem Mars gibt. f. Ich weiß nicht, ob Bertolt Brecht Österreicher war.
g. Ich weiß nicht, ob Frau Flasche ein fantastisches Buch geschrieben hat.
h. Ich weiß nicht, wie man Kartoffelsalat macht.

37. b. Marta fragt Berta, ob ihr die Musik von Shakira gefällt. c. Ich möchte wissen, ob Leonhard auch zum Abendessen kommt. d. Ich bin nicht sicher, wie man das schreibt.
e. Er weiß nicht, ob man hier parken darf. f. Sie fragt, wie viel das kostet.

38. a. Anna hat mir nicht gesagt, ob sie einverstanden ist. b. Wenn du willst, können wir zusammen gehen. c. Ich weiß nicht, ob sie heute kommen. d. Weißt du, ob der Zug schon angekommen ist? e. Wenn ich so viel Geld hätte, würde ich eine Reise machen.